이 책은 내가 읽은 확신에 대한 책 중 단연 최고다! 평생 믿음의 확신이라는 주제로 씨름해 온 신학자요 목회자인 저자는 신학적으로 엄밀하게, 목양적으로는 세밀하며 따뜻하게 이 주제를 정리해 주었다. 영혼을 섬기는 목회 현장에서 가장 어려운 주제 중 하나가 믿음의 확신의 문제다. 신학교에서 이 주제를 심도있게 그리고 실천적으로 배우지 못했다는 사실은 나만의 경험은 아닐 것이다. 결과적으로 교인들은 구원의 확신이 있는지 질문을 받으면, 확신이 달아나기라도 할 것처럼 신속한 아멘으로 화답하도록 훈련받아왔다. 오늘날 한국 교회는 믿는다고 말하는 사람들로 넘쳐나지만, 참된 믿음의 확신에 거하며 강하고 용맹하게 믿음의 길을 걸어가는 성도들은 심히 적다. 믿음의 확신이라는 이 주제는 한국 교회의 아킬레스건이다. 이 책을 읽는 모든 목회자, 신학생, 성도들은 기대에 넘치는 유익을 얻게 될 것이다. 벧샬롬교회 성도들의 손에 이 책을 들려줄 생각에 벌써 가슴이 뛴다.

김형익, 벧샬롬교회 담임목사

그리스도인의 확신의 문제는 마치 양날의 검과 같다. '확신'이란 용어가 주관성을 강하게 내포하기 때문이다. 주관성은 그 사람의 마음과 생각의 성향과 향방을 드러내는 범주다. 누가 자기의 믿음과 구원에 대한 확신을 가지고 있다고 하여 그것 자체가 그의 믿음과 구원의 진정성을 보증할 수 없음을 웨스트민스터 신앙고백 작성자들은 알았다. '거짓된 확신'이 있기 때문이다. 그럼에도 성경 속 하나님의 사람들은 확신의 사람들이었다. 히브리서 11장의 구약시대 '믿음의 위인들' 모두가 '확신'의 사람들이었고, 믿음으로 말미암아 은혜로 구원 받은 사람들이었다. 또한 한결같이 그 확신으로 모든 것을 이겨낸 자들이기도 했다. 이처럼 신구약 성경은 그리스도인에게 있어 '참된 확신'이란 마치 참된 믿음과 구원의 한 표지인 것처럼 추천하고 있다. "하나님의 사랑하심을 받은 형제들아 너희를 택하심을 아노라 이는 우리 복음이 너희에게 말로만 이른 것이 아니라 또한 능력과 성령과 큰 확신으로 된 것임이라"(살전 1:4, 5). 거짓된 확신과 참된 확신 사이의 구분이 매우 중요한 이유가 여기 있다. 이 책의 저자 조엘 비키 박사는 '그리스도인의 확신'에 대해 누구보다 전문적인 식견을 가진 개혁주의 신학자요 설교자요 목회자다. 그가 제출한 미국 웨스트민스터 신학교 박사 학위 논문도 '확신'의 문제를 다루었다. 이번에 번역 출간되는 이 책은 그 내용을 더 심도 있게, 그러면서도 목양적인 자애로움으로 풀어내고 있다. 목차가 보여주듯이, 이 책에서 저자는 '그리스도의 확신'을 둘러싼 여러 논의를 정직하게 소개하면서 '성경적인 확신의 근거와 이치'를 매우 잘 설명하고 있다. 미국 유학 시에 저자에게 직접 사사(師事)를 받은 김효남 교수가 이 책의 역자라니, 그 또한 독자를 안심케 한다. 이에 추천한다.

서문강, 중심교회 원로목사

이 책이 국내에 출간된다니 기대가 크다. 조엘 비키 박사야 말로 확신이라는 주제를 누구보다 가장 잘 다룰 수 있는 학자이기 때문이다. 그는 박사 논문을 바로 이 주제로 썼고 그 후로도 오랫동안 이 주제를 연구했다. 게다가 그는 학자로만 머무르지 않고 매주 강단에서 설교자로서 말씀을 전하고 있다. 그러니 더욱 기대가 된다. 그가 이 주제를 학문적으로뿐만 아니라 아주 실제적이고 목회적으로 다뤘을 것이 분명하기 때문이다. 이 책은 이러한 기대에 충분히 부응하는 작품이다. 특히 조엘 비키 박사의 글을 가장 잘 이해하고 있는 김효남 박사의 번역이어서 더욱 신뢰가 간다. 이 책은 확신이 무엇인지 성경적으로, 신학적으로, 교회사적으로, 목회적으로 잘 설명해 준다. 확신이 없어도 구원받는 것이 가능하겠지만, 확신 없이 건강한 그리스도인이 되는 것은 불가능하다. 청교도 토머스 브룩스는 게으른 그리스도인은 위로, 만족, 자신감, 확신을 상실할 것이라 말했다. 이 책은 이 네 가지를 다시 누릴 수 있는 길을 제시한다. 이 책은 구속사의 흐름과 그리스도 중심적 관점에서 확신 교리를 전개한다. 종교개혁의 원리인 오직 믿음과 오직 은혜의 원리 위에 토대를 둔 확신 교리를 설명한다. 확신을 통해 그리스도인은 하나님과 친밀한 교제를 유지하며 받은 사명을 기쁨으로 감당할 수 있다. 나는 독자들이 이 책을 통해 신앙의 더 깊은 세계로 들어갈 수 있을 것을 확신한다. 특히 토머스 브룩스와 앤서니 버지스의 인용들을 유심히 살피길 권한다. 놀라운 진리를 발견하게 될 것이다!
우병훈, 고신대학교 신학과 교의학 교수

믿음의 확신이라는 주제는 그리스도인이라면 누구나 중요하게 다룰 영역이다. 믿음이란 무엇인가, 확신은 믿음의 본질인가 아니면 결과인가, 확신의 근거가 무엇이며 그 유익은 무엇인가, 확신은 잃어버릴 수 있는가, 그렇다면 회복의 길은 무엇인가 같은 다양한 질문들은 이론으로만 아니라 우리의 신앙 생활에 역동적 의미를 부여하는 사안들이다. 이처럼 중요하고 사활이 걸린 문제들을 깊이 있게 다룬 조엘 비키의 저술이 우리말로 출간된다니 참으로 반갑다. 비키야 말로 이 주제에 대해 전문가적인 조언을 제대로 해줄 수 있는 멘토이기 때문이다. 그는 일찍이 1888년에 청교도들과 2차 화란 종교개혁 시기의 신학자들이 믿음의 확신에 대해 어떤 의견을 개진했는지를 광범위하게 연구한 학자로서 말그대로 이 분야의 전문가라고 할 수 있다. 더욱이 영미 청교도 신학에만 정통한 것이 아니라 2차 화란 종교개혁 문헌들에도 해박하다는 점은 그가 다른 이들과 견주어 이 분야에서 선두주자로 불릴 수 있는 장점을 지녔다. 지금까지 출간된 다른 모든 저술에서 그러한 장점이 유감없이 발휘되었지만, 평신도들을 위해 눈높이를 맞추고 믿음의 확신을 다룬 이번 책에서도 그 점이 여실히 드러나고 있다. 비키 교수의 제자이자, 토머스 굿윈의 신앙론을 박사논문으로 다룬 역자의 손에 의해 이 책이 출간되는 것 역시 적절하다고 생각한다. 믿음의 확신에 대해 궁구하는 신자들과 확신을 사모하고 추구하는 이들, 그리고 심지어 확신을 소유하되 그 확신의 근거가 올바른지를 확인하고 싶은 이땅의 모든 그리스도인에게 필독을 권한다. 집어서 읽으라(tolle lege).
이상웅, 총신대학교 신학대학원 조직신학 교수

언젠가 저자가 섬기는 교회에 출석하던 한 형제가 자신의 구원 및 성찬 참석 여부를 놓고 내면의 혼돈을 토로하던 기억이 떠오른다. 저자의 책을 읽어 보니 그의 모습이 이상하지 않게 느껴진다. 책에서 저자가 말하는 그릇된 확신의 목록 때문이지 싶다. 그러나 저자는 이 책에서 거짓 확신의 규명만이 아니라 믿음의 확신이란 무엇이고 참 믿음의 확신과 믿음의 참 확신은 무엇이고 확신을 어떻게 강화할 것인지에 대해서도 설명한다. 저자는 믿음의 확신을 수십 년간 연구하고 가르친 금세기 최고의 연구자다. 나는 구원을 받았는지, 구원에 이르는 믿음을 가졌는지 같은 신앙의 근본적인 질문이 머리에서 맴돌지만 답을 만나지 못한 사람과, 개인의 신앙에서 혹은 목회의 현장에서 확신의 옥석을 가리고자 하는 성도나 목회자, 성도다운 성도의 풍성한 삶을 소망하는 분들의 일독을 강력히 추천한다.
한병수, 전주대학교 교의학 교수

여러 해 전 확신의 문제를 놓고 씨름할 때 이 주제에 관한 비키 박사의 가르침이 내게 거대한 빛이요 기쁨이 되었다. 그때의 가르침을 보다 많은 이들이 쉽게 접할 수 있게 되었다는 점에서 이 책의 출간을 환영해 마지않는다. 바라기는 믿음의 확신의 문제로 고민하는 이들이 그때의 나처럼 유익을 누릴 수 있었으면 한다. 그리스도 안에서 풍성하고 건강하며 복된 삶을 누리기 위해, 그리스도인들은 여기 이 책에 담긴 진리들을 제대로 알 필요가 있다.
마이클 리브스, 영국 유니온 신학교 학장, 신학 교수

종교개혁 500주년이 되는 해에 하나님의 모든 백성을 위해 '확신'에 관한 책이 출간되었다는 사실이 내게는 섭리로 다가온다. 종교개혁과 관련하여 복음주의가 놓쳐선 안 되는 핵심이 있다면 그것은 자신이 진정으로 하나님의 자녀임을 아는 것이었기 때문이다. 18세기 초 복음주의자들과 마찬가지로 종교개혁가들에게 구원의 확신은 무엇보다 중요한 문제였다. 이들 두 진영의 그리스도인들은 자신들이 신약성경이 가르치는 구원하는 믿음 위에 올바르게 발을 딛고 있음을 천명했다. 즉 만일 누군가 자신이 그리스도인이라면 자신이 중생했으며 죄사함을 받았고 살아 계신 하나님의 성령이 자기 마음에 내주하심을 안다는 것이다. 조엘 비키는 자신 역시 그리스도인으로 살아온 날들 동안 이 주제에 관해 끊임없이 성찰하고 연구한 결과물을 이 책에 명료하고 단순한 문장으로 정리해 놓았다. 그가 우리에게 보여주는 신약의 증거들은 앞서 종교개혁가들과 복음주의 선배들의 마음을 전율케 만든 진리이기도 하다. 이 책을 적극 추천한다.
마이클 A. G. 헤이킨, 서던뱁티스트 신학교 교회사 및 성경적 영성 교수

신자든 아니든 이 책은 누구나 꼭 한번 읽었으면 좋겠다. 우리 모두가 어떤 형태로든 확신으로 붙들고 있는 자신만의 믿음 또는 신념이라는 핵심 문제를 다루고 있기 때문이다. 물론 그 믿음 또는 신념이 예수 그리스도와 연결돼 있다면 더없이 좋을 테지만 말이다. 그렇기에 누구도 이 중대한 영역에서 잘못될 여지를 남겨선 안 된다. 그것이 영원한 생명에 관련된 것이라면 더더욱 그렇다. 조엘 비키는 이 주제에 관한 풍성한 성경의 자료들을 모아 정리하고 제시함으로써 다시 한 번 대가로서의 면모를 보여주었다. 자신이 구원받았음을 진실로 확신하는 참된 근거가 무엇인지 알고 싶다면 이 책은 바로 당신을 위한 처방전이다. 믿음의 확신을 얻게 하기 위해 누군가를 도울 요량이라면 이 책은 또한 최고의 안내서다.
스티븐 J. 로슨, 캘리포니아 마스터즈 신학교 설교학 교수

믿음의 확신이라는 주제야말로 하나님의 구원의 길에 관한 성경의 가르침을 제대로 숙달한 전문가만이 제대로 다룰 수 있는 영역이다. 조엘 비키는 이 분야에서 명백히 자질을 갖춘 사람이다. 그리고 그 사실을 이 책에서 증명하고 있다. 민감하면서도 중대한 이 주제를 성경이 명료하게 말하는 방식 그대로 이 책으로 가져왔으니 말이다. 이 책은 인생이라는 험난한 바다에서 불신앙의 파도에 떠밀려 다니는 하나님의 자녀들의 마음에 위안이 되는 평안과 짜릿한 기쁨과 도전적인 희망을 가져다 줄 것이다. 부디 읽고 그 복을 누리길 소망한다.
콘라드 므베웨, 잠비아 카브와타 침례교회 목사

나 역시 수년 동안 비키 박사의 확신에 관한 가르침에 개인적으로 큰 혜택을 누려본 사람이다. 이 핵심 주제에 관한 그의 생각과 글과 발언이 무르익은 열매로 한권의 책에 담겼다는 사실이 얼마나 기쁜지 모르겠다. 이 책은 매우 심오하고도 실천적인 주제를 다룬 매우 간명한 안내서다. 이 책을 읽는 독자마다 '나는 그분의 소유이며 그분은 나의 소유'라고 고백할 수 있기를 바란다.
데이비드 머레이, 미시건 퓨리탄 리폼드 신학교 구약학 및 실천신학 교수

믿음의 확신을 누리는 삶

Knowing and Growing in Assurance of Faith
by Joel R. Beeke

Copyright © 2017 Joel R. Beeke
Originally published in English under the title:
Knowing and Growing in Assurance of Faith
published by the permission of Christian Focus Publications Ltd,
Geanies House, Fearn, Ross-shire, IV20 1TW, Great Britain
All rights reserved.

This Korean translation copyright © 2023 by GoodSeed Publishing, Seoul, Korea.

믿음의 확신을 누리는 삶

초판 1쇄 발행 | 2023년 4월 10일
초판 2쇄 발행 | 2024년 7월 10일

지은이 | 조엘 R. 비키
옮긴이 | 김효남
펴낸이 | 신은철
펴낸곳 | 좋은씨앗
출판등록 제4-385호(1999. 12. 21)
주소 | (06753) 서울시 서초구 바우뫼로 156(양재동, 엠제이빌딩) 402호
주문전화 | (02) 2057-3041 주문팩스 | (02) 2057-3042
페이스북 | www.facebook/goodseedbook
이메일 | good-seed21@hanmail.net

ISBN 978-89-5874-386-6 03230

이 한국어판의 저작권은 Wen-Sheuan Sung을 통하여 Christian Focus Publication와
독점 계약한 좋은씨앗에 있습니다. 신저작권법에 의하여 한국 내에서 보호를 받는 저작물이므로
무단 전재와 무단 복제를 금합니다.

믿음의 확신을 누리는 삶

조엘 R. 비키 지음
김효남 옮김

좋은씨앗

KNOWING and GROWING
in
ASSURANCE of FAITH

by Joel R. Beeke

차례

머리말 *11*
한국의 독자들에게 *17*
들어가는 글 *19*

1장 왜 믿음의 확신이 중요한가? *23*
2장 왜 많은 그리스도인이 확신을 누리지 못하는가? *39*
3장 믿음의 확신은 성경적이고 규범적인가? *65*
4장 확신에 관한 세 가지 가능성 *83*
5장 하나님의 약속을 통해 얻는 확신 *113*
6장 은혜의 증거를 통해 얻는 확신 *133*
7장 성령의 증언을 통해 얻는 확신 *159*
8장 어떻게 확신을 계발할 것인가? *179*
9장 확신의 상실과 회복 *213*
10장 확신을 위한 성령의 역할 *233*
11장 확신에 대한 최종 질문 *265*
12장 결론 *289*

부록 1 웨스트민스터 신앙고백 18장 *301*
부록 2 *303*

머리말

나는 진짜 그리스도인인가? 자신에게 이런 질문을 한번쯤 해보지 않은 그리스도인은 없을 것이다. 실제로 구원이 자신에게 허락된 특권이자 축복이라는 확신을 얻기 위해 모든 그리스도인은 자신의 삶을 돌아보아야 한다. 성찬에 참여할 때, 우리는 우리의 진정한 상태에 대한 인식을 새롭게 함으로써 자신을 점검한다. 또한 우리는 성찬에 참여할 때, 비록 우리를 그리스도께 연합시키는 믿음이 거미줄처럼 가늘다 할지라도, 하나님의 어린 양이시며 자신에게 연합된 모든 이들의 죄를 제거하신 흠없고 참되신 하나님의 아들에 대한 우리의 감사를 새롭게 함으로써 우리 자신을 점검하기도 한다. 죄인인 나와 구세주이신 그리스도 사이의 이 놀라운 연합은 영원토록 나의 소유가 되었다.

나는 정녕 그런 그리스도인인가? 이 질문에 대한 답을 고민할 때 도움이 될 만한 책이 하나 있다. 성경, 곧 하나님께서 우리에게 주신 말씀이다. 무엇보다 성경은 우리에게 진정한 그리스도인이 무엇을 믿는지를 알려 준다. 즉, 하나님이 우리의 창조주라는 사실, 그분이 성부, 성자, 성령 삼위로 존재하신다는 사실, 그리고 이 거룩하신 성부께서 신음하는 세상의 죄인들을 너무나 사랑하셔서 우리가 받아 마땅한 심판에서 우리를 구원하기 위해 유일한 독생자이신 여호와 예수님을 보내셨다는 사실을 믿는다.

이 땅에 오신 예수님은 우리가 살지 못하는 삶을 사셨고, 우리 죄에 합당한 죽음을 당하셨으며, 돌 같은 마음 대신 예수님을 사랑하고 온전히 섬기기 원하는 새로운 마음을 주셨다. 하나님은 예수님을 신뢰하는 우리에게 성령을 주셨고, 성령님은 우리가 하나님을 기쁘시게 하고 영화롭게 하는 새로운 삶을 살도록 힘과 능력을 주신다. 이를 통해 우리는 사명을 성취하고 그 결과 하나님을 즐거워하며 영화롭게 할 수 있게 되었다. 최종적으로 그리스도와의 연합을 통해 우리는 다가올 심판에서 의롭다 함을 받고, 모든 천사가 자신의 눈을 가리고 "거룩, 거룩, 거룩"이라 외치는 하나님의 임재 속으로 들어가게 될 것이다. 이것이 바로 성경에서 가르치는 바 진짜 그리스도인의 믿음의 내용이다.

당신은 이에 대해 다음과 같이 말할 수 있는가? "비록 나는 부족하지만 그럼에도 이 진리들이 나에게 정말, 정말 중요하다고 믿어. 교회에 갈 때마다 내가 듣고 싶은 복음은 바로 이 진리들이야." 그렇다면 용기를 가지라. 당신은 진정한 그리스도인이 믿는 바를 믿고 있다. 하나님이 고통을 당하시면서 우리에게 주신 이 교리들을 성경이 말하는 대로 믿지 않을 때 우리는 구원에 대한 확신을 가지지 못한다.

뿐만 아니라 성경은 진정한 그리스도인이 어떻게 살아가는지에 대해서도 말해 준다. 진정한 신자는 하나님의 율법을 지키는 데 열심을 낸다. 이 율법은 십계명에 요약되어 있다. 마태복음 5-7장의 산상수훈에 나오는 예수님의 가르침에는 이 율법이 자세히 기술되어 있다. 신자의 행위 역시 로마서 12장과 에베소서 5-6장에 설명되어 있다. 하나님의 책에서 이런 내용을 읽다 보면 그리스도인에게는 두 가지 감정이 생기기 마련이다. 첫째는 그러한 방식대로 살고 싶다는 갈망과 둘째는 그러한 방식에서 어긋난 삶을 살고 있다는 슬픈 고백이다.

그리스도인들은 예수님이 실천하신 삶을 보고 기뻐한다. 예수님은 하나님의 율법을 지키셨다. 그분은 심령이 가난하셨으며, 의에 주리고 목말라 하셨다. 그분은 마음이 청결했으며, 온유하고 겸손하셨고, 화평케 하는 분이었다. 이로 말미암아 그분의 삶에 고난이 있었음에도 불구하고 말이다. 예수님은 이웃을 자신처럼 사랑하셨다. 원수들에 의해 십자가에 못 박히셨을 때조차 예수님은 그들을 사랑하시고 그들을 위해 기도하셨다. 그분은 악을 악으로 갚지 않으시고 선으로 이기셨다.

모든 그리스도인은 이러한 삶을 갈망한다. "나는 은혜의 능력으로 말미암아 그런 삶을 살고 싶어. 하지만 그렇게 살기엔 너무 부족해." 모든 그리스도인이 이러한 감정을 느낀다. 이외의 다른 삶의 방식에는 매력을 느끼지 못한다. 행위는 말할 것도 없고 내적인 갈망에서 하나님의 율법에 부응하지 못할 때에도 그의 양심은 죄를 깨닫는다.

하나님이 우리에게 주신 성경은 우리가 무엇을 믿어야 하며 어떻게 살아야 하는지 말해 준다. 그리고 이 진리를 믿고 싶고 천국의 방식대로 살고 싶다는 갈망이 우리 마음에 있지 않다면, 우리는 스스로 진정한 그리스도인이라는 확신을 가질 수 없다. 이는 우리가 하나님의 자녀라는 확신을 얻기 위한 두 가지 기초다. 하나님이 우리에게 명하신 대로 믿고 행동하고자 하는 갈망 없이는 어떤 확신도 가질 수 없다.

하지만 이것이 전부가 아니다. 우리가 이런 것들에 대해 생각할 때 성령께서 우리의 생각을 만지셔야 한다. 하나님의 은혜로 우리가 구원받았다는 사실을 확신하는 놀라운 일에 반응할 때 성령께서 우리의 정서를 다루셔야 한다. 그럴 때 때때로 말로 표현할 수 없는 기쁨의 감정이 생긴다. 이 감정은 성령께서 창조하신 것으로 우리 인생 최악의 순간에도 우리가 진정한 그리스도인임을 확신케 한다. 이는 하나님이 주시는 특권이자 선물이다. 하나님은 우리의 존재 가장 깊은 곳을 향해 말씀하시며 우리 행동에 도전하신다. 또한 하나님은 우리를 사랑한다고, 우리가 그 사랑을 느끼기를 바란다고 말씀하신다.

이것 말고 다른 것은 없다. 우리는 성부와 성자와 성령께서 인격적으로 그리고 개인적으로 각각의 그리스도인에게 오셨으며, 이 살아 계신 하나님이 우리 안에 내주하시며 우리는 아무런 제한 없이 그분께 나아갈 수 있다고 주장한다. 그런데 이렇듯 마음과 영혼이라는 우리의 가장 내밀한 곳에 절대적 존재를 모셨으면서도 이를 알지 못하는 것이 가능하다고 생각하는가? 오랜 세월 하나님을 자기 삶 속에 모시고 살면서도 그분이 계시다는 사실에 대해 확신하지 못하는 것이 옳다고, 아니 가능하다고 보는가? 그리스도인은 그리스도와 결혼한 사람이다. 그런 신자가 신랑이신 그리스도의 감정이 어떠한 것을 모를 수 있는가? 그리스도께서는 구세주로서 우리를 사랑하고 우리를 위해 죽으셨으며, 우리의 삶은 그리스도와 영원히 연합되어 있다. 우리의 몸은 그리스도의 집이자 성전인데 어찌 신랑을 모르는 것이 가능하겠는가?

영광의 주님은 자신을 우리에게 어떻게 알리실까? 무엇보다 그분은 우리가 기독교의 진리들을 이해하고 믿고 사랑하게 하심으로 자신을 알리신다. 그분을 통해 우리는 진리가 무엇이며 오류가 무엇인지 알게 된다. 또한 하나님은 우리가 의에 주리고 목마르며 매일 범하는 죄에 대해 슬퍼하게 하심으로 믿음의 확신을 갖게 하신다.

우리 마음에서 확신이 솟아오르는 경우도 있다. 성경을 읽다가 어떤 약속의 말씀이 개인적으로 위로가 될 때가 있다. 찬양을 부르다가 어떤 빛이 비치는 것 같아 놀랄 때가 있다. 설교를 듣다가 주 예수님의 인격과 사역에 담긴 찬란한 영광을 깨달아 기쁨이 회복되는 축복을 경험할 때 우리는 다시 한 번 믿음으로 그분을 받아들인다. 때로 우리는 차를 운전하다가 이떤 계기로 하나님의 사랑에 압도되어 잠시 멈추기도 한다. 우리는 대양 너머로 저무는 태양을 보거나 대자연의 풍광을 보면서 하나님을 생각하기도 한다. 부모인 우리와 자녀가 서로에게 귀를 기울이고 친밀함을 나누는 가운데 성령께서 사랑으로 충만케 하시는 것을 경험할 때 우리는 하나님의 은혜에 압도된다. 하나님은 우리에게 자신의 아들을 주셨고, 그 아들과 함께 우리 삶을 풍성하게 하는 모든 놀라운 것을 값없이 주신다.

나는 이 감동적인 경험들이, 성경을 읽다가 이 진리들을 내가 믿고 있음을 깨닫거나 거룩한 삶을 살고 싶다는 갈망이 커질 때 가지는 확신보다 고차원적인 것이라고 생각하지 않는다. 이런 경험들은 그저 그리스도인의 삶에 속한 놀라운 특권 중 일부이며, 하늘 아버지이자 최고의 친구이신 분과 누리는 기쁨의 관계 및 우리를 향한 성령의 사역에서 비롯된 결과다.

참으로 유익한 이 책 안에 이러한 내용이 분명하고 자세하게 담겨 있다. 이 책은 아마도 조엘 비키 박사가 지금까지 쓴 많은 책 중 가장 탁월한 작품이라 할 수 있다. 또한 이 책은 확신에 관한 기독교의 가르침을 다룬 탁월한 입문서이기도 하다. 이 책을 읽고 나면, 저자가 그토록 극복하고 싶었던 불확신으로부터 당신도 벗어날 수 있을 것이다. 숱한 의심을 가진 채 이 책을 읽기 시작한 독자가 있다면, 이 책을 다 읽을 즈음에는 많은 의심을 떨치게 될 것이라 확신한다.

이 책은 일종의 초대장이다. 이 책은 이렇게 말하고 있다. "쉬운 믿음주의라는 함정에 빠져 있는가? 아니면 반대로 확신은 교만을 알리는 표지라고 경계한 나머지, 소망과 확신이 고개를 들 때마다 얼른 짓눌러 버리는가? 그렇다면 나에게 와서 나를 읽으라." 당장 집어서 읽으라. 지금 이 책을 들고 읽으라. 마지막엔 당신에게 유익한 것들만 남게 될 것이다. 의심에서 벗어나 성경의 저자들이 믿었던 대로 온전하고 자애로운 하나님의 약속들을 믿고 있다는 확신을 갖게 해달라고 기도하라. 이는 한 분이신 사랑하는 우리 하나님이 죄인들에게 주신 약속이다. 죄인들의 소망은 바로 "나에게 오라"고 말씀하시면서 사랑 가운데 우리와 하나 되신 그분에게 있다.

_제프리 토머스

한국의 독자들에게

그리스도는 복음을 통하여 열방에 평강을 전하신다(슥 9:10, 엡 2:17). 이것은 세상이 아닌 그리스도께 속한 평강이다(요 14:27). 또한 이것은 하나님과의 사이에서만 얻어지는 평강이어서, 믿음으로 얻고 누리며(롬 5:1) 성령을 통하여 마음 가운데 경험할 수 있다(요 14:17).

어떤 그리스도인들은 이 평강을 얻고자 씨름하지만 정작 어떻게 가능한지 알지 못해 갈팡질팡한다. 그 결과 그들은 믿음의 확신을 구하게 되는데, 이 확신은 자신이 주 예수 그리스도로 말미암아 하나님과 화평하게 되었다는 사실에 대해 개인적으로 가지는 내적 확신을 말한다. 믿음의 확신에 대해 자세하게 다루고 있는 이 책이 한국의 독자들을 위해 번역되었으니 부디 이 책을 통해 많은 사람들이 그리스도에게 속한 평강의 나라를 경험하게 되기를 기대한다(사 9:7).

사람들은 믿음의 확신에 대해 많은 오해를 갖고 있다. 또한 어떤 이들은 사실이 아님에도 불구하고 자신에게 믿음의 확신이 있다고 생각한다. 그들은 거짓된 확신을 벗어던지고 자신에게 구원이 절실히 필요하다는 사실을 직면해야 한다. 반면에 다른 이들은 자신의 죄에 대해 슬퍼하고 있다는 이유로 스스로 확신을 가질 자격이 없다고 생각한다. 실제로는 그들의 경건한 슬픔이야말로 구원의 증거인데도 말이다. 그들은 은혜의 복음과 은혜의 표지에 대해 더 자세히 배울 필요가 있다.

이들뿐만 아니라 모든 참된 그리스도인과 성숙한 신앙인 역시 확신에 대해 배우는 것에 더하여 그 확신을 통해 평강과 기쁨을 더욱 누려야 한다. 그리스도 안에 있는 하나님의 약속들에 기초하고 있으며, 은혜의 내적인 증거에 의해 확증을 얻고, 하나님의 말씀에 근거하여 우리가 하나님의 자녀라는 사실을 증언하는 성령을 통해 인정을 받은 확신과 평강은 더 많이 누리면 누릴수록 좋다. 그때에야 비로소 우리의 삶은 영광스러운 삼위일체 하나님을 드러내는 찬란한 증거가 될 것이다.

믿음의 확신에 대한 이 책을 한국어로 번역해 준 김효남 교수에게 감사를 전한다. 좋은 친구이자 퓨리탄 리폼드 신학교의 졸업생이며, 지금은 총신대학교 신학대학원의 교수로 섬기고 있는 그와 그의 가족에게, 하나님께서 항상 복을 주시고, 이 책의 번역을 포함한 그의 사역을 통해 모든 나라에 그리스도의 평강이 전해지기를 바란다.

사랑하는 한국의 독자들이여, 그리스도께 속한 것을 가져다가 여러분에게 보여주시는 성령께서 은혜 가운데 여러분의 영혼에 역사하심으로 말미암아 여러분이 가장 거룩한 신앙 안에서 성장하는 데 이 책이 도움이 되기를 기도드린다.

_조엘 R. 비키

들어가는 글

믿음의 확신(assurance of faith)이란 무엇인가? 누군가에게 믿음의 확신이 있다면, 그는 자신이 믿음으로 말미암아 그리스도의 소유가 되었으며 장차 영원한 구원을 누리리라는 확고한 신념이 있는 사람이다. 확신을 가진 사람은 오직 그리스도의 의가 자신을 구원할 수 있음을 믿을 뿐만 아니라 자신이 믿고 있다는 사실을 알고 있으며 더 나아가 자신이 (그를 위해 죽고 지금도 하늘에서 그를 위해 기도하시는) 그리스도 예수 덕분에 성부 하나님의 은혜로 말미암아 선택받고 사랑받고 죄사함 받았다는 사실을 믿는다. 이런 사람은 성령께서 자신을 중생시키셨으며 지속적으로 성화시켜 나가신다는 사실을 알고 있다. 쉽게 말하면, 그 사람은 예수 그리스도께서 은혜로 말미암아 성령을 통하여 죄인들을 구원하신다는 복음의 여러 사실들을 믿을 뿐만 아니라 이러한 사실들이 자신에게 개인적으로 적용된다는 것을 믿는다. 곧 자신에게 복음을 통하여 누릴 수 있는 개인적인 유익이 있으며, 복음 안에서 선포된 모든 복이 자신에게 속했다는 사실을 믿는다는 의미다.

성경에서는 이를 가리켜 "확실한 이해의 모든 풍성함", "희망에 대한 확신", "온전한 믿음"(골 2:2, 히 6:11[현대인의성경], 18, 19, 10:22) 등이라 칭한다. 또한 이 용어는 죄책으로부터의 자유, 삼위일체 하나님과의 관계 속에서 누리는 즐거움, 하나님의 가족에 속했다는 인식 등을 포함한다. 제임스 W. 알렉산더(James W. Alexander)는 확신에 대해 이렇게 설명한다. "확신은 충만하다는 의미를 내포한다. 예를 들면, 열매로 가득한 나무나 순풍의 힘으로 항해하는 배와 같다."[1]

개인적인 믿음의 확신은 하나님과의 교제, 어린아이와 같은 신뢰, 적극적인 순종, 하나님에 대한 갈망, 그리고 그리스도로 말미암아 삼위일체 하나님 안에서 누리는 기쁨과 평안 같은 열매로 드러나고, 또 그 확신을 가진 사람은 지상명령을 수행하여 하나님을 기쁘게 하고자 갈망하게 된다. 확신은 영원한 소망 아래서 만물이 새로워질 것을 기쁘고 기도하는 마음으로 기대한다. 확신을 가진 신자는 천국을 자신의 집으로 여기며 그리스도께서 재림하시고 그들이 영화롭게 될 날을 갈망한다(딤후 4:6-8).

나는 믿음에 대한 개인적인 확신이 주는 그 떨리는 기쁨과 풍성한 열매를 맛본다면 이 주제가 얼마나 중요한지 알게 되리라 믿는다. 우리에게 믿음의 확신이 없더라도 그리스도인이 될 수는 있다. 하지만 그리스도에 대한 우리의 증언은 미약할 수밖에 없다. 역동적이고 복된 방식

---

[1] J. W. Alexander, *Consolation in Discourses on Select Topics, Addressed to the Suffering People of God* (reprint, Ligonier, Pa.: Soli Deo Gloria, 1992), 138.

으로 신자의 삶을 살려면, 우리에게 반드시 믿음의 확신이 있어야 한다.

필라델피아에 있는 웨스트민스터 신학교의 박사과정에서 수학하는 동안 나는 이 주제에 대해 몇 년 동안 깊이 연구할 수 있는 특권을 누렸다. 결국 내 박사학위 논문은 *Assurance of Faith: Calvin, English Puritanism, and the Dutch Second Reformation* (American University Studies, Series VII, Theology and Religion, vol. 89; New York: Peter Lang, 1991)라는 제목으로 출판되었다. 이후 나는 이 작품을 간략하게 정리한 *The Quest for Full Assurance: The Legacy of Calvin and His Successors* (Edinburgh: Banner of Truth Trust, 1999)라는 책을 출판했다. 그리고 다양한 책과 논문집에 이 주제에 대한 짤막한 글과 소논문을 기고했다. 그 이후로도 신자들의 눈높이에 맞춰 확신에 대한 책을 써달라는 수많은 요청을 받았다. 그래서 크리스천 포커스 출판사에서 이 작업을 제안했을 때, 나는 망설임 없이 동의했다. 일일이 각주를 달진 않았지만 나는 이 주제를 다룬 나의 다른 여러 책에서 상당한 내용을 가져왔다. 이 책에 대한 나의 목표는 이 방대한 주제를 조금이라도 더 간명하고 실제적으로 다루는 것이었다.

이 책이 다양한 방식으로 사람들에게 영향을 미치길 기도한다. 이미 믿음에 대한 강한 확신을 누리는 그리스도인은 이 책을 통해 그 확신이 더욱 강해지기를 기도한다. 뿐만 아니라 믿음의 확신을 누리는 것이 얼마나 중요한지 주위 사람들에게 나누기를 바란다. 아마 이 책을 주위에 나누는 것도 하나의 방법이 될 수 있을 것이다. 반대로, 연약한 그리스도인은 이 책을 읽고 나서 성령의 은혜로 확신이 월등히 커지는 경험을 하게 되길 기도한다. 더 나아가 명목상의 그리스도인과 불신자들은 구원을 받기 위해 자신이 얼마나 부족한 존재인지 깨닫고 오직 그리스도께로 나아가게 되기를, 그래서 모든 의가 오직 그리스도 안에 있음을 발견하게 되기를 기도한다.

이 책의 편집을 위해 수고한 미스티 버니, 레이 래닝, 존 반 에이크에게 고마움을 전한다. 또한 글을 쓸 때에야 하나님과 가장 가까이 있다고 느끼는 나를 위해, 그럼에도 독자들을 생각한다며 강박적으로 집필에 몰두하는 나를 위해 사랑과 우정과 격려와 공간과 시간을 아끼지 않은 아름다운 나의 여왕, 메리에게 감사의 마음을 전한다.

_조엘 R. 비키

1장
왜 믿음의 확신이 중요한가?

싱클레어 퍼거슨(Sinclair Ferguson)은 "확신이란 우리가 그리스도를 통해 하나님과 올바른 관계에 있음을 인식하고 신뢰하는 것이다. 이 확신은 하나님이 우리를 그리스도 안에서 의롭게 하시고 용납하시며 성령으로 중생시키시고 하나님의 가족으로 입양하셨다는 사실과 만물이 새롭게 되고 우리의 칭의와 양자 됨이 완성되는 날까지 그리스도에 대한 믿음을 통해 우리를 지키실 것이라는 사실을 믿는 것"이라고 썼다.[1]

확신은 늘 그리스도인들에게 중요한 주제였다. 이 주제가 오늘날 더욱 중요해진 이유는 우리가 가장 확신이 적은 시대에 살고 있기 때문이

---

1 Sinclair B. Ferguson, 'The Reformation and Assurance', *The Banner of Truth*, cf. p. 30 fn. 1 no. 643 (Apr. 2017): 20. 『지상에서 누리는 천국』(지평서원).

다. 더 안타까운 점은 많은 사람이 그러한 현실을 모르고 살아간다는 것이다. 하나님과 교제를 나누고자 하는 열망, 하나님의 영광과 천국을 향한 소망, 부흥을 구하는 기도가 점차 사라지고 있다. 도리어 교회에서, (우리의 최종 목적지는 이 세상이 아닌) 하나님과 영광이라는 신념보다 이 땅에서의 행복을 강조할 때 이러한 일이 일어나고 만다.

성경에 근거한 확신 교리가 그 어느 때보다 필요한 또 다른 이유는 바로 감정을 중시하는 우리의 문화 때문이다. 이 시대는 우리가 무엇을 알고 믿는지보다는 어떻게 느끼는지를 우선시한다. 이러한 세태는 이미 교회 곳곳에 스며들었다. 은사주의 운동이 극적으로 성장한 것은 형식적이고 생명력 없는 기독교에 일부 원인이 있다. 사람들이 믿음에 대한 참된 확신과 열매의 부족으로 인해 생긴 빈 공간을 채워 줄 감정적인 만족감과 흥분을 이 운동에서 발견한 것이다. 오늘날 우리에게는 역동적이고 거룩한 삶과 함께 풍성하고 교리적인 사고가 꼭 필요하다.

이 책에서는 믿음의 확신과 관련한 여러 주제와 질문을 다룰 예정이다. 그에 앞서 확신을 얻고 그 안에서 성장하는 것이 왜 중요한지에 대한 여덟 가지 이유를 살펴보겠다.

믿음과 삶의 건실함

믿음의 확신에 대해 얼마나 알고 있느냐에 따라 영적인 삶에 대한 우리의 이해가 얼마나 건실한지 결정된다. 우리는 많은 부분에서 정통적인 입장을 취하고 있으면서도 이 핵심 교리에 대해서는 잘못 이해하고 있을 수도 있다.

자신이 그리스도인이라는 사실에 대해 잘못된 확신을 가진 사람들이 많다. 그들은 일종의 추정이나 '쉬운 믿음주의(easy-believism)'를 자기 구원의 근거로 삼는다. 자신이 영아일 때 이미 구원받았다고 주장하지만, 삶에서 거룩하게 하시는 성령의 역사에 따른 열매를 맺지 못하는 사람들도 있다. 그들은 교회에 꼬박꼬박 출석해 선포되는 복음의 약속을 즐겨 듣고, 성찬식에도 참여하며, 몇 가지 교회 사역에 동참하며, 이웃을 향한 여러 외적인 선행을 하고, 점잖고 도덕적인 삶을 산다. 하지만 산상수훈 말씀(마 5:3-12)에 비춰 보면, 자신을 영적으로 가난한 존재로 여기지 않으며, 죄에 대해 슬퍼하지 않고, 하나님 앞에서 온유하거나 순종적이지 않다. 또한 의에 대해 주리고 목말라하지도 않는다. 단순히 복음의 요점에 대한 지식에 의지할 뿐, 중생하지 않은 상태인 것이다(예. 요 3:5-8). 그들은 자신이 "곤고한 것과 가련한 것과 가난한 것과 눈먼 것과 벌거벗은 것을" 하나님 앞에서 경험적으로 깨달은 적이 없다(계 3:17).

이 밖에도 사람들은 전도 집회에서 흥분한 설교자가 전하는 희석된 복음 설교나 초청에 손을 든 채 앞으로 나가거나 소책자 뒷부분에 나오는 영접 기도문을 맹목적으로 읊어댔던 자신의 감정적인 반응에 기초해 자신이 거듭났다고 주장한다. 그들은 자신이 얼마나 심각한 죄인인지 거의 알지 못하며, 하나님 앞에서 잃어버린 자로서 자신에게 필요한 것이 무엇인지 전혀 모른다. 그런 상태에서 회개가 없는 용서를 구한다. 자신에게 있다고 상상하는 '새로운 마음'은 그들의 삶에 아무 변화도 가져오지 못한다. 겉은 종교적이지만 실상은 세상적인 그들의 삶은 그리스도께서 그들의 구세주이자 주님이 아니라는 사실만 드러낼 뿐이다. 그들은 자신의 선지자와 제사장과 왕이 되시는 주 예수 그리스도와 더불어 나누는 인격적이고 경험적인 친밀함이 무엇인지 모른다. 그들은 진심으로 하나님을 두려워하지도, 죄를 미워하지도, 그리스도를 사랑하지도, 경건을 추구하지도 않는다.

거짓 확신을 가진 사람은 대개 두 극단, 즉 감상적인 감정의 극단과 메마른 지성주의의 극단 중 한편에 속해 있다. 이 거짓 복음의 두 극단 중 한편에서 살다 보면 머리와 마음과 손이라는 전인격과 복음을 연결해 주는 참된 복음을 거절하게 되기 쉽다. 거짓 확신을 가진 사람은 공통적으로 복음을 깨닫기 매우 어렵다. 그로 인해, 나는 스스로 그리스도인이라고 생각하는 수만 명의 사람들이 지옥에서 깨어나 영원한 공포 속에서 있게 될 것이 두렵다. 자기 기만에 빠진 사람들은 심판 날이 이르렀을 때 얼마나 끔찍한 기분일까! 거짓된 기초 위에 있는 사람 중에 심판 날 천국에 들어갈 사람은 아무도 없다. 그리스도를 위해 다양한 말과 행동을 했다고 주장하는 많은 사람은 그 날에 그리스도께서 그들을 도무지 알지 못한다고 하시는 말씀을 듣게 될 것이다(마 7:21-3). 건전하지 못한 교리와 불경건한 삶으로 말미암아 수만 명의 사람들이 죽게 될 것이다!

구원의 기초를 추정이나 쉬운 믿음주의에 둔 사람들이 겪는 문제 중 하나는 자신의 믿음이 진실한지, 충분한 근거가 있는지에 대해 거의 점검하지 않는다는 사실이다. 사실 그런 사람들이 범하는 실수는 '쉬운 믿음주의'보다 '쉬운 확신주의'라는 말이 더 잘 어울린다. 그들은 확신을 가지고 있다고 하지만, 그 확신에 대한 근거가 전혀 없다. 사람이 어떻게 확신에 이르는지에 대한 잘못된 이해는 거짓된 확신으로 이어지기 쉽다. 반면 확신에 대한 바른 이해는 그런 잘못된 추정을 하지 않도록 도와준다.

뿐만 아니라 잘못된 이해로 인해 정작 확신을 누려야 할 때 그 확신을 누리지 못하게 될 수 있다. 하나님의 참된 자녀이면서도 자신이 하나님의 자녀라는 사실을 믿지 못하는 사람들이 있다. 그들은 일종의 '어려운 믿음주의(hard believism)'를 가지고 있어서 자신이 구원을 기대할 수 없다는 데 대한 증거를 찾는다. 그들은 그리스도와 하나님의 약속보다는 자신과 자신의 행위에 더 자주 집중한다. 그들은 자신이 하나님의 자녀라는 분명하고 성경적인 증거가 있음에도 불구하고 그것에 만족하지 못한다. 결국 확신에 이르는 데 있어서 자기 자신이 가장 큰 장애물이 되어 버린 것이다. 이 경우에도 마찬가지로 믿음의 확신에 대한 바른 이해가 중요하다.

확신에 대한 바른 이해를 가진 사람들은 '쉬운 믿음주의'와 '어려운 믿음주의' 모두를 피한다. 한편으로 확신은 쉽게, 자동적으로 주어지는 유익이 아니다. 삶에서 작용하는 믿음에 대한 분명하고 성경적인 증거 없이는 자신의 믿음에 대해 확신하지 않을 것이다. 그들은 쉬운 믿음주의가 얼마나 위험한지 알고 있으며, 하나님의 말씀을 가지고 정기적으로 자신의 마음과 삶을 살펴보고 시험해 볼 것이다. 다른 한편, 하나님의 말씀으로부터 가르침을 받아 그들은 자신의 삶에 있는 거듭남에 대한 증거를 인식하고 그 사실을 인정할 것이다. 하나님에 대한 참된 갈망과 그에 상응하는 죄에 대한 미움을 가질 때, 그들은 자신 안에 성령의 역사로 말미암아 이런 것들이 생겼음을 인정하고 이로 말미암아 위로를 얻을 것이다. 그들은 작지만 참된 은혜의 표지를 멸시하지 않을 것이다(슥 4:10). 성경이 구원받은 사람들 안에 있는 성령의 열매로 여기는 은혜의 표지가 우리 안에 조금밖에 없다 할지라도(갈 5:22, 23) 우리의 확신이 믿음과 삶의 건실함을 평가하는 시험을 통과할 수 있다는 사실은 대단히 중요하다.

하나님 안에서의 평강과 기쁨

확신은 복음이 주는 평강과 위로와 분리될 수 없다. 만약 우리가 평강과 기쁨과 소망을 경험하고자 한다면(롬 5:1-3) 우리 자신이 그리스도로 말미암아 모든 죄에서 의롭게 되었다는 확신이 필요하다. 주 안에서 경험하는 참된 평강과 기쁨은 이 땅을 살아가는 동안 우리 삶을 아주 풍성하게 만들어 준다. 토머스 브룩스(Thomas Brooks)가 확신에 대한 자신의 책 제목을 『지상에서 누리는 천국』(Heaven on Earth)이라고 지은 한 가지 이유가 이것이다.[2] 확신은 복음의 평강과 위로와 기쁨과 관련이 있으며, 계발되어야 한다.[3]

2　Thomas Brooks, *Heaven on Earth: A Christian Treatise on Assurance* (London: Banner of Truth Trust, 1961).
3　J. C. Ryle, *Holiness* (Welwyn Garden City, England: Evangelical Press, 2014), 148-51.

인생의 모든 즐거움과 슬픔 가운데서 "이 하나님은 영원히 우리 하나님이시니 그가 우리를 죽을 때까지 인도하시리로다"(시 48:14)라고 노래할 수 있다면, 먼저 우리를 사랑하셨으므로 하나님을 가리켜 사랑하는 우리 아버지라고 부를 수 있다면, 우리의 구세주요 형님이신 예수 그리스도와 달콤한 교제를 나누고 그분이 곧 오셔서 우리를 영광 중에 자신에게로 데려가실 것을 확신할 수 있다면, 고난은 짧지만 기쁨은 영원함을 알기에 그 고난을 인내할 수 있다면, 우리는 얼마나 평안하고 안전하며 즐거울까! 삼위일체 하나님만이 자신의 구원이시며 "내게 사는 것이 그리스도니 죽는 것도 유익함이라"(빌 1:21)는 확신을 가진 그리스도인보다 더 큰 행복을 누릴 사람은 이 세상에 존재하지 않을 것이 분명하다.[4]

물론 그리스도인이 죄와 고난과 의심에서 비롯되는 슬픔을 겪지 않는다는 것은 아니다. 하지만 성경은 그리스도인이라면 주님 안에서 평강과 기쁨을 드러내야 한다고 분명하게 말한다(느 8:10, 빌 4:7, 히 10:19-25). 슬픔 중에도 우리는 항상 기뻐해야 한다. 그러려면 우리 믿음에 대한 확신이 충만해야 한다. 찰스 스펄전은 그런 신자들에 대해 이렇게 말한다. "확신이 충만한 그리스도인은 우리 이스라엘의 거인이다. 행복과 아름다움에 있어서 그는 사울과 같아서 그의 머리와 어깨는 다른 사람들보다 더 크다. 반면 힘과 용기에 있어서는 다윗에 견줄 수 있다."[5]

---

4 Thomas Jones, *The True Christian; or, The Way to Have Assurance of Eternal Salvation* (London: R. B. Seeley and W. Burnside, 1834), 4-5.
5 Charles Spurgeon, *Metropolitan Tabernacle Pulpit* (Pasadena, Tex.: Pilgrim Publications, 1973), 7 (1861):549.

기독교적 섬김

확신에 찬 그리스도인은 활동적인 그리스도인이다. 바울은 데살로니가 사람들에 대해 이렇게 말했다. "이는 우리 복음이 너희에게 말로만 이른 것이 아니라 또한 능력과 성령과 큰 확신으로 된 것임이라"(살전 1:5). 데살로니가에서 전한 복음 설교가 얼마나 복되었던지 바울은 물론이고 바울의 설교를 듣는 이들에게도 큰 확신이 있었다. 바울은 다음과 같이 말한다. "그러므로 너희가 마게도냐와 아가야에 있는 모든 믿는 자의 본이 되었느니라 주의 말씀이 너희에게로부터 마게도냐와 아가야에만 들릴 뿐 아니라 하나님을 향하는 너희 믿음의 소문이 각처에 퍼졌으므로 우리는 아무 말도 할 것이 없노라"(7, 8절). 얼마나 놀라운가! 이제 막 회심한 데살로니가인들은 하나님의 말씀이 울려 퍼지게 했다. 이 말은 그들이 복음을 전했다는 말이다. 그래서 데살로니가를 떠나 마게도냐와 아가야에 이르렀을 때, 바울은 하나님의 말씀이 이미 그곳에 있음을 발견했다. 이 데살로니가인들은 하나님에 대한 열심히 대단했는데, 그 이유를 하나 들자면 그들이 자신의 구원에 대해 확신했기 때문이었다.

확신이 없는 그리스도인은 선한 행실에 대해 거의 관심이 없다. 왜냐하면 그는 자신이 구원을 받았는지 받지 않았는지 고민하느라 영적 에너지를 소진하기 때문이다. 이 물음이 해결되지 않으면, 하나님을 섬기며 다른 사람을 돕는 일에 전심을 쏟을 수 없다. 청교도 토머스 굿윈(Thomas Goodwin)은 믿음의 충만한 확신을 가진 그리스도인은 그렇지 않은 사람보다 열 배나 더 활동적이라고 말했다.[6] J. C. 라일(Ryle)도 "확신 있는 소망이 부족한 신자는 자신의 내적인 상태를 살피는 데 많은 시간을 소진하게 될 것"이라고 말했다. 그런 사람은 건강 염려증 환자처럼 자신의 질병과 의심과 의문과 갈등과 부패에 대한 염려에 휩싸이게 될 것이다. 요약하면, 그런 사람은 자신의 내적 안녕에 대한 염려에 사로잡힌 나머지 다른 데 신경 쓸 여유를 거의 갖지 못하며, 하나님의 사역에 쏟을 시간도 거의 낼 수 없을 것이다.[7]

우리가 이 땅에서 해야 할 일은 오직 구원 얻는 일뿐이라고 생각하는 사람들도 있다. 일단 구원을 얻고 나면 천국에 도착할 때까지 할 일이 별로 없다는 것이다. 그들은 회심을 하나의 목적으로 여긴다. 하지만 사실은 그렇지 않다. 우리의 회심에는 아주 중요한 목적이 있다. 바로 그리스도를 닮고 하나님을 예배하며 하나님을 섬겨 그분을 찬양하는 것이다. 로마서 8:29은 하나님의 백성이 "그 아들의 형상을 본받게 하기 위하여" 예정되었다고 말한다. 베드로전서 2:9은 이렇게 말한다. "너희는 택하신 족속이요 왕 같은 제사장들이요 거룩한 나라요 그의 소유가 된 백성이니 이는 너희를 어두운 데서 불러내어 그의 기이한 빛에 들어가게 하신 이의 아름다운 덕을 선포하게 하려 하심이라." 하나님이 우리를 회심시키신 것은 우리가 하나님의 아들을 닮아 가고 하나님을 찬양하게 하여 우리 안에서 영광을 받으시기 위해서다.

---

6 Thomas Goodwin, *The Works of Thomas Goodwin* (Grand Rapids: Reformation Heritage Books, 2006), 1:251.
7 J. C. Ryle, *Holiness: Its Nature, Hindrances, Difficulties, and Roots* (Cambridge, England: J. Clarke, 1956), 32.

하나님과의 교제

확신이 귀중한 이유는 확신을 통해 하나님과의 교제가 더욱 풍성해지기 때문이다. 자신이 하나님과 어떤 관계인지 제대로 모르는 사람이 어떻게 하나님과 깊은 교제를 누릴 수 있겠는가? 자기 아버지의 사랑에 대해 확신하지 못하는 자녀와 아버지가 친밀한 관계를 가지는 것이 얼마나 어려울까? 그 자녀는 편안하게 있지 못하며 아버지의 사랑에 대해서도 의구심을 품을 것이다. 이런 환경 속에서는 도저히 친밀한 관계를 누릴 수가 없다.

반대로 아가서에서 신부가 자신의 남편에 대해 다음과 같이 말하는 장면에서 드러난 확신에 대해 생각해 보라. "내 사랑하는 자는 내게 속하였고 나는 그에게 속하였도다"(2:16). 여기에는 교제가 있고, 친밀함이 있으며, 따뜻하고 신뢰가 넘치는 사랑의 관계가 있다. 또한 자신과 남편이 서로 사랑한다는 데 대한 신부의 신뢰가 있다. 주님은 자기 백성과 바로 이와 같은 교제를 나누기 원하신다. 자기 백성과의 관계를 묘사하실 때 하나님은 종종 가장 가까운 관계를 나타내는 용어를 사용하신다. 아버지와 자녀, 남편과 아내, 신랑과 신부, 머리와 몸, 친구 중의 친구 등이 바로 그것이다. 주님은 자기 백성과 나누기 원하는 관계를 묘사하실 때 인간의 삶에서 찾을 수 있는 가장 친밀한 관계를 사용하신다. 확신은 이런 관계를 깨닫는 데 반드시 필요하다.

주님 앞에서의 거룩함

확신이 중요한 것은 누군가를 더욱 거룩하게 만들기 때문이다. 요한은 우리가 성부 하나님의 자녀로 입양되었다는 사실을 아는 데서 흘러나오는 확신에 대해 다음과 같이 말한다. "주를 향하여 이 소망을 가진 자마다 그의 깨끗하심과 같이 자기를 깨끗하게 하느니라"(요일 3:3).

보다 거룩한 삶으로 인도하지 않는 확신은 거짓 확신이다. 근거가 충분한 확신을 가지고, 참된 평안과 기쁨을 누리며, 주님을 섬기는 일에 열심이고, 하나님과 친밀한 교제를 나누는 사람은 거룩한 삶을 살아간다. 낮은 수준의 거룩에 머물러 있으면서 높은 수준의 확신을 지속적으로 가질 수는 없는 법이다.

확신은 하나님의 능력을 가까이서 경험하게 한다. 하나님과 믿음의 관계를 나누며, 하나님의 자비와 은혜에 대한 신뢰가 있다면, 우리의 마음은 하나님을 향한 사랑으로 불타오를 것이다. 이 사랑은 거룩한 삶을 살고자 하는 의지와 욕구에 불을 지른다. 하나님과 더 가까워질수록 우리는 하나님을 더 사랑하게 되고 더 거룩해질 것이다. 거룩한 사람은 그 사랑으로 말미암아 그리스도를 위하여 하나님을 향해 달려가기 마련이다. 그리스도의 사랑은 거룩한 사람을 강권한다(고후 5:14).

부흥을 향한 필요

오늘날 믿음에 대한 확신이 절실한 것은 확신이 참된 부흥과 분리될 수 없기 때문이다. 많은 사람이 그리스도에 대한 지식, 은혜에 대한 확신, 그리고 그리스도를 통한 구원 안으로 들어오는 것 외에 달리 무엇을 부흥이라 할 수 있겠는가?

마르틴 루터 역시 같은 의견을 갖고 있었다. 루터가 쓴 갈라디아서 주석을 읽어 보라. 당시 교회는 사람들이 자신의 구원에 대해 확신하지 못하게 했는데, 루터는 이 같은 행태에 불같이 분노했다. 그들과는 반대로 루터 자신은 복음에서 흘러나오는 확신으로 충만했다. 루터의 작품들을 읽어 보라. 그의 글이 담고 있는 능력을 확인하게 될 것이다.

세속화에 대한 저항

극심한 세속화와 배교의 시대에 하나님을 경외하는 그리스도인이 되고자 한다면, 무엇보다 확신이 필요하다. 이 세상에서 복음을 살아내기 쉬운 때는 없었다. 하지만 복음에 대한 공격이 유독 강력한 때가 종종 있었다. 바로 우리가 지금 그런 시대를 살고 있다. 지금 우리는 힘겨운 시기를 통과하고 있다.

우리는 칠흑같이 어두운 시대에 등잔 위의 등불이 되도록 부르심을 받았다. 반대로 사탄은 전방위적으로 배교를 부추기고 있다. 특히 교회와 교육기관에서 이런 활동이 더욱 심하다. 이런 어둠 속에서 빛이 되기 위해 우리에게는 큰 확신이 필요하다.

그리스도인으로서 세속화에 대항하는 최선의 방법 중 하나는 확신에서 흘러나오는 평안과 기쁨의 은사들을 통해 빛을 비추는 것이다. 우리는 복음의 증인이지 않은가! 빌립보서 2:15에서 바울은 이렇게 기도한다. "이는 너희가 흠이 없고 순전하여 어그러지고 거스르는 세대 가운데서 하나님의 흠 없는 자녀로 세상에서 그들 가운데 빛들로 나타내며." 이 악한 세상에서 그리스도인이 빛을 발하는 한 가지 방법은 평안하고 즐거운 삶을 사는 것이다. 주님을 섬기는 일이 얼마나 놀라운 일인지 하나님의 백성이 드러내지 않는다면 세상이 하나님에 대해 어떻게 생각하겠는가? 시편 기자는 이렇게 권면한다. "여호와께 감사하라 그는 선하시며 그 인자하심이 영원함이로다 여호와의 속량을 받은 자들은 이같이 말할지어다 여호와께서 대적의 손에서 그들을 속량하사"(시 107:1, 2). 사람들이 우리 안에서 하나님의 자녀에게만 허락하신 평안과 참된 행복을 발견하지 못한다면 하나님에 대해 뭐라고 말하겠는가?

성경적인 교리를 도모함

확신에 대한 교리가 오늘날 절실히 필요한 이유는 이 교리 자체가 대체로 외면당하고 있기 때문이다. "교리는 천국이다"라는 마르틴 루터의 말을 이해하는 사람이 거의 없다. 청교도들이 말했듯 확신은 실질적으로 사용되고 있는 교리의 중추신경이다. 다시 말하면, 우리의 삶과 이 세상의 삶에 적용된 하나님의 진리인 셈이다. 확신은 효과적인 부르심에서부터 영화에 이르는 구원의 사슬의 모든 연결고리에서 일하시는 성령의 사역과 연결되어 있다. 확신은 죄, 은혜, 속죄, 그리스도와의 연합 등과 같은 교리와 불가분의 관계에 있다. 뿐만 아니라 은혜의 표지 및 단계와도 결합되어 있다. 또한 하나님의 주권과 인간의 책임의 관계에 대한 논의에서도 빠질 수 없다. 그리고 확신은 성경에 관한 교리와도 밀접한 관계가 있으며, 선택, 하나님의 약속, 은혜 언약에서도 흘러나온다. 확신은 설교와 성례와 기도를 통해 강화된다. 그러므로 확신의 범위는 넓고 깊이는 심오하며 높이는 영광스럽다.

결론

확신에 대한 이 모든 문제가 얼마나 중요한지 모른다. 물론 확신 없이도 구원받는 것은 가능하다. 하지만 확신 없이 건강한 그리스도인이 되는 것은 거의 불가능하다. 아마도 이렇게 반문하는 사람도 있을 것이다. "하나님은 가난하고 불쌍한 죄인들에게 특별한 관심을 가지신다고 성경에 나와 있지 않습니까?" 하지만 가장 확신에 찬 하나님의 자녀도 여전히 가난하고 불쌍한 죄인이다. 만일 그가 스스로 가난하고 불쌍한 죄인임을 인정하지 않는다면 그는 자신의 확신이 단단한 기초 위에 있는지 의심해야 한다. 그리스도는 흥하고 그는 쇠하여야 한다(요 3:30).

주님은 깨어진 마음과 통회하는 영혼으로 확신을 얻고 싶어 한숨짓는 사람들을 가까이 하신다. 그렇다고 해서 영원히 이런 상태로 남아 있길 원해야 한다는 뜻은 아니다. 우리에게 확신이 부족하다면, 하나님의 말씀의 빛 아래서, 그리고 성령의 도우심과 함께 부지런히 확신을 구해야 한다.

확신은 우리의 영적인 안녕을 위해 꼭 필요하다. 어떤 사람들은 확신이 표면적인 것일 뿐이라고 생각한다. 그들은 누군가 확신을 갖고 있다고 말하면 의심의 시선을 보낸다. 하지만 실제로, 의심과 두려움이야말로 깊은 종교적 체험의 표지라고 보는 사람들, 더 나아가 확신 없이 하나님과 영광을 향해 나아가기를 선호하는 사람들은 성경에 대한 얕은 이해를 가진 경우가 많다. 그러므로 복음의 진리를 깊이 이해해야 하며 그럴 때 우리는 마음속에서 일어나는 성령의 역사를 인식하게 되고, 그것을 인정하고 기뻐하며, 무엇보다 주 예수 그리스도에 대한 어린아이와 같은 믿음 안에서 안식하게 된다.

2장
왜 많은 그리스도인들이 확신을 누리지 못하는가?

이처럼 확신이 중요함에도 불구하고 확신이 결핍된 채 살아가는 그리스도인이 많다. 어떤 그리스도인들은 자신의 삶을 보면 신앙이 없음을 알 수 있음에도 불구하고 스스로 신앙이 있다고 생각한다. 이런 착각으로 그들은 스스로 지옥을 향한 길을 닦고 있다. 자신의 삶에서 참된 그리스도인의 표지가 거의 나타나지 않는데도 그들은 자신의 구원에 대해 거의 의심하지 않는다. 자신은 구원의 확신이라는 문제를 두고 씨름해 본 적이 없다고 말할 때, 그 의미는 실제로 그들이 말한 그대로다. 말씀이나 개인 경건, 또는 그리스도 중심적인 삶에 대해 전혀 관심을 보이지 않으면서도 구원의 확신이 있다고 강력하게 고백하는 그리스도인들과 대화하다가 당황하고 놀란 게 한두 번이 아니다.

반대로 확신을 바라지만 확신을 누리지 못하는 사람들도 있다. 어쩌면 당신도 그런 사람 중에 하나일지 모른다. 확신에 대한 문제는 철저히 개인적인 것이다. 실제로 당신은 당신 자신과 하나님, 그리고 다른 사람들에게 다음과 같이 고백한 적이 부지기수일지 모르겠다. "나는 과연 주님을 사랑하는 걸까? 아닌 걸까? 나는 주님께 속한 걸까? 그렇지 않은 걸까?" 수년 동안, 아니 어쩌면 수십 년 동안 확신의 문제로 씨름하다가 이제 더 이상 어떻게 할 방법이 없다고 느끼고 있을지도 모른다.

바로 그런 당신을 위해 이 책을 썼다는 사실을 알기를 바란다. 나는 당신의 고통이 어떠할지 충분히 알고 있다. 지난 사십 년 넘는 세월 동안 당신과 같은 처지에 있는 수백 명의 사람들과 상담했다. 부디 하나님이 이 책을 사용하셔서 의심의 굴레에서 당신을 구원해 주시기를 기도한다. 한 장, 한 장 기도하는 마음으로 읽으며 마지막 장까지 나와 동행하기를 바란다.

이번 장에서는 주님을 사랑하고 섬기는 여러 참된 신자들이 확신을 갖지 못하게 만드는 열 가지 문제 혹은 이유를 살펴보려 한다. 물론 다른 많은 이유가 있겠지만, 주된 이유를 꼽아 보았다. 우리가 참된 신자이고 마음속에서 이런 문제들을 잘 다뤄낸다면, 최소한 어느 정도의 확신은 가질 수 있을 것이다.

과거와 현재의 죄

우리가 가끔 확신을 갖지 못하는 첫째 이유는 바로 죄 때문이다. 여기서 죄는 과거와 현재의 죄 모두를 가리킨다. 먼저, 하나님과 그분의 아들을 사랑하지 않은 날에 대한 인식 없이 성장한 사람들은 때때로 자신의 과거와 현재의 사악함과 씨름하곤 한다. 자신 안에 너무나도 많은 내적인 죄가 있기에 자신이 하나님을 사랑하는가 보다는 자신에게 죄를 향한 경향성이 있음에도 불구하고 하나님이 정말 나를 사랑하시는가를 점점 더 궁금해한다.

이와는 달리 하나님을 사랑하지 않고 성장한 사람들의 경우, 그토록 오랫동안 하나님과 그분의 은혜에 대한 외인으로 죄 아래 살았다는 짐에 눌려 확신을 갖지 못할 수 있다. 그들은 한때 하나님을 미워하며 살았다. 영적 어두움 속에 살아서 하나님의 참된 성품에 대해서도 무지했다. 영적으로 죽은 상태였기에 구원의 하나님이 손수 이루신 창조와 재창조의 사역이 얼마나 아름다운지 인식하지 못했다.

그러다 이 모든 것이 변했다. 복음 설교를 통해 성령께서 놀라운 사역을 행하신 결과, 죄를 미워하고 하나님을 사랑하며 거룩을 추구하게 되었다. 한때 적대감이 가득하던 곳에 이제는 우정이 있고, 가족이 있다. 미움이 지배하던 곳에 이제는 사랑이 중심을 차지하고 있다. 하나님에 대한 무지가 가득하던 어둠 속에 이제는 빛이 비치면서 하나님을 제대로 알기 시작했다. 영적인 죽음에서 구원을 받아 그리스도의 영광스러운 생명과 빛으로 옮겨졌다. 뿐만 아니라 그들을 오랫동안 노예로 부려먹던 어둠의 권세자에게서도 벗어나 자유를 얻었다. 이 모든 것이 참으로 놀랍다! 하지만, 멈춰 서서 현재 씨름하고 있는 죄뿐만 아니라 과거 우리의 죄악을 돌아보기 일쑤다. 그러고는 이렇게 말한다. "내가 사랑스러운 하나님을 사랑하는 것은 당연하다. 왜냐하면 하나님은 정말 사랑스러운 분이니까. 그런데 내가 이런 악한 마음을 가지고 있고, 내가 지은 악한 죄가 낱낱이 기록되어 있는데 하나님이 정말 나를 사랑하실 수 있을까? 내가 여전히 죄악된 사람으로 남아 있는데 하나님의 자녀라는 게 가능할까? 내가 참된 신자라면, 어떻게 아직도 은밀한 죄에 이끌리고 이토록 세상을 사랑할 수 있단 말이지? '오호라 나는 곤고한 사람이로다'(롬 7:24). 지금까지 너무나 비참하게 실패를 반복해 왔는데 어찌 내가 진정 구속받은 하나님의 자녀라고 확신할 수 있을까?"

하나님의 성품과 복음에 대한 거짓 개념들

둘째, 어떤 신자들은 하나님을 성경적으로 바르게 이해하지 못한 까닭에 믿음의 확신을 얻지 못한다. 바울이 로마서 8:31-39에서 지적한 대로, 근거가 충분한 믿음의 확신은 하나님이 어떤 분인지에 대한 성경적 이해를 바탕으로 한다. 로마서 8:31, 32에서 바울은 이렇게 말한다. "그런즉 이 일에 대하여 우리가 무슨 말 하리요 만일 하나님이 우리를 위하시면 누가 우리를 대적하리요 자기 아들을 아끼지 아니하시고 우리 모든 사람을 위하여 내주신 이가 어찌 그 아들과 함께 모든 것을 우리에게 주시지 아니하겠느냐." 바울이 가진 확신은 하나님이 우리를 위하신다는 사실에 닻을 내리고 있었다. 하나님은 자신의 아들을 세상에 보내어 우리를 위해 죽게 하셨다. 바울은 계속해서 이렇게 말한다. "누가 능히 하나님께서 택하신 자들을 고발하리요 의롭다 하신 이는 하나님이시니 누가 정죄하리요 죽으실 뿐 아니라 다시 살아나신 이는 그리스도 예수시니 그는 하나님 우편에 계신 자요 우리를 위하여 간구하시는 자시니라 누가 우리를 그리스도의 사랑에서 끊으리요"(33-35절).

하나님이 어떤 분이며, 우리를 위해 무엇을, 왜 하셨는지에 대한 이해는 바울이 누린 확신의 핵심이었다. 의롭게 하는 이는 하나님이시다. 그리고 우리를 위해 죽으시고 부활하셨으며 하늘로 승천하사 지금 우리를 위해 간구하시는 분은 그리스도다. "누가 우리를 그리스도의 사랑에서 끊으리요?" 지금 바울은 "내 안에 있는 무언가 덕분에 하나님의 사랑에 설득되었다"라고 말하고 있지 않다. 바울이 하나님의 자녀라는 사실을 스스로 확신했기 때문에 그 무엇도 자신을 하나님의 사랑에서 끊을 수 없다고 믿은 게 아니라 오히려 그 반대였다. 바울은 자기를 향한 그리스도의 사랑을 깨닫고는 자신이 하나님의 자녀라는 확신을 얻었다. 바울의 사고의 중심에는 바울 자신이나 바울 안에 있는 무언가가 아니라 바로 하나님이 계셨다! 하나님으로부터 나온 것들에 의해 바울은 확신을 누릴 수 있었던 것이다.

『천로역정』을 읽은 독자라면, 크리스천의 등에 있던 죄의 짐이 십자가에서 떨어진 장면을 기억할 것이다. 죄인들을 향한 하나님의 사랑은 십자가에서 가장 분명하게 나타났다. 이 사실을 있는 그대로 믿지 않는 그리스도인이 너무나 많다. 그들은 탕자의 아버지와 같은 하나님이 제멋대로 불순종하는 아들들이 집으로 돌아오기만을 학수고대하신다는 사실을 믿지 않는다. 뿐만 아니라 하나님이 그들이 맞이하사 그들의 모든 죄를 값없이 용서하신다는 사실을 믿지 않는다. 자신의 주인을 향해

"당신은 굳은 사람"(마 25:24)이라고 말했던 달란트 비유의 종과 같은 시각으로 하나님을 바라보는 그리스도인들이 참으로 많다. 하나님에 대해 변덕이 심하고 혹독한 분으로 생각하는 사람들도 적지 않다. 하지만 "우리가 아직 죄인 되었을 때에 그리스도께서 우리를 위하여 죽으심"(롬 5:8)으로 하나님은 자신의 사랑을 우리에게 알려 주셨다. 찢긴 몸에서 보배로운 피를 흘리는 그리스도의 모습에서 하나님의 사랑을 깨달을 때, 우리는 진정한 확신에 대한 근거를 얻는다. 죄인들을 갈망하시는 하나님의 마음이 그곳에 담겨 있기 때문이다. 십자가에서 우리는 하나님이 죄인을 구원하시려고 기꺼이 감내하신 최고의 희생을 본다. 그렇기에 우리는 "내게로 돌이켜 구원을 받으라"(사 45:22)는 말씀에 하나님의 진심이 담겨 있다고 믿으며, 바울의 고백과 마찬가지로, 그리스도 예수 우리 주 안에 있는 하나님의 사랑에서 아무것도 우리를 끊을 수 없다는 확신을 누릴 수 있다(예. 롬 8:38-9).

하나님은 자기 백성에게 그들이 하나님의 자녀이며 하나님은 그들의 아버지라는 사실을 확신시키기를 기뻐하신다. 자기 자녀가 아버지에 대해 진짜 아버지가 맞는지 오랜 세월 의심하도록 내버려둘 아버지가 어디 있겠는가? "너희 중에 누가 아들이 떡을 달라 하는데 돌을 주며 생선을 달라 하는데 뱀을 줄 사람이 있겠느냐 너희가 악한 자라도 좋은 것으로 자식에게 줄 줄 알거든 하물며 하늘에 계신 너희 아버지께서 구하는 자에게 좋은 것으로 주시지 않겠느냐"(마 7:9-11).

의심하는 그리스도인이여! 그리스도 안에서 하나님이 어떤 분인지 이해하고 나면 틀림없이 강한 확신을 얻게 될 것이다. 에베소서 1장을 읽어 보라. 그리고 탕자의 비유, 아니 사랑하는 아버지의 비유라 해야 할 본문(눅 15:11-24)을 읽어 보라. 자기 자녀들이 스스로 하나님의 자녀임을 확신하기 원하시는 아버지의 마음이 느껴지지 않는다고 정직하게 말할 수 있는가? 자녀에게 확신을 주실 때 하늘 아버지는 스포이드로 한 방울씩 떨어뜨려 주는 게 아니라 뚜껑을 열고 부어주기를 기뻐하신다. 하나님은 자비를 기뻐하실(미 7:18) 뿐만 아니라 확신을 주시는 것도 기뻐하신다(엡 1:17). 참되고 신실하며 자비로우신 그리스도 예수 안에서 사랑을 베푸시는 하나님께 찬양을 드리며, 우리에게 확신을 달라고 간구하자.

이신칭의에 대해 분명히 알지 못함

많은 신자들이 믿음의 확신을 누리지 못하는 셋째 이유는 이신칭의 교리를 명확히 알지 못하여 종종 칭의와 성화를 혼동하기 때문이다. 칭의는 다음 말씀에 분명하게 나와 있다. "일을 아니할지라도 경건하지 아니한 자를 의롭다 하시는 이를 믿는 자에게는 그의 믿음을 의로 여기시나니"(롬 4:5). "사람이 의롭게 되는 것은 율법의 행위로 말미암음이 아니요 오직 예수 그리스도를 믿음으로 말미암는 줄 알므로"(갈 2:16).

그리스도께서 십자가에서 행하신 모든 일(즉, 그리스도의 수동적 순종)과 평생 율법에 완전히 순종하신 것(즉, 그리스도의 능동적 순종)의 결과 내지 유익을, 주께서 구하는 자들에게 값없이 주신다는 사실을 모르는 사람들이 많다. 죄인들을 위한 그리스도의 이런 이중의 순종을 통해 하나님의 공의가 만족되었다. 그러므로 하나님은 공의로우실 뿐만 아니라 또한 예수님을 믿는 사람들을 의롭게 하신다(롬 3:26).

우리가 할 수 있는 그 어떤 일도 우리 자신을 하나님께 용서받기에 합당한 자로 만들지 못한다. 우리가 하나님께 용납될 만한 자가 되기 위해 필요한 것은 아무것도 없다. 불쌍한 죄인들로서 우리는 참된 믿음을 통해 구원이라는 선물을 받으며, 그 믿음으로 의롭게 된다. 즉, 주님과 바른 관계 속에서 신자의 삶을 시작하는 것이다. 하나님이 받으실 만한 존재가 되기 위해 우리가 할 수 있는 것은 아무것도 없다. 죄에 대한 진실한 슬픔, 선행, 또는 다른 무언가 때문에 하나님이 우리를 의롭게 해 주시는 게 아니다. 이신칭의라는 말은 우리 모든 죄가 오직 그리스도께서 하신 일로 인해 용서받게 되었음을 의미한다.

만약 우리의 칭의의 근거를 우리가 성취할 수 있는 어떤 조건이나 우리가 반드시 겪어야 하는 특정한 경험에 둔다면 이는 칭의의 은혜로운 특성을 파괴하고 칭의가 가진 구원하고 확신을 주는 특성을 강탈해 가는 일종의 율법주의를 우리의 칭의에 주입하는 것이다. 그러면 우리의 영적인 결핍으로 말미암아 우리는 영적인 침체에 빠지게 될 것이다. 행위로 말미암는 칭의는 그 모습이 아무리 절묘하더라도 확신을 파괴할 것이기 때문이다. 만약 구원이 행위로 주어진다면 우리는 구원 얻을 만한 행위를 결코 할 수 없을 것이다. 만약 구원이 체험으로 주어진다면, 어떤 체험도 철저한 검사를 장시간 견뎌낼 수 없을 것이다. 도널드 맥클라우드(Donald Macleod)는 다음과 같이 지적한다. "그 자체로 공로처럼 여겨지는 종교적 체험에 칭의의 근거를 두는, 역설적인 명칭의 복음적 율법주의에는 실제적인 위험이 존재한다." 믿음 자체는 우리 칭의의 기초가 아니라 그리스도와 그분의 의를 붙잡게 하는 수단 혹은 도구에 불과하다. 맥클라우드의 결론은 믿음이란 칭의의 기초가 아니며 그렇다고 공로적인 원인도 아니라는 것이다. 우리가 의롭게 되는 것은 객관적이고 완성된 그리스도의 의로 말미암는다. 믿음은 바로 이 의를 붙잡는 것이다. 믿음은 우리를 그리스도와 연합시켜 준다. 하지만 믿음이 우리의 반석은 아니다. 믿음이 우리의 반석이라면, 믿음에 있는 모든 부족함과 흠과 균열로 인해 우리는 두려워 떨 수밖에 없을 것이다.[1]

하나님께서 자신의 의로운 백성들이 그들의 죄를 벗어버리고 선한 행위를 하기를 바라신다는 것은 사실이다. 하지만 그것은 오직 의롭게 된 결과이지 의롭게 되기 위한 수단은 아니다. 벨직 신앙고백 29조에 따르면, "믿음으로 그리스도를 유일한 구세주로 받아들인 그리스도인들은 죄를 피해 의를 쫓으며, 참되신 하나님과 자신의 이웃을 사랑하고, 좌로나 우로나 치우치지 아니하며, 육신의 모든 행위와 더불어 그 육신을 못 박는다." 하지만 이 중 어떤 것도 하나님이 우리를 받아주시는 근거가 될 수 없음을 기억해야 한다. 그 자체로 판단하면, 우리의 최고의 행위라도 부족할 뿐이다. 왜냐하면 우리가 무엇을 하든 그것은 죄로 오염되어 있기 때문이다. 야고보는 만약 우리가 율법의 하나를 범하면, 모든 율법을 범한 것과 같다고 말한다(약 2:10).

그러므로 참된 그리스도인이라면 누구라도 자신이 하나님께서 받

---

[1] Donald Macleod, 'Christian Aassurance 1', *Banner of Truth*, no. 133 (Oct. 1974): 18-9.

으시기에 합당하다고 생각하지는 못할 것이다. 가장 거룩한 사람이라 하더라도 오직 그리스도의 의가 그에게 전가되었기에 하나님이 받아주시는 것이다. 일단 이 사실을 이해하고 믿게 되면, 우리는 굴레에서 벗어나게 된다. 그때 우리는 죄인으로서 하나님께 나아가게 되는데, 이는 하나님이 자신의 은혜를 받기 위한 조건으로 우리에게 그 어떤 것도 요구하지 않으신다는 사실을 알고 있기 때문이다. 우리는 철저하고 절대적으로 그리스도의 공로만을 의지해 우리 모습 그대로 하나님께 나아갈 수 있다.

칭의에 대한 이런 관점은 자신의 믿음에 대해 확신하는 사람들의 삶에도 여전히 중요한 요소로 작용한다. 그들이 혹여 죄에 빠지게 되더라도, 자신이 본래 하나님이 받으실 만한 자가 아니라는 사실과 하나님이 그리스도의 공로로 우리를 죄인으로 받아주지 않으신다면 그 누구에게도 소망이 없다는 사실을 상기할 것이기 때문이다. 바로 이것이 그리스도로 말미암아 산다는 것의 의미다. 우리에게는 날마다 용서하시는 그리스도의 은혜가 필요하며, 우리 안에는 하나님이 받으실 만한 것이 전혀 없다. 하지만 하나님은 그리스도로 인해 우리 모든 죄를 씻겨주기를 기뻐하신다. 이신칭의는 확신을 누리는 하나님의 모든 자녀가 갖는 경험의 선봉에 서 있다.

그리스도를 고백하지 않음

연약한 신자들의 경우 가족과 친구들 사이에서 그리스도에 대한 신앙을 공개적으로 고백하지 않아 어두움 가운데 있다 보면 확신이 약해질 수 있다. 어떤 사람에게는 이 현상이 성찬식에 참여하지 않는 것과 맞물려 나타나기도 한다. 이들은 믿음에 대한 충분한 확신이 생기기 전까지는 성찬식에 참석할 수 없다고 오해하고 있다.

요한은 자신의 첫 번째 서신에서 그리스도에 대한 신앙을 고백하지 않는 것이 얼마나 위험한지 반복해서 경고한다. 요한일서 2:23에서 그는 이렇게 말한다. "아들을 부인하는 자에게는 또한 아버지가 없으되 아들을 시인하는 자에게는 아버지도 있느니라." 여기서 '시인하다'라는 단어는 요한일서의 다른 곳에서는 '고백하다'라는 말로 번역되었다. 그러므로 본문에서 예수님을 그리스도로 시인하는 것에 대해 말할 때, 그것은 단순히 예수님이 하나님이라는 지적인 믿음 이상의 의미가 있다. 그리스도를 고백한다는 것은 예수님이 그리스도라는 사실을 지적으로 인정하는 것 이상의 의미가 있다.

요한일서 4:2-3 역시 이와 동일한 진리를 가르친다. "이로써 너희가 하나님의 영을 알지니 곧 예수 그리스도께서 육체로 오신 것을 시인하는 영마다 하나님께 속한 것이요 예수를 시인하지 아니하는 영마다 하나님께 속한 것이 아니니 이것이 곧 적그리스도의 영이니라 오리라 한 말을 너희가 들었거니와 지금 벌써 세상에 있느니라." 요한일서 4:15도 "누구든지 예수를 하나님의 아들이라 시인하면 하나님이 그의 안에 거하시고 그도 하나님 안에 거하느니라"고 말한다.

연약한 신자들은 주위 사람들에게 예수 그리스도에 대한 신앙을 고백하지 않음으로 자기 영혼을 어둡게 만드는 잘못을 저지를 수 있다.

그 결과 자신이 정말 구원을 받았는지 의심이 더욱 커지게 된다.

불순종과 침체

불순종과 침체로 말미암아 믿음의 확신을 누리지 못하는 경우도 있다. 계속해서 불순종하는 동안에는 높은 수준의 확신을 가질 수가 없다. 우리의 삶을 향한 하나님의 뜻에 저항하면서 죄에 빠진 채 계속 살아간다면 이는 성령을 슬프게 하고 소멸하는 길이다. 그러다 보면 확신에 대한 선한 소망을 빼앗길 수밖에 없다. 성경적인 자기 점검을 거부하고 성경 연구, 묵상, 기도 같은 영적 훈련을 게을리하는 것은 확신에 부정적인 영향을 끼칠 수 있다.

이 진리는 우리가 이미 제시했던 다른 요소들과 반드시 균형을 이루어야 한다. 만약 한 가지 요소가 빠지거나 지나치게 강조되면 확신에도 문제가 생긴다. 한편으로 하나님의 사랑과 이신칭의 교리를 거의 강조하지 않고 어떻게 살아야 하는지를 많이 강조하다 보면 문제가 생긴다. 우리가 하나님의 호의를 얻어내야 한다는 율법주의를 강조하게 되기 때문이다. 다른 한편으로 하나님의 사랑과 이신칭의 교리를 지나치게 강조하면서 거룩한 삶에 대한 하나님의 부르심은 별로 강조하지 않는다면, 우리의 믿음이 진짜인지 의심해야 마땅하다. 이 믿음은 열매를 맺지 않는 죽은 믿음이기 때문이다.

복음에서 하나님의 은혜를 발견하고 이신칭의 교리를 이해하지만 그리스도인의 삶에 대해서는 크게 신경 쓰지 않는 사람들도 있다. 이들

중에 참된 그리스도인이 있을 수도 있다. 그리스도인이 살아야 하는 방식을 완전하게 살아내는 그리스도인은 아무도 없기 때문이다. 하지만 신자의 삶을 사는 데 있어 주의를 기울이지 않고 건성으로 하며 게으른 사람들, 곧 자신이 시험에 들지 않도록 경계하거나 기도하지 않는 사람들에게 확신이 없는 것은 전혀 놀라운 일이 아니다. 그런 사람들에게 확신이 있다면 그 확신은 단지 스스로를 속이는 것일 뿐이다. 토머스 브룩스는 이에 대해 이렇게 말했다. "게으른 영혼은 항상 잃어버리는 영혼이다. 게으른 그리스도인은 항상 네 가지를 놓친다. 위로, 만족, 자신감, 확신이 그것이다."[2] 우리 모두 자신에게 질문해야 한다. "나는 정녕 하나님의 말씀, 곧 하나님의 복음과 율법에 따라 살기 위해 분투하는가? 나는 그리스도와 그분의 구원 사역에 빚진 자로서 내 마음을 영적인 것에 고정시키고 성령을 따라 살기 위해 수고하는가?"(롬 8:4-5, 12).

여기에 긴장이 조성된다. 하나님의 백성은 자기 마음에서 성령의 역사로 나타나는 열매의 표지를 볼 때 힘을 얻는다. 하지만 그러면서도 많은 면에서 자신이 부족하다는 사실을 인식하기도 한다. 그러므로 그들이 누리는 확신에 있어 가장 중요한 동인은 하나님의 은혜에 대한 지식이다. 즉, 하나님이 그리스도의 공로로 자신을 값없이 용서하실 것에 대한 지식이다.

어떤 연약한 신자들은 죄가 자신의 삶에 내주하면서 지속적으로 존재한다는 사실을 이해하지 못한다(롬 7:14-25). 그들은 자신이 실패하

---

2 Brooks, *Heaven on Earth*, 111.

고 넘어지는 것 때문에 시험을 받아 확신을 잃어버리는 경향이 있다. 그들의 양심이 자신을 정죄한 결과 양심은 하나님의 약속마저도 거부하게 된다. 그들은 하나님의 말씀을 가지고 자신을 판단하기보다는 자신의 느낌으로 판단한다.

이제 이 사실을 성경의 말씀과 직접적으로 연결해 보자. 한편으로 예수님은 "아버지께서 내게 주시는 자는 다 내게로 올 것이요 내게 오는 자는 내가 결코 내쫓지 아니하리라"(요 6:37)고 말씀하신다. 바울도 마찬가지이다. 그는 우리를 그리스도의 사랑에서 떼어놓을 수 있는 것은 아무것도 없을 것이라고 말한다(롬 8:38, 39). 다른 한편으로 그리스도께서는 "너희가 나를 사랑하면 나의 계명을 지키리라"(요 14:15)고 말씀하시며, 요한도 "우리가 그의 계명을 지키면 이로써 우리가 그를 아는 줄로 알 것이요"(요일 2:3)라고 말한다. 이 두 사실은 모두 성경에서 말하는 진리이다. 확신은 일반적으로 이 두 가지를 모두 적절하게 강조할 때 가장 잘 자라난다.

은혜를 가리키는 증거에 대한 무지

어떤 하나님의 자녀들은 양자의 영이신 성령께서 그들 안에서 감당하시는 사역을 어떻게 이해해야 할지 몰라 확신을 누리지 못한다. 싱클레어 퍼거슨은 이에 대해 이렇게 말한다. "양자의 영의 임재를 묵상하는 것은 확신을 얻는 데 큰 도움이 된다. 그렇지 못할 경우 그리스도 안에서 값없이 우리의 것이 된 은혜를 느끼지 못하게 된다."[3]

양자 삼으시고 내주하시는 성령을 무시하거나 축소할 때 신자들은 자신의 삶에서 역사하시는 성령을 통해 나타나는 은혜의 증거들에 무지한 상태에 머물게 된다. 그런 그들이 마태복음 5:3-12에 나오는 팔복이나 갈라디아서 5:22, 23에 등장하는 성령의 열매에 대해 세심히 연구한다면 엄청난 유익을 누리게 될 것이다. 예를 들어, 하나님은 그리스도의 의에 주리고 목마른 것이 성령의 역사로 말미암은 은혜의 표지라고 말씀하시지만(마 5:6), 정작 우리가 그것이 은혜의 증거인지 모른다면 우리 삶에 그러한 목마름이 있더라도 아무 위로를 경험하지 못할 것이다. 형제 사랑은 성령의 역사로 말미암은 은혜의 표지이지만(요일 3:14), 우리가 그 사실을 모른다면 형제를 사랑하면서도 큰 위로를 경험하지 못할 것이다. 우리의 본성과 반대되는 선한 것을 우리 안에서 발견한다면 이는 성령께서 우리 안에서 역사하신 결과일 수밖에 없다. "왜냐하면 우리는 본성적으로 하나님과 내 이웃을 미워하는 경향이 있기 때문이다"(하이델베르크 요리문답 5문).

확신에 관한 최고의 고전 중에 하나인 『참된 구원의 확신』(The Christian's Great Interest)의 저자 윌리엄 거스리(William Guthrie)는 우리의 양심을 향해 우리가 하나님의 자녀임을 입증하는 은혜의 증거가 무엇인지 알기 위해 성경을 진지하게 살펴보지 않는 그리스도인들이 있다고 강조한다. 계속해서 그는 주님이 우리를 어둠 속에 버려두지 않으

---

[3] Sinclair B. Ferguson, 'The Assurance of Salvation', *The Banner of Truth*, no. 186 (Mar. 1979): 8.

시며 그리스도 안에서 얻는 구원에 대한 참된 증거와 표지에 대해 자주 그리고 분명히 가르치신다고 설명한다(예. 요일 1:4, 5:10, 5:13) 그렇기에 누구도 이런 기초적인 증거에 대해 모른다고 변명할 수 없다는 것이다.[4]

거스리의 주장은 참으로 옳다. 하나님은 하나님과 구원에 이를 만한 관계를 맺고 있는지 보여주는 표지와 열매와 증거에 관한 많은 말씀을 주셔서 우리가 내주하시는 성령의 도움으로 우리의 상태에 대해 분별할 수 있게 하신다. 그렇다고 해서 우리가 자신의 상태에 대해 항상 분명히 알 수 있다는 의미는 아니다. 그럼에도 대체로 우리는 우리가 하나님과 어떤 관계에 있는지 알 수 있고 또 알아야 한다. 어떤 사람들에게 이런 확신이 없는 이유는 참된 회심에 따르는 표지와 열매를 알지 못하기 때문이다.

의심하거나 부정적인 기질을 가짐

자신의 기질 때문에 개인적인 확신을 누리지 못하는 그리스도인들도 있다. 타고난 기질과 잘못된 사고방식은 확신을 누리는 데 장애물이 될 수 있다. 쉽게 초조해 한다든가, 감정 기복이 심하다든가, 변덕을 잘 부린다면 확신을 가지기 어려울 것이다. 번연(Bunyan)이 쓴 『천로역정』 제2부에 등장하는 두려움 씨(Mr. Fearing)는 다행히 세상으로 다시 돌아가지는 않았지만, 상당한 확신을 가지기까지 매우 힘든 시간을 보내야

---

4 William Guthrie, *The Christian's Great Interest* (London: Banner of Truth Trust, 1969), 33. 『참된 구원의 확신』(그책의사람들).

했다. 하나님을 경외했던 나의 할아버지도 이런 어려움을 겪으셨다. 할아버지는 종종 자신이 성찬에 참여해야 하는지 고민하셨다. 물론 항상 결국에는 성찬에 참여하셨다. 왜냐하면 자신 안에 있는 하나님의 역사를 부정할 수 없었기 때문이다. 하지만 할아버지는 높은 수준의 확신을 누리지 못하셨다. 할아버지가 하나님의 자녀라는 것은 할아버지 자신을 제외한 모든 사람에게 분명해 보였는데도 말이다. 목사들과 장로들은 항상 할아버지를 격려하려고 노력했다. 하지만 안타깝게도 할아버지에게 의심은 삶의 일부가 되어 버렸다. 어떤 사람들은 본능적으로 의심하고 부정적으로 생각하는 경향이 있다. 그들은 사물의 어두운 면을 보는 데 익숙하다. 그들에게 믿음의 확신이란 진실로 받아들이기엔 지나치게 좋은 것처럼 느껴질 수 있다.

두려움 씨와 마찬가지로 그들 역시 두려움에 차 있다. 하나님을 경외함에도 불구하고 그들은 하나님의 선하신 임재가 자신과 함께하지 않는다고 두려워하고, 자신이 하나님께 선택받지 못했다고 두려워하며, 주께서 자신 안에 구원의 역사를 아직 시작하지 않으셨다고 두려워한다. 그들은 마치 자신의 회심이 하나님이 아닌 자신에게 맡겨진 일처럼 생각한다. 그러면서 주위 사람들에게서 들었던 전형적인 회심 이야기와 자신의 회심이 다르다는 생각에 사로잡혀 두려움에 떤다. 그들은 자신이 죄를 너무 많이 지었거나 너무 늙었거나 너무 완고해서 하나님이 자신을 구원하실 수 없다고 겁을 낸다. 또한 자신의 믿음과 소망과 사랑이 하나님에게서 온 것이 아니라 자신이 만들어낸 것일까 봐 두려워한다. 뿐만 아니라 자신에게 남아 있는 연약한 점들이 자신을 집어 삼킬 것처럼 느껴져 두려워한다. 자신의 성화 과정에 문제가 있고, 영적 의무를 행하는 데 부족하며, 죄에 대한 회개 경험이 일천하고, 열매가 없으며, 세상적이고, 믿음이 미지근하다고 생각하며 두려워하는 것이다. 그들은 유혹으로 인해 배교하다 결국 멸망할지 모른다는 생각에, 그리고 성찬에 참여하기에는 자신이 영적이지 못하고 부족하다는 생각에, 영적인 자유와 확신을 발견하기도 전에 죽을지 모른다는 생각에 두려워한다.

경험과 배경도 신자가 지나친 두려움을 느끼는 주된 원인이 될 수 있다. 때로는 균형을 잃은 설교자가 문제가 되기도 한다. 그런 설교자는 그리스도 안에 있는 하나님의 은혜에 대해 충분히 설교하지 않고 지속적인 자기 점검, 율법의 요구, 하나님의 거룩하심 등에 대해서만 강조한 결과 미묘하게, 아니 심지어 직접적으로 확신을 가진 모든 사람을 낙심시킨다. 이런 설교자들은 로버트 맥체인의 조언과는 반대로 행한다. 맥체인은 설교자들에게 비록 자기 점검이 필요하기는 하지만 사람들이 자기 내면을 한 번 바라볼 때 그리스도를 열 번 바라보아야 한다는 사실을 강조하라고 조언한다.[5]

사람들에게 깊은 존경을 받으며 하나님을 경외하지만 믿음의 확신을 제대로 누리지 못한 채 자신의 구원을 의심해 온 부모님과 오랜 시간 함께 산 경우에도 이러한 두려움을 가질 수 있다. 어떤 가정 혹은 교회에 존재하는 고질적인 불신앙의 영향을 받을 수도 있다. 또한 위선적

---

5 Andrew Bonar, ed., *Memoir and Remains of the Rev. Robert Murray M'Cheyne* (Edinburgh, 1894), 293. 『로버트 맥체인 회고록』(부흥과개혁사).

인 교회 지도자나 부모에게서 학대를 받아 자기 혐오를 갖게 될 수도 있다. 때로는 율법주의가 그 원인이 되기도 한다. 행위로 말미암는 의가 반복적으로 주입되었으나 아직 마음과 생각에서 그것을 떨쳐내지 못한 것이다.

어린 시절에 경험했거나 점진적으로 경험한 회심

아주 어린 시절에 회심했거나 아니면 십대에 점진적으로 회심했기에 자신이 처음 죄를 미워하고 그리스도를 사랑하기 시작한 때가 언제인지 콕 집어내지 못하는 경우 확신의 문제와 씨름할 수 있다. 갑작스런 회심 경험을 통해 죽음에서 생명으로, 또는 어둠에서 빛으로 옮겨진 사람들은 점진적으로, 자기도 모르는 사이에 믿음을 갖게 된 사람들보다 확신의 문제로 씨름하지 않을 확률이 높다. 아주 어린 시절부터 진리 안에서 하나님을 경외하게 된 것은 정말 놀라운 축복이다. 왜냐하면 이를 통해 세상적인 방식으로 보내는 반역의 시간을 경험하지 않을 수 있기 때문이다. 회심하기 전에 자신의 죄로 말미암아 세상에 이끌려 살았던 참된 신자들은 어린 시절에 회심한 사람들을 부러워하는 경우가 많다. 이는 일찍 회심한 사람들이 어둠에서 빛으로 옮겨진 때를 보다 정확하게 집어내는 사람들을 종종 부러워하는 것과 비슷하다. 어린 시절에 믿음을 갖는 이 복된 방식에 있어 고민스러운 점 하나는 그들의 삶에서 극명하게 대조되는 부분이 없다는 것이다. 그렇기에 그들은 하나님과 그분의 진리를 사랑하는 자신의 마음이 성령의 구원 역사의 열매가 아니라 그저 진리 아래서 자랐기에 얻은 결과에 불과한 것은 아닌지 불안해하며 자기 회심의 진정성을 자주 의심한다.

우리는 우리 자신이 생각하는 것보다 더 일찍 혹은 늦게, 더 서서히 혹은 갑자기 어린 시절에 구원하는 믿음을 갖게 되었을 수 있다. 하지만 가장 중요한 문제는 우리의 목적지이다. 핵심인 질문은 이것이다. "나는 지금 영적으로 어디에 있는가?" "나는 구원얻기 위해 오직 그리스도에 대한 믿음만을 소유하고 있는가?" "그리스도는 지금 나의 모든 것이 되시는가?"

잘못된 종류의 경험을 구함

로마가톨릭의 견해를 겨냥한 도르트 신조 다섯째 교리 10항이 말하는 것과는 반대로, "하나님의 말씀과 반대되거나 무관한 사사로운 계시"를 찾아 헤매느라 확신을 누리지 못하는 하나님의 자녀들도 있다. 분명한 하나님의 말씀을 믿음으로 적용할 때 하나님의 자녀들은 성령의 은혜로 비참함과 구원과 감사의 관점에서(하이델베르크 요리문답을 보라) 정상적인 회심을 경험하며, 이는 확신을 향한 왕의 대로라고 할 수 있다. 그런데도 그들은 이것으로 충분하지 않다고 생각한다. 그들은 말씀이 왜 불충분한지, 그리고 자신이 무엇을 찾아 헤매고 있는지 분명하게 말하지 못한다. 나의 목회 경험을 비추어 말하자면 그들은 설명할 수 없고 성경을 넘어서며 신비롭고 특별한 계시 같은 것을 추구한다. 바울이 다메섹으로 가던 길에 하늘로부터 음성을 들었던 것과 같은 경험(행 9:1-

8)을 추구하는 것이다. 그러한 경험을 추구하는 한 그들은 결코 굳건한 확신을 얻지 못할 것이다. 또는 매우 드문 경우지만 자신이 그런 경험을 했다고 생각하는 사람들도 보통은 확신에 합당한 열매를 맺지 못할 것이다.

과거에 내가 섬겼던 여러 교회에서는 이런 오류가 꽤 흔했으나 오늘날 많은 교회에서도 흔한 현상이라고 할 수는 없을 것이다. 그럼에도 불구하고 여기서 이 내용을 짚고 넘어가야 할 이유가 있다. 이로 말미암아 불쌍하고 연약한 많은 신자들이 오랜 시간 큰 어둠과 의심 속에 머물러 있기 때문이다. 어떤 경우엔 이런 오류가 평생 가기도 한다. 부모나 조부모가 이런 신앙을 갖고 있어 이 중 어느 하나라도 부족하면 구원을 받을 수 없다고 가르친 경우라면 더욱 그렇다.

하나님이 하신 일에 대한 인식이 부족한 경우

하나님의 백성 가운데 구원의 결과로 주어진 변화의 표지가 무엇인지 알지만 정작 자신에겐 이런 표지가 충분히 강력하고 분명하게 나타나지 않는 것 같아 두려워하는 사람들이 있을 수 있다. 예를 들자면 죄를 미워하고 죄를 피하는 것은 은혜의 표지 중 하나다. 어떤 사람들은 죄에 대한 증오를 경험했지만 시간이 지난 후 죄에 대한 미움과 죄와의 거룩한 싸움이 약해지기도 한다. 그러다 자신이 죄를 너무 많이 지었다고, 옛 죄악이 너무 쉽게 다시 살아난다고, 자신보다 훨씬 쉽게 죄를 정복한 것처럼 보이는 주변 사람들과 자신은 비교조차 할 수 없다고 두려워하기도 한다. 그런 다음 자신이 하나님과 바른 관계에 있지 못하다고 결론을 내려 버린다. 그들은 자신 안에서 일어난 하나님의 역사가 자신의 조건과 기대에 부합하지 않으면 그런 역사가 있었다는 사실조차 인정하려 들지 않는다.

하지만 하나님은 자녀들이 죄에 대해 다양한 정도와 방법으로 각성하게 하신다. 어떤 사람들은 그리스도 안에서 자유를 경험하기도 전에 일 년 혹은 더 긴 시간 동안 죄에 대해 깊이 각성한다. 또 어떤 사람들은 그리스도를 자신의 구세주와 주인으로 모셔야 한다고 느끼기에 충분할 정도로만 그리스도의 의에 대한 굶주림을 경험한다. 그 후 회심한 다음에 훨씬 더 큰 죄의 각성을 경험하기도 한다. 누군가 청교도 존 오웬에게, 죄인이 그리스도께 나아가기 위해 얼마나 죄를 각성해야 하느냐고 물었을 때, 오웬은 죄인이 그리스도께 갈 정도면 충분하다고 대답했다.

이제 생각해 봐야 할 점이 있다. 많은 죄인이 죄를 각성하는 데까지는 나아가지만, 심지어 깊고 강력하게 각성하는 데까지 나아가지만 정작 그리스도에게까지 나아가지는 못한다. 에서와 가룟 유다를 생각해 보라! 그러므로 우리가 던져야 할 질문은 이것이다. "나는 하나님의 은혜로 구원을 얻기 위해 믿음과 회개를 통해 그리스도께로 갔는가? 나는 오직 그분에게만 구원이 있다는 사실을 발견했는가?" 이에 대한 성경의 입장은 분명하다. "아들이 있는 자에게는 생명이 있고 하나님의 아들이 없는 자에게는 생명이 없느니라"(요일 5:12).

토머스 브룩스는 확신에 대해 포괄적으로 다룬 자신의 책에서 사람의 마음을 법정으로 표현했다. 한쪽에는 옛사람이 있고, 반대쪽에는 새사람이 있다. 옛사람은 사탄이 벌인 사역의 결과다. 반대로 새사람은 하나님이 행하신 사역의 결과다. 브룩스는 옛사람 편에 서서 새사람이 존재하지 않음을 증명하기 위해 노력하거나, 새사람이 하나님의 사역의 일부분이 아님을 증명하기 위해 노력하는 그리스도인들이 있다고 말한다. 브룩스는 다음과 같이 기록한다.

> 이웃에 대해 거짓증거를 하지 말라는 하나님의 계명을 기억하는 것은 지혜이자 의무다. 동일한 계명이 당신 마음에 임한 하나님의 은혜의 역사에 대해서도 거짓 증거해서는 안 된다고 명령한다. 하나님이 우리의 영혼을 위해 행하신 소중하고 영광스러운 일에 대해서도 마찬가지다. 어찌 감히 우리 자신의 영혼과 우리에게 행하신 하나님의 은혜로운 역사에 대해 거짓 증거를 할 수 있단 말인가? 이렇게 했는데도 확신이 사라지지 않고 우리의 영혼이 어둠 가운데 있게 되지 않는다면, 나는 아무것도 모른다.[6]

브룩스는 모든 참된 신자의 삶에는 좋은 표지와 나쁜 표지가 다 있다고 말한다. 그러므로 하나님이 우리의 마음과 삶에 행하신 선한 것들을 인정하지 않고 나쁜 표지들만 인정하는 것은 잘못되었다. 특히 우리에게 구원을 주시려고 하나님이 우리를 자신의 아들에게로 이끄시고 몰아가신 역사를 무시해서는 안 된다.

---

6 Brooks, *Heaven on Earth*, 42.

사탄의 공격을 받음

마지막으로 위에서 언급한 모든 것 가운데 사탄의 역할이 아주 중요하다. 사탄의 목적은 분명하다. 사탄은 하나님이 우리를 구원하시기에 우리 죄가 너무 크다는 생각으로 우리를 괴롭히는 것, 우리가 하나님과 그분의 복음에 대한 잘못된 견해를 고수하는 것, 이신칭의 교리를 오해하는 것, 스스로 부끄러워 그리스도를 고백하지 못하게 하는 것, 우리가 구원하는 은혜의 표지와 증거에 대한 성경의 분명한 가르침에 무지한 채로 남아 있는 것, 우리가 의심하거나 부정적인 성향을 고수하는 것, 우리가 극적인 회심 없이는 만족하지 못하는 상태에 머물러 있는 것, 우리가 잘못된 경험을 추구하는 것, 우리가 우리 삶에 하나님의 구원 사역이 있다는 사실을 거부하는 것 등을 원한다.

뿐만 아니라 사탄은 우리의 마음에 의심과 두려움을 가득 심어 우리가 자신의 구원에 관한 한 영적인 어둠에 머물게 하려고 힘쓴다. 사탄은 우리에게 불화살을 쏘면서 우리를 정죄하고 그리스도의 의의 충분성이나 우리 믿음의 신실함에 대해 의심하고 회의하게 만든다. 사탄은 교묘한 수단들을 이용해 구원의 투구를 쓰는 일에 게으르고 믿음의 방패를 드는 일에 실패하며 진리의 허리띠와 의의 흉배와 평안의 복음의 신을 잊어버린 마음을 공격한다. 그는 우리를 향해 여전히 죄악되다고 조롱하면서 우리는 하나님의 자녀가 될 수 없다고 속인다.

토머스 굿윈이 강조한 것처럼, 사탄의 계획과 사악한 욕망은 "하나님은 너희 하나님이 아니라"고 믿도록 유혹함으로써 성도들을 짜증나게 들볶는 것이다. 사탄은 다양한 수단을 동원해 우리의 믿음을 약화시키고, 우리가 그리스도 안에 있는 영원한 생명을 의심하게 하며, 결국 하나님을 거짓말쟁이라고 부르게 만들려고 노력한다. 사탄은 극심한 고난, 잘못된 교리, 거짓 교사 등을 포함한 많은 것, 그 중에서도 우리의 죄와 죄책을 사용해 우리의 확신을 흔들고 약화시키며, 하나님의 자비는 물론이고 그분이 우리를 사랑하시고 택하셨음에 대한 소망을 잃게 만든다. 결국 사탄은 형제들을 고발하는 고발자이다.[7]

또한 사탄은 우리를 절망에 빠뜨리고 우리 안에 있는 믿음과 확신을 무너뜨리기 위해 다른 사람을 이용하기도 한다. "많은 사람이 나를 대적하여 말하기를 그는 하나님께 구원을 받지 못한다 하나이다"(시 3:2). "사람들이 종일 내게 하는 말이 네 하나님이 어디 있느뇨 하오니 내 눈물이 주야로 내 음식이 되었도다"(시 42:3).

결론

확신의 문제로 어려움을 겪고 있는가? 이번 장에서 언급한 것들을 가지고 자신을 점검해 보기 바란다. "하나님이 내게 확신을 주셔야만 해"와 같은 생각에 붙잡혀 있지 말라. 물론 하나님이 우리에게 확신을 주실 것은 분명하다. 하지만 하나님은 확신을 구하는 모든 사람에게 기꺼이 주실 것이라는 사실 역시 분명히 하셨다. 그리고 하나님은 확신을

---

[7] Goodwin, *Works*, 3:256.

어떻게 주실 것인지 보여주셨다. 하나님은 바른 생각을 통해, 즉 우리의 지성을 통해 확신을 주신다. 하나님이 말씀 속에 우리에게 주신 표지들을 가지고 삶을 점검하면서 기도하는 마음으로 하나님의 약속을 묵상하고 품을 때 우리는 확신을 얻을 수 있다. 청교도들이 즐겨 강조했던 것처럼, 우리에게는 말씀의 인도와 성령의 도움을 받아 "예" 혹은 "아니오"라는 결론에 도달하게 되는 자기 점검이 필요하다. 지나친 자기 점검이나 부족한 자기 점검은 안전한 결론으로 인도할 수 없다. 이 경우 우리는 확신에 이르지 못한 채 오히려 절망에 빠지거나 확신에 대해 "아마도", "어쩌면" 등의 말을 덧붙여야 할 것이다. 뿐만 아니라 자기 속임과 육신적인 추정에 빠지게 될 수도 있다. 우리는 "아마도"라는 말이나 어떤 추정에 만족해서는 안 된다. 그리스도를 바라보고 성령께 의지하면서 "너희 부르심과 택하심을 굳게 하라"(벧후 1:10).

3장
믿음의 확신은 성경적이고 규범적인가?

참된 그리스도인은 자신이 그리스도 안에서, 그리스도로 말미암아 구원을 받았다는 사실에 대한 하나님의 확증을 간절히 바란다. 바울이 로마서 8:14-16에서 기록한 바와 같이 그들은 자신이 "하나님의 아들"이자 "하나님의 자녀"라는 사실을 알고 싶어 한다. 자신이 하나님의 아들일 수 있다거나 언젠가 하나님의 자녀가 될 수 있다는 사실을 알고 싶은 게 아니다. 바울이 사용하는 현재 시제 동사들은 우리의 지성과 마음에 우리가 진정 하나님의 자녀라는 대단하고 지속적인 확실성을 각인시켜 준다.

이 확신은 그리스도의 몸을 이루는 누구에게나 허락되었다. 다른 사람들보다 영적인 극소수 사람들에게만 예비된 것이 아니다. 믿음의 확신은 모든 신자에게 성경적일 뿐만 아니라 규범적이다. 물론 이 확신은 강해지기도 하고 약해지기도 하지만, 신자들은 최소한 어느 정도는 이 확신을 갖고 있어야 한다.

믿음과 확신 사이에는 직접적인 비례 관계가 성립한다. 강력한 믿음은 강한 확신을, 연약한 믿음은 약한 확신을 동반하는 경향이 있다. 이번 장에서 나는 구원하는 믿음과 확신이 서로 밀접하게 얽혀 있다는 사실을 성경 전체를 통해 보이고자 한다. 나는 구약성경에서 신약성경을 관통하며 점진적으로 뻗어가는 구속사의 흐름 안에서 믿음의 확신 교리를 확립하겠다. 그런 다음 이어지는 장들에서 성경적인 근거를 토대로 믿음의 확신을 얻고 계발하는 것에 대해 믿음의 선조들이 어떻게 가르쳤는지 보일 것이다.[1]

믿음의 확신 교리의 성경적인 발전

모든 성경은 그리스도 안에서 하나님의 은혜로운 구속을 얻고 약속의 말씀 안에서 안식하는 믿음에 확신이 뿌리내리고 있다고 확증한다. 참된 확신은 하나님의 말씀의 진실성과 신뢰성(롬 15:4), 믿음의 활동(히 11:1), 약속의 적용(고후 7:1), 내적 증거에 대한 분별력(요한일서), 성령의 증언(롬 8:16) 등에 근거를 둔다. 이 각각의 근거에 대해서는 앞으로 여러

---

[1] 이번 장의 많은 부분은 Robert Letham의 논문, 'The Relationship Between Saving Faith and Assurance of Salvation' (ThM thesis, Westminster Theological Seminary, 1976)의 요약이다.

장에 걸쳐 설명할 것이다. 또한 참된 확신은 신자가 믿음 안에서 믿음으로 말미암아 살게 한다. 즉, 날이 갈수록 하나님의 은혜에 의지하고 구원에 감사하며, 그리스도 안에서 하나님과 화목하는 가운데 살다 죽게 하는 것이다.

구약성경에 나타난 확신

창세기 15:1에서 여호와께서는 아브람에게 이렇게 말씀하신다. "아브람아 두려워하지 말라 나는 네 방패요 너의 지극히 큰 상급이니라." 그런 다음 아브람에게 아들과 하늘의 별과 같은 씨 혹은 자손에 대해 이중적인 약속을 주신다. "네 자손이 이와 같으리라." 그리고 "아브람이 여호와를 믿으니 여호와께서 이를 그의 의로 여기"(6절)신다. 바로 여기서 이 신칭의에 대한 최초의 언급이 등장한다. 아브람은 여호와를 믿었기에 의롭다고 선포되었다. 하지만 이때 아브람의 믿음이 처음으로 시작된 것은 아니다. 주께서 지금 아브람에게 상기시키시듯(7절), 하나님이 부르셨을 때 아브람은 어디로 갈지 모르는 채 (11:8에 따르면 "믿음으로") 갈대아 우르를 떠났다. 바로 이때 시작된 아브라함의 믿음은 그 신념의 깊이와 범위에 있어 점차 성장했고 "믿음으로 견고하여져서 하나님께 영광을 돌리며 약속하신 그것을 또한 능히 이루실 줄을 확신"할 정도에 이르렀다(롬 4:20, 21).

"주"(야웨 또는 여호와, 하나님의 불변하고 신실한 성품을 나타내는 이름으로서 이스라엘의 하나님께만 속한 언약의 이름)를 의지한다는 믿음의 개념은 구약 전체에 걸쳐 등장한다. 사용된 전치사를 보면, 믿음이란 여호와의 인격 위에 있거나(시 31:15, 잠 28:25, 렘 49:11), 그분 안에 있거나(왕하 18:5, 대상 5:20, 시 143:8, 잠 16:20, 습 3:2) 그분을 향한(왕상 18:22, 시 86:2, 잠 3:5) 신뢰를 가리킨다. 언약의 하나님과 그분의 구속 사역에 대한 이스라엘의 신뢰는 확신과 연결되었다. 아브라함 언약에서 말하는 구원하는 믿음은 신실하시고 언약을 지키시는 이스라엘의 하나님을 알고 신뢰하며 의지한다는 말과 같으며, 하나님이 자기 백성에게 하신 약속을 성취하실 수 있을 뿐만 아니라 성취하실 것임을 확신했다(시 89:34).

예언서에서 하나님에 대한 확신과 신뢰를 언급할 때 이는 종종 미래 지향적인 특성을 갖는다. 현재와 가까운 미래는 종종 심판에 대한 불길한 어조로 암울한 전망과 함께 제시되었다. 하지만 먼 미래는 위대한 소망 가운데 하나였다. 왜냐하면 그때 여호와께서 열방을 다스리고 악인을 벌하기 위해 오실 것이기 때문이다(사 2, 11, 13-25, 46, 47장, 렘 25, 43, 46-51장, 겔 25-32, 38, 39장). 여호와의 오심으로 도래할 새 시대에는 언약 공동체에 대한 약속이 성취되며 그들에 대한 압제도 끝날 것이다. 하나님의 율법은 많은 사람들의 마음에 새겨질 것이며(겔 36:22-31) 그들은 내적으로 여호와를 알고 새로운 성숙에 이르게 될 것이다(렘 31:31-4). 실제로 모든 세상은 인종과 성별과 계급을 구분함 없이(욜 2:28-32) 거룩하게 하시는 성령의 사역의 수혜자가 될 것이다. 구원은 누가 하나님을 부르든지 그에게 주어질 것이다. 주님이 주신 언약의 약속들의 핵심, 곧 역사 속에서 그분의 백성을 지탱했던 "(너희는) 내 백성이 되고 나는 너희 하나님이 되리라"(겔 36:28)는 말씀이 다가올 새 시대에 절정에 도달할 것이다.

시편의 여러 본문은 하나님의 백성이 구원하시는 하나님의 능력을 신뢰하지 못할 때라도 결코 그들을 버리거나 멸망시키지 않고 용서하시는 하나님의 자비에 대한 신뢰를 분명히 드러내면서 믿음의 확신을 한껏 누린다(시 78, 106편). 시편 기자들은 여호와의 자비가 영원하며, 하나님이 자기 백성을 보호하시는 일을 멈추지 않으실 것임을 확신한다(시 121편). 개인적으로도 시편 기자들은 여호와께서 그들을 죄, 죽음, 정죄 등 모든 차원의 위험에서 자신을 구원하실 것에 대한 확신을 고백한다(시 1, 34편). 여호와는 생명의 분깃이며, 죽음에서의 구원자이고, 생명과 기쁨의 영원한 원천이다(시 16편). 때때로 끔찍한 슬픔을 당할 때조차 하나님의 언약적인 사랑은 평생 그들을 따를 것이며, 그들은 하나님과 영원히 함께할 것이다(시 23:6).

하지만 그렇다고 해서 구약의 모든 성도가 항상 자신의 구원에 대해 의식적으로 확신했다는 말은 아니다. 몇몇 시편을 포함해 구약의 여러 본문에서는 가장 충직한 신자들이라도 때때로 확신을 잃고, 하나님의 은총을 느끼지 못하며, 하나님이 자신을 버릴까 두려워하며 절망에 빠지는 모습이 나온다. 예를 들면, 시편 38편과 42편의 다윗, 73편과 77편의 아삽, 그리고 88편의 헤만은 모두 혼란스러워하면서 왜 하나님이 은총을 거두셨는지 질문하며 울부짖는다. 물질적인 형통이 하나님의 축복과 깊은 관계가 있다고 여겨지던 시대에 시편 73편은 악인이 형통하고 의인이 고난당하는 당황스러운 문제와 씨름한다. "내가 내 마음을 깨끗하게 … 한 것이 실로 헛되도다"(13절). 시편 88편은 사악한 인간의 손과 하나님의 진노 아래 끔찍한 고통을 겪고 있는 하나님의 종에게서 나오는 자포자기의 목소리이다.

비록 구약 성도들이 항상 확신을 누린 것은 아니지만 구약 성경 전체는 확신이 신자의 일반적인 경험임을 강조한다. 물론 확신이 미래 지향적인 성격을 가질 때도 있지만 말이다. 옛 언약 안에서 하나님의 자녀들이 부침을 경험하는 가운데서도 믿음은 언약의 하나님이 주시는 약속들에 의지했다. 신약 성경은 옛 언약 아래 있던 성도들이 믿음의 확신 가운데 있었다고 칭찬한다(히 10:39-12:2). 구약에서 계시와 구속은 아직 중간 단계에 머물러 있었고 신약의 확신에 비해 구약의 확신이 다소 모호했던 게 사실이지만, 구약의 성도들이 언제나 변치 않는 여호와의 언약적 사랑에 대해 품었던 확신은 하나님의 성품과 약속에 뿌리를 둔 믿음의 확신에 대한 오늘날 우리의 이해와 전혀 다르지 않았다. 벤자민 워필드는 이렇게 증언한다.

따라서 구약에 나오는 믿음에 대한 언급은 항상 구원론적 의미로 사용되었다. 그 목적은 메시아적인 구원에 있으며 그 본질은 신뢰, 즉 하나님의 구원에 자신을 맡기는 데 있었으며, 하나님의 은혜로운 목적의 성취, 그리고 백성과 개개인을 구원하겠다는 약속의 궁극적 실현에 대한 확신으로 충만했다. 구원의 하나님을 향한 이런 태도는 신약의 믿음과 동일하다. 약속된 메시아의 인격 속에 구세주 하나님의 더 온전한 계시가 주어졌음에도 본질은 전혀 변하지 않았다.[2]

---

2 Benjamin B. Warfield, *Biblical Doctrines*, in *The Works of Benjamin B. Warfield* (Grand Rapids: Baker, 1981), 2:489-90.

웨스트민스터 신앙고백에 분명히 나오듯(11.6), 구약에서나 신약에서나 믿음으로 말미암는 칭의(그리고 의롭게 하는 믿음이라는 성령의 선물)는 "동일한 하나"다. 물론 신약 시대에 의롭게 된 사람들에게 제공되는 특권이 더 크기는 하다. 하지만 그들의 믿음 혹은 그들이 믿음으로 도달할 수 있는 확신의 분량이 더 큰 것은 아니다. 성령께서는 신약 시대에 신자들에게 확신을 주시는 모든 방식으로 구약 시대에도 신자들에게 확신을 주셨다. 물론 모두가 아닌 일부에게 그렇게 행하셨다. (참조. 웨스트민스터 신앙고백, 20.1). 여기에 연속성이 있다. 하지만 일부 새로운 면도 있다. 신약 성경에서 그리스도를 통해 드러난 하나님의 새로운 말씀을 받아들일 때(히 1:1-2) 믿음이 현재의 구원에 대한 충만한 확신으로 이어지게 되었기 때문이다(욜 2:28-32, 행 2:16-21).

신약성경에 나타난 확신

신약 성경에서는 확신을 가진 믿음이 규범적 특권이자 축복으로 간주된다. 공관복음(마태, 마가, 누가복음)과 사도행전은 믿음을 가리켜 죄를 용서하시는 메시아에 대해 확신되고(assured) 또 확신하는(assuring) 신뢰라고 설명한다. 공관복음의 목적은 구약의 약속들이 현재 성취되고 있음을 보여 줌으로써 그리스도의 성육신, 사역, 죽음, 그리고 부활이라는 구속사적 사실들에 대한 확신을 가지게 하는 것이다. 약속하신 분과 그의 약속들은 메시아의 인격 속에 지금 현존해 있다. 믿음 역시 이 땅에 왕국을 세우신 성육신하신 왕 안에서 지금 살아 움직이고 있다. 믿음은 영혼과 육신을 치유하는 능력, 곧 죄를 용서하고 모든 질병을 고치시는 능력(막 2:5, 마 9:28)의 소유자이신 살아 계신 메시아를 신뢰한다. 실로 그분은 모든 것을 하실 수 있다(막 9:23-24).

공관복음에 제시된 구원 얻는 믿음의 결과는 놀랍다. 겨자씨만한 믿음이 있으면 산을 옮길 수 있다(눅 17:6). 그리스도께서 다른 곳에서 더 분명하게 가르치시듯 이는 믿음에 다양한 정도가 있음을 의미한다(마 8:10, 눅 7:9, 17:5). 마태가 가르치는 바에 따르면, 예수님은 제자들의 "작은 믿음"을 책망하시고 백부장과 가나안 여인의 "큰 믿음"을 칭찬하셨지만 살아 움직이는 믿음은 그 크기가 어떻든 기도 응답을 받기에 충분하다는 점을 확증하셨다(마 17:20, 8:10, 15:28, 21:22).

사도행전에 나타나는 오순절 성령강림은 언약의 약속들을 성취하고 충만한 확신을 준다(욜 2:28-32, 행 2:16-21). 베드로는 아브라함에게 주어진 약속, 곧 그의 씨를 통해 이 세상을 복 주시겠다는 약속이 이제 부활하신 그리스도를 통해 성취되고 있다고 선언한다. 그리스도 안에서 이 땅의 모든 민족은 복을 받고 있다(행 3:24-6). 예수님이 주시며 그리스도라는 사실은 의심의 여지가 없다(행 2:36). 이제 믿음은 그리스도에게 보다 집중한다. 그리스도께서 사복음서를 통해 보이신 메시아적 능력은 그분의 십자가 죽음과 부활과 영화를 통해 드러난 더 충만한 계시로 절정에 달한다. 믿음을 가진 이들은 이제 신자라고 불린다(2:44, 4:43, 13:39). 하지만 믿음이라는 단어는 그리스도의 인격과 더욱 강력하게 연결된다(5:14, 9:42, 11:17, 16:31, 18:8, 19:4). 그리스도에 대한 믿음은 그분의 인격을 향한 확신 있고 담대한 헌신으로 드러난다. 그리고 이는 지금 여기서, 그리고 영원까지 구원을 가져다준다.

사도 요한의 저작, 특히 복음서와 요한일서는 구원 얻는 믿음의 (알고 신뢰하는) 속성에서 비롯되는 그리스도와의 완전한 교제에 대해 말한다. 요한복음의 분명한 목적은 예수 그리스도에 대한 구원 얻는 믿음을 촉진하는 것이었다(20:31). 요한은 전적으로 자신을 낮추고 그리스도께로 나아가는 것, 온전히 충성하는 마음으로 그리스도를 믿는 것, 그리고 그리스도를 향해 헌신하며 "그분을 먹고 마시는" 것 등을 강조하는데, 이 모든 것은 확신이라는 충만한 경험으로 이어진다(요 6:35-58). 그리스도에 대한 믿음은 지금뿐만 아니라 다가올 세상에서도 부활이요 생명이신 그리스도를 통해(요 11:2, 26) 참으로 자신이 살아 있다는 확신을 제공해 준다.

요한일서는 구원 얻는 믿음을 가진 자들에게 자신이 진정 구원받았다는 확신을 심어주기 위해 기록되었다. 이를 위해 요한은 구원의 확신과 성령의 은사가 서로 긴밀하게 연결되어 있음을 강조한다. 우리는 성경께서 우리 안에 거하시고 우리가 성령 안에 거하는 상호 내주(3:24, 4:13)로 말미암아 구원에 대한 확신을 얻는다. 이 내주하심은 신자의 삶에 나타나는 선한 행실을 통해 알 수 있는데, 선한 행실에는 세상과 세상이 욕망하는 것들을 사랑하지 않고(2:15-17) 습관적인 죄를 범하지 않으며(3:6, 9) 우리 죄를 고백하고 버리는 것뿐만 아니라 하나님의 명령에 순종하고(2:3-6, 3:4, 22-24, 4:21, 5:3) 신자들을 사랑하는 것(3:11-18, 4:7-21) 등이 있다.

바울의 서신서들은 믿음이 그리스도 안에서 성취된 하나님의 약속들에 기초한 확신 있는 소망임을 강조한다. 바울은 자신에게 바로 이와 같은 확신 있는 소망이 있음을 반복적으로 확증한다. 바울은 대부분의 서신서 서두에서 자신이 예수 그리스도의 종이요 그리스도께 속한 사도이며 그분을 "(나의) 하나님"(고전 1:4)이라고 부를 수 있다고 선언한다. 그는 종종 자신이 어떻게 회심하게 되었는지 나누면서 이로부터 자신이 선택받았으며 최종적인 구속에 이를 것에 대한 확신을 이끌어 낸다(갈 1:15, 16, 딤전 1:12-17). 바울은 자신이 그리스도와 함께 있는 영화의 상태에 곧 이를 것임을 확신하며 기대한다(빌 1:19-25, 딤후 4:7, 8).

빌립보서 3:11-14, 고린도전서 4:1, 9:24-7 같은 본문을 보다 보면 바울의 진심 어린 확신이 약해진 것처럼 느껴지기도 한다. 하지만 이 본문들은 역사적 상황 안에서 이해해야 한다. 빌립보서 3:11-14은 바울이 임박한 재판에서 사형을 선고받을지 모를 상황에 있었음을 고려해야 한다(빌 1:8, 12-25). 바울이 드러낸 불확실성은 그의 궁극적인 구원이 아니라 이 땅에서의 생명이라는 관점에서 이해해야 한다. 바울은 아직 부활의 최종적인 완성에 도달하지 못한 상태였다. 그렇기에 자신이 이 땅에서 더 살게 될지, 아니면 그 위대한 사건을 준비하기 위해 그리스도와 함께 있게 될지 확실히 알지 못했던 것이다. 고린도전서 4:1-5에서 바울은 자신의 구원에 대해 의심하지 않았지만 최후 심판대에 서기 전까지 인간이 내리는 판단은 궁극적으로 예단에 불과하다는 사실을 인정한다. 이는 너무 성급하게 경솔한 판단을 내렸던 고린도 교회의 분파주의적 성향에 대한 바울의 논박 가운데 하나였다(1:12, 13, 4:6-13). 고린도전서 9:24-27 역시 바울이 자신의 구원을 의심했다고 가르치는 본문이 아니다. 오히려 바울은 고린도 교회 성도들에게 자신을 점검하고 경계하여 배교의 위험으로부터 스스로를 지키라고 요청하고 있다.

바울은 다른 여러 토대 위에 구원의 확신에 대한 주장을 펼쳤다. 그가 사용한 토대로는 다음과 같은 것들이 있다.

- 사랑 안에서 자기 백성을 구원하기로 예정하신 하나님이 구속에 관해 갖고 계신 변함없는 목적(엡 1:4, 5)
- 그리스도 안에서 이루어진 구속의 성취(롬 5:1-11, 고후 3:7-18)
- 믿음으로 말미암아 신자가 그리스도와 이루는 연합(롬 5:12-21, 6:1-11, 고전 6:13-17, 15:12-28, 고후 4:7-14, 엡 1장)
- 구속을 적용함에 있어 성령께서 감당하시는 구원 사역(롬 8:1, 고전 12:13, 엡 1:13, 14, 골 1:25-8)
- 온전히 그리스도를 중심으로 하기에 자신의 모든 공로를 포기하는 구원 얻는 믿음의 본성(롬 3:22-6, 4:16-25, 8:20-24, 10:5-13, 고후 8:5, 갈 3:21-9)
- 선한 행위를 통해 그리스도에 대한 구원 얻는 믿음을 증명하는 신실한 사람들이 받을 상급에 관한 하나님의 선언(고후 5:10, 딤후 4:7, 8, 14)

경고의 메시지를 전하면서도 바울은 대부분의 신자들이 확신을 가진다는 사실을 부인하지 않는다. 로마서 14:15과 고린도전서 8:11에서 바울은 그리스도인의 자유라는 원리를 오남용하여 믿음이 약한 형제의 양심을 공격해 그를 망가뜨리는 행동에 대해 경고한다. 여기서 그는 확신을 상실하는 문제가 아니라, 사랑의 법을 어기는 범죄가 가진 심각성을 다루고 있다. 고린도전서 11:27-32에서는 성찬에 합당하지 않게 참여하는 것에 대해 경고하는데, 이는 참된 확신과 관련된 것이 아니라 육적인 추정을 경고하기 위한 것이다. 넘어지지 않도록 주의하라는 경고(고전 10:12) 역시 확신을 부정하는 말씀이 아니라 깨어 경계하라는 권면이다.

히브리서에서 믿음은 선지자들(1:1-3)과 천사들(1:3-14)과 모세(3:1-6)와 아론(5:1-10, 7:1-28)과 레위기의 경륜을 따르는 모든 대제사장들(9:1-10:18)을 뛰어넘는 그리스도의 구속 사역의 탁월성과 최종성에 기초하고 있다. 히브리서에 나오는 모든 경고의 본문은 수많은 어려움과 낙담 속에서도 인내하라고 격려한다. 그 중 어떤 구절도 성도의 견인과 확신을 부정하지 않는다. 저자는 히브리 그리스도인들을 향해 비록 지금은 교만에 빠지지 말라고 경고하고 있지만 그들에게 이보다 더 좋은 것이 있음을 확신한다고 말한다(히 6:9). 그는 "은혜의 보좌 앞에 담대히 나아갈 것"(히 4:16)을 권면한다. 그리고 그들이 "예수의 피를 힘입어" 하늘에 있는 하나님이 거하시는 장소인 성소에 들어갈 담력을 얻었다는 사실과 "참 마음과 온전한 믿음으로(in full assurance of faith)" 하나님께 나아가야 한다는 사실을 상기시킨다(히 10:19, 22).

야고보는 믿음이 의심과 병립할 수 없다고 강조한다. 믿음은 갈라지지 않은 한 마음이다. 반면 의심은 나누어진 마음이다(약 1:5-8). 믿음은 신자들이 선한 행위를 할 때 그 생명력과 실체가 드러난다. 그러므로 우리의 선한 행위는 믿음을 확증한다. 그리스도를 위해 시험을 인내하며 견딜 때 믿음은 강화된다(약 2:18-26, 1:4, 12).

베드로는 자신의 서신서에서 믿음이란 사랑과 기쁨을 낳는 굳건한 소망이라고 말한다. 믿음은 만물이 최종적으로 구속될 것을 고대하면서 언제나 그리스도를 향하게 되어 있다. 신자는 쇠하지 아니하는 유업을 이을 때까지 "믿음으로 말미암아 하나님의 능력으로" 보호하심을 받는다(벧전 1:3-12). 그 무엇도, 심지어 시험이나 핍박이라 하더라도 믿음의 확신을 무너뜨릴 수 없다. 이들은 도리어 신자가 그리스도와 자신을 동일시하도록 돕는 역할을 한다. 그렇기에 고난은 현재 우리 삶을 향한 하나님의 뜻인 셈이다(벧전 4:12-14, 19; 참조. 롬 8:29).

베드로후서는 신자가 자기 자신을 비롯해 하나님의 약속과 상관없이 자신이 만든 어떤 것을 바라보아서는 확신을 얻을 수 없다고 강조한다. 확신을 얻기 위해서는 그리스도 안에서 "생명과 경건"에 속한 모든 것을 공급하시는 하나님을 의지하고 "보배롭고 지극히 큰 약속" 안에서 안식해야 한다는 것이다(벧후 1:3, 4). 구원으로 인도하는 약속들은 신자에게 확신을 공급하기에 충분하다. 확신이 자라날 때 하나님의 약속은 신자에게 점점 더 실제적인 의미를 갖게 된다.

신약성경은 무엇보다 확신을 구하라고 반복해서 교훈하는데, 이로 미루어보면 그리스도인의 삶에서 확신이 부족할 수 있음을 인정하는 셈이다. 베드로는 "더욱 힘써 너희 부르심과 택하심을 굳게 하라"(벧후 1:10)고 촉구한다. 이 말씀은 그렇게 하지 않으면 구원에 이르지 못할 것이라는 의미다. 바울은 고린도 교회 성도들에게 자신이 믿음 안에 있는지 점검해야 한다고 말한다(고후 13:5). 왜냐하면 그들이 믿음 안에 있지 않으면 모든 것이 헛되기 때문이다. 요한일서는 신자들 스스로 하나님을 아는지 어떻게 확인할 수 있는지 반복해서 가르친다(1:7, 2:3, 5, 23, 3:14, 19, 4:13, 5:2, 13). 히브리서에서 사도는 우리에게 "참 마음과 온전한 믿음으로 하나님께 나아가라"(10:22)고 권면한다. 이는 충만한 믿음의 확신을 경험하지 못한 사람들이 있음을 의미한다. 하지만 이 모든 구절이 의심에 굴복당하지 않는 구원 얻는 믿음에 확신이 뿌리내리고 있음을 부인하는 것은 아니다. 모든 신자가 대단한 확신을 가지는 것은 아니지만, 구약과 신약에 나오는 확신은 신자들에게 규범적이다.

요약하면, 그리스도의 죽으심과 부활, 그리고 성령의 내주하심에 기초하고 하나님의 약속을 성취하는 새 언약의 특성상 확신은 구원 얻는 믿음의 필수 구성요소다. 비록 씨앗처럼 작은 형태일지라도 상관없다. 각기 다른 구속의 계시 단계에서 확신이 어떤 형태를 취하고 있든 간에 확신은 믿음과 연결된 것으로 보인다. 이는 하나님의 신실하심, 하나님의 약속의 진실하심, 그리스도의 중심 되심, 그리스도의 중보자 사역, 성령님의 무오한 증언, 구원의 철저한 속성, 주권적인 은혜 등의 개념에 의해 뒷받침된다.

확신에 대한 결론과 적용

성경은 원칙적으로 신자들이 구원의 확신을 갖는 것이 정상이라고 말한다. 물론 확신을 의식적으로 누리는 정도는 다양하지만 말이다. 시편 88편과 같은 본문은 우리가 일시적으로 확신을 누리지 못한다고 해서 우리의 구속을 부인해서는 안 된다고 경고한다. 신자들이 일정한 정도의 확신을 갖는 게 일반적이기는 하지만 그렇다고 해서 구원을 위해 반드시 확신이 있어야 하는 것은 아니다. 구원의 확신이 부족하다면, 성경이 살아 있는 교회라는 언약 공동체 안에서 이뤄지는 말씀과 성령과 성례 사역을 강조하고 있음을 기억해야 한다.

확신은 은혜 언약에 기초를 두고 있으며, 그리스도의 피로 인침을 받았다. 비록 이 땅을 사는 동안 우리의 확신이 불완전한 상태로 남아 있으며, 그 정도가 다양하고, 환난과 의심의 공격을 자주 받겠지만, 그렇다고 해서 이 확신이 주는 풍요로움을 당연하게 여겨서는 안 된다. 확신은 선물이다. 언제나 삼위일체 하나님의 은혜롭고 주권적인 선물이다. 동시에 확신은 우리가 추구해야 할 대상이다. 확신은 은혜의 수단을 통해 부지런히 구해야 하는 것이다(벧후 1:5-10). 하나님과 하나님 나라를 사랑함, 자녀로서 순종함, 경건한 회개, 죄를 미워함, 형제를 사랑함, 그리고 삼위일체 하나님을 향한 겸손한 예배 같은 은혜의 열매와 표지가 나타날 때 확신은 충분한 근거를 얻는다. 확신은 거룩한 삶을 가능하게 한다. 거룩한 삶은 영적인 평강과 즐거운 사랑과 겸손한 감사와 생기가 넘치는 순종으로 알 수 있다. 다행히도 이러한 은혜의 표지와 열매는 은혜로 주어지는 믿음으로 말미암아 받게 되는 그리스도의 구속의 열매이기도 하다.

그러므로 당신에게 묻겠다. 당신은 성경이 말하는 대로 개인적인 믿음의 확신을 가지고 있는가? 그렇지 않다면, 그 이유는 무엇인가? 당신은 진정 회심했는가? 영적인 것들에 대해 진정 관심이 있는가? 혹여 이 세상의 염려와 이 세상의 즐거움이 더 중요한가? 만약 그렇다면 차라리 확신이 없는 것이 더 낫다. 당신은 지금 영원한 파멸로 향해 가고 있기 때문이다. 그리고 상황에 변화가 없다면 결국 파멸에 이르고 말 것이다. 당신이 주님을 찾기 위해 돌아서지 않는다면 지금 하나님에게서 멀어지고 싶어 하는 당신의 바람대로 영원히 그렇게 될 것이다.

아니면 현재 주님을 갈망하고 있지만 자신에게 확신이 있음을 잘 모르겠는가? 그렇다면, 혹시 구원을 얻기 위해 하나님 앞에서 당신의 죄를 회개하고 오직 그리스도만을 믿은 적이 있는가? 그렇게 하지 않았다면 왜 그렇게 하지 않았는가? 당신은 무엇을 기다리고 있는가? 당신은 그리스도께서 당신에게 구원을 베푸신다는 사실을 알고 있다. 그리고 그 구원을 소유하고 싶어 한다. 하나님이 당신에게 구원을 베푸신다는 사실을 신뢰하라. 우리가 이 은혜의 기적을 받고 싶어 하는 마음보다 하나님이 우리에게 주고 싶어 하시는 마음이 더 크다. 그러니 그것을 받는 게 어떻겠는가? 믿음을 가지기 전에는 확신을 가질 것이라고 기대해서는 안 된다.

웨스트민스터 신앙고백 18장 3항에서는 신실한 마음으로 열심을 다해 굳건한 믿음의 확신을 가지기 위해 노력하는 것이 우리 의무임을 분명히 하는데, 이는 우리가 성경 곳곳에서 살펴본 바와 맥을 같이 한다. 하나님은 자기 백성이 하나님의 사랑과 영원한 구원에 대한 확신을 누리지 못한 채 살기를 바라지 않으신다. 하나님은 자기 백성이 평강을 누리기를, 그리고 그리스도와의 연합을 통해 주어지는 구원을 즐거워하기를 바라신다(골 1:13, 14, 요일 4:13). 또한 그들이 삼위일체 하나님과 확실한 언약 관계에 있으며 하나님의 가족으로 입양되었음을 깨달아 알기를(삼하 23:5, 롬 8:12-17), 그들이 결국 그리스도 안에서 모든 대적(그들의 옛 본성, 죄, 죽음, 지옥, 그리고 무덤)에게서 승리할 것임을 진심으로 알기를(롬 7:24, 25, 고전 15:51-58), 그리고 그들이 영생을 소유하고 있으며 천국이 그들의 최종적인 본향이 될 것임을 확실히 알기를 바라신다(요 10:28, 고후 5:1).[3] 확신을 누리는 하나님의 자녀가 되는 것보다 그저 열심히 구원을 찾는 자가 되는 것이 더 안전하다는 생각은 창세기부터 계시록까지의 모든 성경의 증거를 완전히 거스르는 것이다. 하나님의 영광과 우리 영혼의 유익을 위해 우리 모두에게 마땅한 구원의 확신을 얻으며, 그리스도인으로서 더 깊은 확신을 누리려고 부지런히 애쓰자.

---

3 Jones, *The True Christian*, 16-20.

4장
확신에 관한 세 가지 가능성

17세기 청교도들은 어떤 신학자 그룹보다 믿음의 확신에 대한 성경적인 교리를 도출해 내기 위해 노력했고 또 그 일에 능숙했다. 그들은 개인적인 구원의 확신을 소중하게 여겼다.[1] 그들은 하나님과의 화평에 대한 확신이야말로 영광으로 가는 길에서 고난당하는 그리스도인들을 새롭게 하는 원천으로 여겼다(롬 5:1-5). 브룩스는 "확신이 무거운 고난을 가볍게 하며, 기나긴 고난을 짧게 하고, 쓰디쓴 고난을 달콤하게 한다"고

---

1 웨스트민스터 총회 회원 중에 적어도 25명이 믿음과 확신 교리에 관한 책을 썼다. 그들의 이름을 알고 싶다면, Joel R. Beeke, 'The Assurance Debate: Six Key Questions', in *Drawn into Controversie: Reformed Theological Diversity and Debates within Seventeenth-century British Puritanism*, ed. Michael A. G. Haykin and Mark Jones (Göttingen: Vandenhoeck & Ruprecht, 2011), 264을 보라.

말했다. 뿐만 아니라 확신은 기독교 신앙이 "관념이 아닌 행동이 되게 하고, 혀가 아닌 손이 되게" 만든다고 했다.[2]

확신에 대한 청교도 교리는 웨스트민스터 신앙고백 18장 "은혜와 구원의 확신에 대하여"에서 성문화된 형식을 갖추게 되었다. 이 글은 개혁파 신앙고백 가운데 확신에 대한 최초이자 가장 중요한 문서다. 이 글은 성경적이고 경험적이며 목양적이고 실제적인 걸작으로서 네 개의 단락으로 기록되었다. 첫 번째 단락은 우리가 가질 수 있는 다양한 확신을 다룬다. 두 번째 단락은 우리가 어떻게 확신을 얻을 수 있는지, 즉 확신의 토대를 다룬다. 세 번째 단락은 우리가 어떻게 확신을 계발하고, 그 안에서 어떻게 성장할 것인지 다룬다. 그리고 마지막 단락은 우리가 어떻게 믿음의 확신을 잃을 수 있으며 다시 얻을 수 있는지 설명한다. 앞으로 몇 장에 걸쳐 나는 이 네 단락의 의미를 설명하고 싶다. 확신의 기초에 대해 설명하기에 웨스트민스터 신앙고백 18장을 해설하는 것보다 더 좋은 방법이 없기 때문이다. 내 생각에 이 주제와 관련해 가장 탁월한 청교도 가운데 한 사람임에도 불구하고 많이 알려지지 않은 저자의 작품을 사용해 이 작업을 할 것이다. 그는 바로 앤서니 버지스로, 잉글랜드의 워릭셔 주에 있는 서튼 콜드필드에서 목사로 20년 이상 교회를 섬겼다. 그는 웨스트민스터 회의에 참여했던 중요한 멤버였으며, 『영적 단련』(Spiritual Refining)이라는 고전에서 믿음의 확신에 대해 아주

---

[2] Thomas Brooks, *The Works of Thomas Brooks* (Edinburgh: Banner of Truth Trust, 2002), 2:41; 3:54, 160.

분명한 기록을 남겼다.[3]

이번 장에서 우리는 웨스트민스터 신앙고백 18장의 첫 번째 문단을 버지스의 책에 나오는 설명과 연결지어 살펴보려 한다.

위선자들과 중생하지 못한 사람들은 거짓된 소망과 육적인 추정으로 스스로가 구원 받아 하나님의 은혜를 누리는 상태에 있다고 착각할 수 있지만 그들의 소망은 사라지고 말 것이다. 그러나 주 예수님을 참되게 믿고 신실하게 사랑하며 그분 앞에서 선한 양심을 따라 살기 위해 노력하는 사람들은 자신이 은혜의 상태에 있다는 것을 확신하며, 하나님의 영광을 소망하며 즐거워할 수 있는데, 이 소망은 결코 그들을 부끄럽게 하지 않을 것이다.

신앙고백은 확신에 관하여 세 가지 가능성을 제시한다. 바로 거짓 확신의 가능성, 참된 확신의 가능성, 그리고 참된 확신이 부족할 가능성이다.

---

3 Anthony Burgess, *Spiritual Refining: The Anatomy of True and False Conversion: A Treatise of Grace and Assurance wherein are Handled the Doctrine of Assurance, The Use of Signs in Self-Examination, How True Graces may be Distinguished from Counterfeit, Several True Signs of Grace, and Many False Ones* (1662: reprint, Ames, Ia.: International Outreach, 1996), 특히 1-60(설교 1-11)과 670-86(설교 116-18)을 보라. 나는 현대 독자들을 위해 Anthony Burgess, *Faith Seeking Assurnace* (Grand Rapids: Reformation Heritage Books, 2015)에 이 열여덟 편의 설교를 편집하여 포함시켰다. 버지스의 삶에 대한 요약과 확신에 대한 웨스트민스터 회의의 논의뿐만 아니라 이 회의의 다양한 위원회에서 그가 했던 역할에 대한 통찰을 얻으려면 Jonathan Master, *A Question of Consensus: The Doctrine of Assurance after the Westminster Confession* (Minneapolis: Fortress Press, 2015), 63-6, 81-139를 보라.

거짓 확신

웨스트민스터 신앙고백은 "거짓된 소망과 육적인 추정"이라는 문제를 언급함으로써 확신 교리에 대해 설명하기 시작한다. 청교도들은 사람들을 진정한 기독교적 확신으로 인도하려는 열정을 품었을 뿐 아니라 그들을 '거짓된 소망' 혹은 '거짓된 평강'이라는 지름길로 인도하지 않아야 한다는 사실에 깊은 관심을 가졌다. 그러므로 청교도들이 '건전한 기초'를 가지지 않은 확신이라 일컬은 것은 최후의 심판 날의 시험을 견딜 만한 확신이 아니다. 청교도들은 거짓 확신이 실제적인 위험을 안겨 준다고 믿었다. 이 거짓 확신은 죄의 기만성과 타락한 인간의 마음이 스스로를 드러내는 여러 방법 중 하나이다. 사람들은 거짓 평강에 쉽게 속아 넘어가는 경향이 있다. 그들은 스스로에 대해 내린 긍정적인 평가를 근거 삼아 확신을 갖는다.

이 내용을 신학적으로 설명해 보겠다. 청교도들은 하나님이 평강이라고 말씀하지 않으실 때에도 사람들은 스스로에게 평강을 말하기 좋아한다고 가르쳤다. 청교도들은 자기 기만이 이런 모습으로 나타나는 이유를 구체적으로 분석했다. 그리고 이것이 내주하는 죄가 인간의 생각과 마음에 불러일으키는 오만한 특성과 경향성 때문이라고 결론 내렸다. 예를 들어, 자신의 영적 상태에 대한 자만과 교만은 결국 거짓된 확신으로 이어진다. 오직 그리스도 안에서 자신의 평강과 구원의 근거를 발견하기보다는 신앙심, 성실함, 죄에 대한 분명한 인식, 회개, 열정, 도덕성 등을 비롯해 자기 안에 있는 다른 많은 것에서 평강과 구원의 근거(적어도 부분적인 근거)를 찾는 것이다. 그럴 때 인간의 마음에 완고함이 자리잡는다. 수십 년 동안 교회에 출석했으니 내가 그리스도인이 아닐 수 있는 가능성은 거의 없다고 완고하게 믿는 것이다. 여기에는 열려 있지 못한 태도 역시 중요한 역할을 한다. 자기 영혼의 상태를 제대로 점검하기를 꺼리고, 자신의 개인적인 안전을 의심할 만한 이유가 있을지 모른다는 사실을 인정하려 들지 않는 것이다.

청교도들은 무지 역시 이와 같은 일을 한다고 말한다. 복음이 무엇인지 모르고, 중생, 믿음, 회개 등이 무엇인지 알지 못할 때 사람들은 하나님과 바른 관계에 있지 않으면서도 잘못 확신을 품는 위험 상태에 처하게 된다. 자기 점검과 영적 문제에 대한 게으름은 타락한 지성에서 나오는 습관으로 종종 사람들을 거짓 평강의 손에 넘겨준다. 영적인 나태함으로 인해 사람들은 중생, 믿음, 회개 등에 대해 들은 내용을 스스로에게 진지하게 적용하지 못하는 일이 잦아질 것이다. 그들은 이러한 내용을 듣기는 들어도 적용하지 않을 것이며, 그 결과 이런 것들이 적용되기만 하면 자신의 실상을 드러낼 것이라는 사실을 결코 깨닫지 못할 것이다. 그러다 결국 거짓 평강에 머물게 되는 것이다.

이와 비슷하게 율법주의에서 거짓 확신을 얻는 사람들이 있다. 이들은 자신이 교회에 출석하고 그리스도인의 의무를 열심히 감당하기 때문에 자신의 구원에 대해 확신할 수 있다고 추측한다. 오늘날 수많은 종교적인 사람들은 바른 신앙인의 모습을 갖추고 있다. 그들은 온갖 바른 것들을 실천한다. 온갖 바른 행실을 보여 준다. 그들은 하나님과 바른 관계에 있다고 확신한다. 하지만 청교도들은 이것이 전부 거짓 평강이자, 거짓 확신이라고 말할 것이다. 이 중에 어떤 것은 사람들을 거짓 확신으로 이끌어 거짓 확신으로부터 떠나지 못하게 할 수 있다.

이런 애처로운 영적 상태에 처한 사람들이 구원받게 된다면 어떻게든 이 거짓 평강을 버려야 한다. 그들은 자신이 발견했던 것보다 더 좋은 기초에 자신의 삶을 의지하는 법을 배워야 한다. 결과적으로 청교도들은 거짓 확신의 위험성을 강조했다. 인간은 죄인이기에 이렇게 되기 쉽다. 그리고 이런 거짓 확신에 빠지게 된다면 그것은 정말 영혼에 파괴적인 재앙이 된다. 청교도들은 사람들이 바리새인처럼 율법의 행위로 말미암아 얻는 자기 의를 좇기 쉽다는 것을 알았다.

우리는 청교도들이 거짓되고 자기 기만적인 확신에서 비롯되는 문제를 어떻게 바라보았는지 살펴보았다. 한편으로 그들은 믿음으로 나아가는 자들이 충만한 확신도 가질 수 있길 간절히 바랐다. 다른 한편으로 그들은 누구도 거짓 평강의 상태에 머물러 있지 않길 간절히 바랐다. 청교도들은 이 두 극단의 중간 어디쯤에 있는 회중을 참된 믿음과 참된 확신으로 인도하고자 했다.

대표적인 청교도인 앤서니 버지스는 하나님의 백성이 위선자와 구별되는 참된 은혜의 역사가 자신 안에 있음을 확신하는 것은 엄청나게 중요한 책임이라고 강조했다. 자신이 어떤 상태이며, 하나님과 어떤 관계에 있는지 분별할 수 있는 분명한 은혜의 표지들이 있다.

단순히 머리에만 머무는 지식이 아닌, 실천적이고 경험적인 지식이 이 표지에 포함된다. 꿀이 달콤하다는 말을 듣는 것과 직접 그 단맛을 느껴보는 것 사이에는 엄청난 차이가 있다. 이것이 바로 성경이 종종 어떤 것을 '안다'라고 표현할 때 의미하는 바이다. 개념적이거나 이론적이기만 한 지식이 아니라 경험으로 증명된 지식인 것이다.

　이것은 지도에서 어떤 장소를 보는 것과 직접 그곳에 가서 보는 것이 서로 다른 것과 같다. 이런 경험적인 지식은 우리 마음에 성경을 복사해 주어 하나님의 모든 약속과 경고가 울리게 한다. 거룩에 대한 이 지식은 우리의 마음이 모든 인간의 위대함과 세상적인 즐거움에 무감각해지게 만든다. 이를 통해 우리의 영혼은 하나님의 말씀과 예배를 달콤하게 느끼게 되며, 공허한 종교 논쟁들을 뒤로한 채 전진하게 된다. 우리는 거룩한 행동을 일으키는 지식을 가지게 된다. 이를 통해 우리 안에 세워진 진리는 핍박을 인내하도록 돕는다.

　하지만 이렇듯 경험적으로 우리 자신을 검증할 때 만나는 장애물들이 있다. 첫째, 죄악된 자기 사랑과 자기 확신을 가지고 이 문제에 접근할 수 있다. "자기의 마음을 믿는 사는 미련한 자요"(잠 28:26). 둘째, 신한 행위를 보면서도 그 동기를 무시할 수 있다. 진정한 경건은 내적인 것이지 표면적인 것이 아니다(롬 2:28). 셋째, 잘못된 기준으로 자기 자신을 평가할 수 있다. 하나님의 말씀인 성경이 아니라 오래되었거나 유명하거나 전통적인 것을 안내자로 삼을 수 있다는 말이다. 넷째, 좋은 습관이나 선량한 태도를 경건과 혼동할 수 있다.

　버지스는 신앙고백에 나오는 "거짓된 소망과 육적인 추정"이라는 문구가 얼마나 중요한지 깊이 확신했다. 그는 일반적으로 그리스도인이라는 이름을 가진 사람들을 세 종류로 구분할 수 있다고 했다. 어떤 사람들은 그저 이름만 그리스도인일 뿐 아무 능력이 없기에 그들의 행위가 그들이 그리스도인이라는 사실을 부인한다. 이와는 달리 성령의 영향력과 역사를 자기 삶에서 경험한 사람들이 있다. 하지만 그중 어떤 이들은 마치 배아(embryos)와 같아서 거듭나기 전에 유산된다. 그들의 정서는 진리로 인해 다소 감동받기는 하지만 성령께서 그들을 그리스도의 몸의 지체로 여겨 그들 안에 내주하지는 않으신다.

그와 달리, 그리스도의 몸의 지체가 되어, 가지가 뿌리에서 생명력을 얻듯 지속적으로 그리스도에게서 영향력을 경험하는 사람들이 있다(요 15:5). 그들은 가장 보잘것없는 신자라 하더라도 가장 위대한 위선자보다 낫다. 그들은 그리스도의 고난과 부활에 대한 경험적인 참 지식을 소유한 자로 거듭났기 때문이다.

사역에 필요한 영적 은사가 가진 능력, 죄의 비통함, 영적 유익을 향한 열망, 말씀의 즐거움, 삶에서의 변화 등을 경험했으면서도 여전히 구원받지 못한 상태에 있는 사람도 있을 수 있다. 참된 신자는 이와는 다른 마음을 가지고 있다(눅 8:15). 왜냐하면 영적인 빛이 그 안에 영원토록 머물러 있어서 그를 더욱 거룩하고 날마다 하나님께 의지하게 만들기 때문이다.

버지스는 자신이 구원받지 못했음에도 불구하고 구원받았다고 생각하며 영원히 자신을 속이는 사람들이 처한 비극을 보여 주기 위해 예수님의 몇 가지 비유를 사용했다. 바로 두 건축가 비유(마 7:24-7)와 열처녀 비유(마 25:1-13)이다.[4] 버지스는 다음과 같이 기록했다. "불경건한

---

4 Faith Seeking Assurance, 7-8 (Spiritual Refining, 3).

사람이 죄와 죽음의 상태에 머물러 있으면서 자신의 형편이 영원토록 좋을 것이라고 생각하는 것은 슬픈 망상이다. 광명의 천사의 모습으로 나타난 마귀에게 속아 넘어간 이들이 불쌍할 뿐이다."[5]

오늘날 다양한 거짓 확신이 그리스도인 사이에 넘쳐나고 있다. 그 몇가지 예를 제시하겠는데, 이 중에는 서로 겹치는 부분도 많다.

- **자동(automatic) 확신**: 이는 우리가 믿으면 확신은 자동으로 따라온다고 가르친다. 온전한 확신이 없다면 믿음도 없다는 것이다. 마찬가지로, 믿음이 있다면 온전한 확신도 자동적으로 갖는다는 것이다. 자동 확신은 종종 얄팍하고 손쉬운 거짓 확신을 촉진한다. 존 맥아더가 썼듯, 이러한 확신은 "치명적인 영적 무관심을 낳을 수 있다. 이런 거짓 확신이야말로 우리 시대가 가진 문제이다."[6] 성경을 통해 면밀히 점검할 때, 자동 확신이 거짓임을 알 수 있다. 예를 들어, 참된 믿음을 가졌으면서도 그에 대한 확신을 거의 누리지 못할 수 있음을 여러 시편에서 분명히 언급하고 있다(시 38, 73, 88편).

- **외적인(external) 확신**: 이는 보통 복음전도자나 목사나 사제처럼 권위를 갖춘 이들이 해주는 말에 근거해 확신을 갖는 경우이다. 폴 워셔가 말하듯 오늘날 이런 확신은 매우 흔하다.

5　*Faith Seeking Assurance*, 52 (*Spiritual Refining*, 19).
6　John MacArthur, "Foreword," in Donald S. Whitney, *How Can I Be Sure I'm a Christian? What the Bible Says About Assurance of Salvation* (Colorado Spirngs, Colo.: NavPress, 1994), 7.

회개하고 믿으라는 복음의 부름은 영접 기도를 드려 그리스도를 받아들이라는 요청으로 대체되었다. 영접 기도는 보통 전도지 마지막 장이나 감정적이고 종종 인위적이기까지 한 공개적인 초청 결론 부분에 나온다. 자신의 회심과 삶의 태도를 성경에 비춰 주의 깊게 고찰한 후에 구원을 확신하는 사람은 찾아보기 어려워졌다. 오히려 어느 정도 진지한 마음으로 그리스도를 영접하겠다고 기도하기만 하면, 목회자들은 곧바로 구원의 축복을 선언하고 구원의 확신을 심어준다.

복음이 이런 식으로 변질된 탓에 구원받은 증거를 보여주지 못하면서도 구원을 확신하는 사람들이 많이 생겨났다. 이들은 누가 자신의 고백을 의심하면 강하게 반발한다. 또한 종교 권위자의 확증을 통해 마음속으로 구원을 확신하고, 스스로 구원받았다고 믿으며 의심하지 않는다. 그들은 공허한 신앙고백을 경고하는 복음의 말씀이나 성경의 빛에 비춰 회심의 객관적인 증거를 살펴보라는 훈계에 귀 기울이지 않는다(마 7:13-27, 고후 13:5, 딛 1:16). 게다가 부르심과 택하심을 굳게 해야 할 긴급성이나 필요도 전혀 느끼지 못한다(벧후 1:10).[7]

여기서 문제는 목회자라 하더라도 누군가에게 확신을 줄 권리가 없다는 것이다. 오직 하나님만이 말씀을 통해 확신을 주실 수 있다. 오직 하나님만 사람의 마음을 아시고 자신의 말씀을 통해 이를 확증하실 수 있기 때문이다. 사무엘상 16:7에서는 이에 대해 다음과 같이 말한다.

---

[7] Paul Washer, *Gospel Assurance and Warnings* (Grand Rapids: Reformation Heritage Books, 2014), 3-4. 『확신』(생명의말씀사).

"내가 보는 것은 사람과 같이 아니하니 사람은 외모를 보거니와 나 여호와는 중심을 보느니라 하시더라." 외적인 믿음과 확신은 하나님이 받지 않으신다.

- **하이퍼 칼뱅주의적(hyper-Calvinistic) 확신**: 이는 칼뱅의 가르침을 넘어서는 확신을 의미한다. 이 확신에는 다양한 형태가 있다. 우선, 하나님의 약속과 믿음을 뒷전으로 밀어 넣고, 성경에서 가져온 은혜의 표지와 신비적인 경험을 전면에 내세우는 형태가 있다. 이런 형태의 확신은 죄인이 초청을 받고 복음을 믿도록 허락받기 전에 먼저 은혜의 표지가 나타나야 한다고 가르친다. 하이퍼 칼뱅주의의 또 다른 형태로 반율법주의가 있다. 이 반율법주의는 성화의 표지와 은혜의 열매는 물론이고 십계명에 대한 순종도 폄하한다. 대신 주로 영적이고 신비적인 경험에 의존한다. "열매로 그들을 알지니"(마 7:16)라는 예수님의 말씀을 강조하는 대신 은연중에 "영적이고 신비한 체험으로 그들을 알지니"라고 가르친다.

- **감정적인 확신**: 이는 성경에 객관적인 근거를 두지 않은 열광적인 느낌에서 얻는 확신을 말한다. 방언 같은 이차적인 축복에 기초한 '은사주의적 확신'이 바로 이와 깊은 관련이 있다. 하지만 성경 어느 곳에서도 이렇게 감정에 기초한 확신을 인정하지 않는다.

- **미니멀리즘적 확신**: 이런 확신을 가진 사람들은 하나님을 기쁘시게 하지 못하는 생활과 죄에 대해 쉽게 변명한다. 변명에는 능하고 말씀의 거울 앞에 자기를 놓고 비춰보는 데 게으르다. 마치 이렇게 말하는 것 같다. "물론 내가 죄를 범하고 있다는 건 알아. 이 죄에 저항하는 것

이 너무 어려워. 하지만 걱정할 필요가 없어. 하나님이 날 이해하고 용서하실 테니까. 하나님은 내가 완전하지 않다는 사실을 알고 계셔. 나는 지금 침체 상태에 빠져 있는 거 같아. 하지만 하나님이 나를 다시 제자리에 돌려놓으실 것이라 확신해. 하나님은 내가 어릴 때 나를 회심시키셨어. 나는 하나님께 내 죄를 고백했고 하나님은 나를 용서하셨어. 그러니 하나님은 절대 나를 버리지 않으실 거야."

아니면 이렇게 말할지도 모른다. "내가 죄를 범했다는 것과 여전히 범한다는 사실을 알고 있어. 하지만 그건 나중에 차차 다룰 문제야. 어떻게 내가 구원받지 않았을 수도 있다고 생각할 수 있지? 그건 정말 말도 안 돼. 하나님이 내게 베푸신 복을 봐. 나에게는 아름다운 아내, 사랑스런 아이들, 훌륭한 직장, 멋진 집, 신실한 믿음의 친구들이 있어. 게다가 나는 누구보다 열심히 교회에 출석해. 하나님이 나를 사랑하지 않으신다면, 나에게 이런 복도 주지 않으셨을 거야. 구원의 확신에 대해서라면 난 아무 문제없어."

• **율법주의적 확신**: 이 확신은 자기 힘으로 선한 일을 행할 수 있다면 구원받았음을 자신할 수 있다고 말한다. 이런 종류의 확신은 하나님의 명령을 대신해 사람이 만든 행동수칙 목록을 제시한다. 그래야 하나님의 명령을 감당할 만한 수준으로 낮출 수 있기 때문이다. 그러다 결국 인간 중심의 거룩을 조장하게 된다. 이런 종류의 확신은 "왜냐하면 하나님이 …"라는 말 대신 "왜냐하면 내가 …"라는 말로 시작하는 경향이 있다. 이 확신은 예수님의 비유에 나오는 세리보다는 바리새인의 신앙에 좀 더 가깝다(눅 18:9-14).

- **기질적인 확신**: 이는 선천적인 자기 확신에 기초를 두고 있다. 어떤 사람들은 자기 확신이 아주 강해서 기질적으로 자기 상태에 대해 큰 자신감을 보인다. 하지만 성경은 확신이란 기질 이상의 것이라고 분명히 말한다. "여호와께서 이같이 말씀하시니라 무릇 사람을 믿으며 육신으로 그의 힘을 삼고 마음이 여호와에게서 떠난 그 사람은 저주를 받을 것이라"(렘 17:5).
- **뻔뻔한 확신**: "나는 구원받았고 나는 그것을 확신해. 그러니 내가 어떻게 사느냐 하는 것은 별로 중요한 문제가 아니야. 나는 내가 하고 싶은 것을 할 수 있어. 내가 죄를 범하더라도 그렇게 심각한 문제는 아니야. 나는 모든 죄를 용서받았거든. 나는 하나님의 아들이니까." 하나님의 자비에 대해 잘못 판단할 때 거짓 확신이 생긴다(참조. 롬 6:1-18). 돈 카슨(Don Carson)이 기록했듯 이런 사람들은 "이름뿐인 신자들이며 새 언약에서 약속된 열매를 전혀 보여 주지 않고, '한번 구원은 영원한 구원'이라는 구호에 의지해 자신에게는 아무 위험이 없다고 믿는다."[8] 물론 하나님은 자기 손으로 시작하신 일을 중간에 그만두지 않으신다. 참된 신자가 한 번 구원받으면, 영원히 구원받을 것이다. 하지만 그 신자가 스스로 '확신을 가진 그리스도인'이라고 주장하면서도 회개하지 않는 죄에 빠져 있다거나 죄에 대해 전혀 신경 쓰지 않는다면, 조나단 에드워즈가 말했듯 '불신자'로 여길 수밖에 없다. 그는 심각한 침체에 빠진 것이든 참된 신자가 아니든 둘 중 하나이기 때문이다. 참된 신자들

---

8 Don Carson, 'Reflection on Christian Assurance', *Westminster Theological Journal* 54 (1992): 28.

은 죄악된 삶의 양식을 아무렇지도 않게 고집할 수 없기에(요일 3:9), 뻔뻔한 확신을 가질 수 없다.

- **하이퍼 언약주의적(hyper-covenantal) 확신**: 이는 일종의 추정에 따른 확신으로, 언약 공동체인 교회의 일원이 되었다는 점에 근거를 둔다. 이런 형태의 확신은 언약에서 개인적인 믿음과 개인적인 회개의 필요성을 희석시킨다. '추정적 중생(presumptive regeneration)', '잠재적 중생(dormant regeneration)' 혹은 '언약적 중생(covenantal regeneration)'을 받아들이는 개혁교회와 장로교회에서 이런 확신이 강하게 힘을 얻고 있다. 즉, 신자의 자녀들은 영아기에 중생한 것으로 간주되기에 신자인 부모들은 자녀들이 이미 구원받았다는 확신을 가지고 그들을 양육해야 하며 그들에게 새로운 마음이 필요하다고 말할 필요가 없다는 것이다(참조. 요 3:3-8). 하이퍼 언약주의적 확신은 모든 강조점을 객관적인 복음에 두고 주관적인 복음을 최소화하는 경향이 있다. 이로 인해 신자의 삶에서 하나님과의 개인적인 교제가 중요성을 잃게 된다. 윌리엄 영이 지적하듯 이 관점에서는 "그리스도인의 삶에서 교리적인 지식과 말씀에 따른 윤리적 행동만으로 족하다고 여긴다. 죄의 자각이나 회심 같은 구체적인 종교적 체험도, 구원하는 은혜의 표지를 갖고 있는지에 대한 자기 점검도 필요 없다는 것이다."[9] 이 견해의 위험

---

9 William Young, 'Historic Calvinism and Neo-Calvinism', *Westminster Theological Journal* 36, no. 2 (1974), 166. Cf. Joel R. Beeke, *Parenting by God's Promises: How to Raise Children in the Covenant of Grace* (Orlando, Fla.: Reformation Trust, 2011), 19, and *Bringing the Gospel to Covenant Children* (Grand Rapids: Reformation Heritage Books, 2010), 4-7.

성은 자기 기만에 있다. 즉, 여전히 구원받지 않고 자신의 죄와 부패, 믿음과 회개, 그리스도 안에서의 구원, 하나님과의 교제, 그리고 진심어린 성화와 감사에 대한 참된 증거가 전혀 없음에도 사람들을 거짓된 신앙고백과 확신으로 인도하는 경향이 있다.

- **약속만을 생각하는(Promise-only assurance) 확신**: 이 확신은 추정적인 확신과 매우 유사하다. 다만 그 초점이 오로지 그리스도의 약속에만 맞춰져 있다는 점에서 다르다. 이런 견해를 가진 목회자들은 종종 성도에게 이렇게 설교한다. "여러분이 구원받기 위해 예수님을 믿고 그분의 약속을 신뢰한다면, 여러분은 자신이 구원받았다고 확신할 수 있습니다. 은혜의 표지와 열매를 찾기 위해 자신의 영혼과 양심을 살펴볼 필요가 없습니다. 여러분 안은 들여다볼 필요가 없습니다. 오직 예수님을 보십시오." 처음에는 기분 좋게 들릴 것이다. 다만 문제는 이 복음적 약속에 따라 스스로 그리스도인이라고 주장하는 많은 사람들의 삶이 그 고백과 전혀 어울리지 않는다는 것이다. 이 견해는 사도 요한이 기록한 첫 번째 서신에 나오는 가르침과도 어울리지 않는다. 오직 그리스도만을 신뢰하는 것이 확신을 위한 가장 중요한 기초인 것은 맞다. 하지만 참된 확신에는 은혜의 표지를 발견하기 위해 자기를 점검하는 태도도 있어야 한다.

- **점검되지 않은 확신**: 고린도후서 13:5과 반대로 이 확신은 그것이 참인지 거짓인지 살펴보기 위해 점검받고 조사받는 것을 거부한다. 볼품없는 구조물을 날림으로 지은 후 검사관이 오고 있다는 것을 알게 되자 로트와일러 개를 풀어놓는 건축가와 비슷하다. 검사관은 그 건물

가까이 접근조차 할 수 없다. 어떤 사람들은 믿음에 대해 이와 비슷한 태도를 보인다. 그들은 믿음이 있다고 말한다. 하지만 결코 다른 사람, 심지어 그들의 목사라도 어떻게 그들이 그 믿음을 갖게 되었으며 그것이 진짜인지 묻도록 허락하지 않는다.

마이크 맥킨리는 『나는 참 기독교인인가?』(Am I Really a Christian?, 부흥과개혁사)에서 거짓 확신의 문제를 다루는 데 상당 부분을 할애했다. 이 책에서 그는 단순히 내가 그리스도인이라고 말하거나 예수님을 좋아한다고 해서 그리스도인이 되는 것은 아니라고 주장한다. 우리가 중생하지 않았고, 죄를 즐거워하며, 다른 사람을 사랑하지 않고, 하나님보다 더 사랑하는 것이 있다면 그리스도인이 아니라는 것이다.

모든 형태의 거짓 확신은 참되고 성경적인 확신과 근본적으로 다르다. 그렇다면 우리에게 있는 확신이 참된지 아닌지 어떻게 알 수 있는가? 이에 대한 네 가지 잣대가 있다. (1) 그 확신이 당신을 겸손하게 하는가, 아니면 교만하게 하는가? (2) 그 확신이 당신을 부지런하고 거룩하게 하는가? 아니면 게으르고 나태하게 만드는가? (3) 그 확신으로 인해 당신이 시편 기자와 같이 "하나님이여 나를 살피사 내 마음을 아시며 나를 시험하사 내 뜻을 아옵소서 내게 무슨 악한 행위가 있나 보시고 나를 영원한 길로 인도하소서"(시 139:23, 24)라고 고백하게 되는가? 아니면 "감히 내게 묻지 마시오"라고 말하게 되는가? (4) 당신이 그 확신으로 말미암아 하늘에 계신 우리 아버지와 더 친밀해지기를 구하게 되는가? 아니면 도리어 하나님에게서 멀어져 하나님을 의지하기보다는 하나님으로부터 독립하도록 힘쓰게 만드는가?[10]

참된 확신

웨스트민스터 신앙고백 18장 1항에서는 그리스도인들이 확신을 가질 수 있다고 분명하게 말한다. 하지만 그리스도께서 주시지 않으면 결코 확신을 가질 수 없다는 사실도 함께 강조한다. 18장 1항의 모든 부분은 다음과 같은 표현을 통해 확신을 그리스도와 연결시킨다. "그분을 믿는다", "그분을 사랑한다", "그분 앞에서 산다." 확신은 그리스도를 믿고 그리스도를 사랑하고 그리스도에 대한 믿음으로 열매 맺는 것과 얽혀 있다. 확신의 핵심은 바로 그리스도 안에서 살아가는 것이다.

버지스는 확신의 가능성을 다음과 같은 여러 가지 방식으로 보여 준다. (1) 삶 자체가 확신의 증거가 되는 성경 인물들. (2) 그리스도인들이 어떻게 확신에 도달할 수 있는지 보여 주는 성경 말씀들(특히 요한일서를 연구할 것). (3) 베드로후서 1:10과 같이 부지런히 확신을 구하라는 성경의 명령들. (4) 하나님의 사랑에 대한 확신을 주는 표지이자 인장인 성례를 바르게 사용하는 것. (5) 믿음, 소망, 사랑, 기쁨, 감사와 같은 하나님의 은혜의 활동. (6) 자신이 구원받았음을 알게 하는 '은혜의 표지들'. 예를 들어 죄에 대한 진심 어린 슬픔, 참된 온유함, 의에 주리고 목말라하는 모습(마 5:4-6). (7) 인치시는 은혜로 말미암아 우리의 영과 더

---

10 이 목록의 일부분은 데이비드 머리(David Murray)의 설교에서 가져왔다.

불어 우리가 하나님의 자녀라고 증언하시는 성령의 사역이.[11]

버지스는 우리가 확신을 누리는 것이 불가능하다면, 이는 확신의 대상이나 확신의 수단에 문제가 있기 때문이라고 결론 내린다. 하지만 확신의 대상은 하나님의 약속들로서, 그리스도 안에서 "예"와 "아멘"이 된다(고후 1:20). 그리고 확신의 수단은 성령의 사역인데, 성령께서는 마음을 새롭게 하여 신실하게 만들고 효과적으로 확신을 이루어 내시는 분이다. 버지스는 확신에 있어 성령의 역할이 얼마나 중요한지 반복해 언급한다. 성령이 없다면 어떤 기초 위에서도 참된 확신을 가질 수 없다고 말한다.[12]

버지스는 확신이 우리의 영적인 삶에 큰 유익이 된다고 주장했다. 믿음의 본성은 우리를 세우고 안정시킨다. 영혼에게 확신은 기둥이자 닻과 같다. 확신 없이도 믿음을 가질 수 있지만, 의심과 두려움은 믿음과 반대되는 성질이다. 성경에서 하나님을 신뢰하는 것은 우리 자신을 하나님께 맡기고 우리 마음을 하나님께 고정하며 하나님 안에서 안식을 누리는 것으로 묘사된다. 그리스도에 대한 믿음이 강력하고 주기적으로 활동할 때 우리는 점차 확신에 이르게 될 것이다.

이 확신이라는 특권이 얼마나 탁월한 것인지! 확신을 통해 그리스도인들은 하나님과 친밀한 교제를 유지하며 "나는 내 사랑하는 자에게 속하였고 내 사랑하는 자는 내게 속하였으며"(아 6:3)라고 고백하게 된다. 양자의 영은 마음속에 겸손한 자녀의 태도를 주어 순수한 동기

---

11 *Spiritual Refining*, 2, 23-4, 676-7.
12 *Spiritual Refining*, 17, 51, 54, 59, 671.

로 아버지를 섬기고 싶게 만든다(롬 8:14, 15). 인생의 다른 모든 것이 비참하고 문제투성이일 때도 확신이 그들을 붙들어 모든 어려움을 극복하게 해줄 것이다(롬 8:37). 하나님과 그리스도 안에서 충만한 안식과 평강을 발견하는 사람은 자신에게 부족한 게 무엇이건 간에 만족을 누릴 수 있다. 하나님이 그들의 만족이 되시기 때문이다(시 73:25, 26). 그러므로 하나님을 자신의 하나님으로, 그리스도를 자신의 그리스도로 소유한 이는 얼마나 복된 사람인지 모른다.[13]

성숙한 그리스도인으로서 늘 확신을 가지고 살아가는 것에 더해, 토머스 브룩스는 확신을 향유하는 아홉 가지 특별한 시기가 있다고 설명했다.

- 회심 때(행 9:33)
- 어렵고 위험한 사역에 임하기 전(마 17:1-6)
- 기다리는 동안(시 40:1-3)
- 고난을 당하는 동안(행 16:23, 24)
- 공예배 시, 특히 하나님이 말씀을 적용하시고 자기 백성을 향해 얼굴을 들어 빛을 발하시는 말씀이 선포될 때(살전 1:5, 6)
- 개인적인 고통의 때(시 94:19)
- 기도하는 동안(단 9:20-23)
- 사탄과 싸우기 전(고후 12:1-8)

---

13 *Spiritual Refining*, 59.

- 사탄과의 싸움 이후(계 7:17)[14]

비록 충만한 확신을 누리는 데 큰 어려움을 겪은 몇몇 청교도들이 있긴 했지만, 그 외 다른 청교도들은 신자들이 '일반적으로' 평강을 누릴 정도의 구원의 확신을 얻을 수 있다고 강조했다. 스코틀랜드의 언약도 목회자 윌리엄 거스리는 확신에 관한 고전인『참된 구원의 확신』에서 다음과 같이 강조했다. "그리스도 안에서 갖는 지분이나 은혜로운 상태에 대해서는 우리가 알 수 있다. 사람들이 보통 생각하는 것보다 더 확실하게 알 수 있다. 그에 대한 지식은 사람들이 상상하는 것보다 쉽게 얻을 수 있다. 이는 비단 주님이 그리스도 안에 있는 지분을 얻을 수 있음을 알라고 명령하셨기 때문만이 아니다. 실제로 많은 성도들이 그리스도와 하나님 안에 자신의 지분이 있음을 분명히 인식했기 때문이다."[15] 조나단 에드워즈도 이에 동의했다. "참된 신자는 자신에게 참된 은혜가 있음을 알 수 있다. 은혜가 많을수록 더 쉽게 알 수 있다."[16]

참된 확신에 대한 인식의 결핍

마지막으로 웨스트민스터 18장 1항과 버지스의 글은 세 번째 가능성에 대해 강조한다. 즉, 충만한 확신과 기쁨 없이도 구원하는 믿음을 소유한

---

14 Brooks, *Heaven on Earth*, 53-91.
15 Guthrie, *Christian's Great Interest*, 5.
16 Jonathan Edwards, *The Religious Affections* (London: Banner of Truth Trust, 1961), 255.

신자들이 있다는 것이다. 확신은 믿음의 기쁨을 배가시킨다. 하지만 이 기쁨은 구원에 있어 필수불가결한 것은 아니다. 오직 믿음만이 그리스도만을 통해 의롭게 할 뿐이다. 확신은 칭의와 구원을 의식적으로 누리는 것이다.

청교도들이 자기 점검을 할 때 가장 중요하게 생각한 질문은, "과연 나에게 믿음의 충만한 확신이 있는가?"가 아니라 "나에게 일정한 분량의 구원하는 믿음이 있는가?"였다. 나는 나의 모든 죄와 함께 내 생명을 그리스도의 손에 맡기는가? 나는 하나님의 약속을 신뢰하는가? 만약 우리가 구원받았다면, 그리스도만을 신뢰한다는 말의 의미를 적어도 어느 정도는 알아야 한다. 그러므로 청교도들은 믿음에 분량이 있다고 말한 것이다. 확신을 거의 가지지 못한 연약한 믿음이 있다면, 충만한 확신을 누리는 강한 믿음도 있다. 약한 믿음을 가진 사람과 강한 믿음을 가진 사람 모두 믿음의 대상은 동일하다. 바로 복음 안에서 구세주이자 주인으로 나타나신 주 예수 그리스도시다.

죄수는 교도소의 담장에 난 작은 구멍이나 감옥의 창문을 통해서만 태양을 볼 수 있다. 야외를 걷고 있는 자유인 역시 동일한 태양을 볼 것이다. 하지만 두 사람에게는 엄청난 차이가 있다. 한 사람은 감옥에 있으나 다른 한 사람은 자유롭다는 것이다. 그러나 그들이 보고 있는 대상은 같다. 신자들도 마찬가지다. 연약한 영적 상태에 있는 신자들은 마치 자신이 감옥에 있는 것처럼 느낄 것이다. 하지만 그들의 눈은 감옥의 창 너머로, 혹은 담장에 난 구멍을 통해 감옥 밖을 바라본다. 그들은 의의 태양을 바라본다(말 4:2). 비록 육신은 묶여 있다고 느끼지만 그들의 마음은 소망과 기대와 함께 감옥 밖에 계신 그리스도께로 향한다. 하지만 더 많은 확신을 가진 사람들은 자신의 마음을 보다 자연스럽고 철저하게 그리스도께 고정시킨 채 복음이 주는 자유와 기쁨을 누리면서 살아간다. 이들의 영적인 건강은 훨씬 더 원기왕성하고 그들의 기쁨은 보다 충만하다.

결과적으로 믿음에 대한 의식적인 확신은 영적 건강을 위해 필수적이지만, 구원을 위해 절대적으로 필요한 것은 아니다. 바로 이와 같은 이유로 청교도들은 종종 믿음의 확신이 믿음의 존재보다는 믿음의 안녕에 속한 것이라고 말했다. 다시 말해, 확신은 믿음의 본질보다는 믿음의 영적인 번영 및 건강과 더욱 밀접한 관계에 있다는 것이다. 믿음은 본성적으로 의심과 반대되므로 구원하는 믿음의 모든 활동에는 어느 정도의 확신이 있을 수밖에 없지만, 어둠 속을 걷는 빛의 자녀와 같이(사 50:10) 그리스도인은 믿음의 충만한 확신에 도달하지 못한 채 오랜 시간 있을 수 있다.

윌리엄 퍼킨스(Willam Perkins)와 앤서니 버지스는 여기서 더 많은 진리의 빛을 얻도록 도움을 준다. 퍼킨스는 다음과 같이 고찰했다. 첫째, 연약한 믿음을 가지더라도 하나님의 약속을 볼 수는 있다. 하지만 그 신자는 양심 안에서 증언하시는 성령의 역사를 통해 그 약속을 자기 것으로 만들 자유는 없다. 둘째, 약한 믿음과 강한 믿음의 구분은 목회적인 측면에서 볼 때 연약한 신자들이 절망하지 않도록 하는 데 도움이 된다. 이를 통해 연약한 믿음이라도 여전히 참된 믿음임을 받아들이도록 격려할 수 있기 때문이다. 셋째, 각 신자는 반드시 강한 믿음을 구해야 한다. 하지만 일반적으로 처음부터 강한 믿음을 가지는 사람은 흔치 않다. 대개 오랜 시간 하나님과 사람 앞에서 선한 양심을 지키면서 그리스도 안에서 자신을 향한 하나님의 사랑과 호의를 다양하게 경험한 다음에야 비로소 강한 믿음을 갖게 된다.[17] 마지막으로, 강한 믿음을 가지면 충만한 확신이 일어나는데, 이는 강한 확신이 믿음에 내재된 요소이기 때문이 아니라 믿음의 열매이기 때문이다. 즉, 성령의 사역을 통해 개인적으로 믿음의 유익을 누릴 때 강한 확신을 얻게 되는 것이다.

버지스가 『영적 단련』에 실은 첫 두 설교의 주제는 "우리가 은혜의 상태에 있음을 확신하는 것이 얼마나 필요하고 유익한가"이다.[18] 확신이 가져다주는 유익이 참으로 크기에 버지스는 확신이 필요한 네 가지 이유를 설명한다. 첫째, 믿음 자체를 위해 필요하다. 그리스도를 우리 구세주로 더 강하게 끊임없이 믿을수록 우리는 더욱 확신 가운데 성장할 것이다. 믿음은 확신으로부터 엄청난 유익을 얻는다. 둘째, "확신이 필요한 것은 확신이 하나님의 영광의 일부이기 때문이다. 하나님이 우리 안에서 은혜의 역사를 일으키시고 우리를 거룩하게 하신다는 것만으로는 충분하지 않다. 우리는 하나님의 은혜의 역사로 인해 하나님을 찬양하고 찬송하기 위해서라도 반드시 우리 안에서 일어난 이 사실을 알아야 한다." 셋째, "확신이 필요한 것은 우리 마음에 더 큰 즐거움과 평강을 주기 때문이다." 마지막으로 "확신이 필요한 것은 확신을 통해 우리가

---

17   William Perkins, *The Works of that Famous and Worthy Minister of Christ in the Vniversitie of Cambridge, Mr. William Perkins* (London: John Legatt, 1612-1613), 1:367.
18   *Spiritual Refining*, 1-11.

더 확장되고 생명력을 얻어 거룩한 의무를 감당할 수 있게 되기 때문이다."[19] 그럼에도 불구하고, 확신이 "구원에 절대적으로 필요한 것은 아니다. 또한 부르심과 택하심의 결과로 언제나 확신이 따라오는 것도 아니다."[20]

버지스는 많은 신자가 믿음의 충만한 확신을 누리지 못한다는 사실을 인정했다. 비록 대다수의 신자들이 어느 정도의 확신을 누리기는 하지만 충분한 정도의 확신에 이르는 자는 거의 없다.[21] 어떤 사람이 죄책감을 느낄 때, 그는 하나님을 대적이자 복수하시는 분으로 바라보기 쉽다. 우리의 마음은 교활하다. 우리는 하나님과 동행하는 일에 태만해지고 영적으로 부주의해지기 쉽지만, 지속적인 은혜의 활동으로 확신이 보존된다(벧후 1:10). 사탄은 불화살을 가지고 우리를 공격한다. 우리가 순종하고 있을 때 사탄이 우리를 상하게 하지 못한다면, 우리가 편안할 때 우리를 공격할 것이다. 해적들이 금으로 가득 찬 배를 기다리듯, 사탄은 악한 사람의 경우 편안하도록 내버려두지만 경건한 사람은 두려움을 자극해 유혹한다. 때로 하나님마저 모습을 감추기도 하시기에 우리는 확신을 당연한 것으로 여기지 못하고 나태해지는 것이다.

자신에게 구원하는 은혜가 있음에도 불구하고 그것을 확신하지 못하는 사람은 어떻게 해야 할까? 버지스는 이것이 고통스러운 일이며, 뼈가 부러지는 것보다 더 아프다는 사실을 인정했다. 그런 사람은 (죄라는

---

19 *Faith Seeking Assurance*, 65-7 (*Spiritual Refining*, 24-5).
20 *Spiritual Refining*, 672.
21 Spiritual Refining, 25-6.

사실을 스스로도 인식하는) 죄 가운데 살고 있으면서도 아직 회개하지 않고 있지는 않은지 돌아보아야 한다(시 32:3-5, 51:8, 엡 4:30). 또한 은혜의 수단을 사용하는 일에 게으르지 않는지 스스로 질문하라. 확신은 부지런히 경건을 추구하고(벧후 1:5-10) 기도할 때(빌 4:6, 7) 얻을 수 있다. 이렇게 했는데도 여전히 확신이 부족하다면, 확신이 우리 노력에 대한 자연스러운 결과물이 아니라 하나님의 주권적인 은혜의 선물임을 기억하라(롬 8:15, 16:2, 고후 1:3, 4). 설령 확신이 부족하다 하더라도 계속해서 사랑과 믿음과 하나님을 향한 순종에 힘쓰라.[22]

확신 vs. 추정

다음은 확신과 추정이 어떻게 구별되어야 하는지에 대한 버지스의 가르침을 요약한 내용이다. 거짓 확신은 최악의 망상이자 미친 짓이다. 하지만 너무나 많은 사람이 하나님 나라 문 밖에 있으면서도 스스로를 축복하고 있다.[23] 확신과 추정은 서로 다른 뿌리에서 비롯된다. 확신은 마음을 밝히고 어린 아이 같은 정서를 만들어 내는 하나님의 영에게서 온다. 추정은 사람의 죄가 가진 깊이와 위험, 그리고 사람에게 딱 달라붙어 떨어지지 않는 자기 사랑과 자기 미화(잠 16:2)에 대한 경험적인 지식의 결핍에서 비롯된다.

확신과 추정은 또한 동기와 기초에 있어서도 차이가 난다. 확신은

---

22 *Spiritual Refining*, 26.
23 *Faith Seeking Assurance*, 72 (*Spiritual Refining*, 27).

하나님 말씀을 통해 영적으로 위로하시는 하나님의 영에게서 온다(롬 15:4). 추정은 중생에 대한 자연적인 이해에서 온다. 하지만 성령의 역사 없이는 중생을 영적으로 이해할 수 없다(요 3:10). 추정은 적어도 부분적으로나마 자신의 공로와 가치에 의존한다. 비록 그리스도의 피로 반드시 씻겨야 하는 많은 허물이 섞여 있더라도 확신은 오직 은혜의 신실함만을 구한다. 사람들은 종종 자신이 재물, 자녀, 명예 등 외적인 면에서 형통하기 때문에 하나님으로부터 구원하는 사랑을 받고 있다고 추정한다. 하지만 그들이 서 있는 곳은 미끄러우며, 그들은 아마 끔찍하게 놀라게 될 것이다(눅 16:25).

하나님이 확신을 주시는 일반적인 방법은 추정이 일어나는 방식과 상당히 다르다. 비록 성령께서는 하고 싶으신 대로 구원하시지만(요 3:8), 하나님의 방법은 사람이 자신의 죄의 짐 아래에서 진실로 겸손한 상태에 이르게 하시는 것이다(마 11:28). 사람들은 종종 의심과 불신으로 갈등하는 시기를 보낸 후에 확신을 누리게 된다. 왜냐하면 확신은 성령의 사역인데, 육신은 성령을 대적하기 때문이다(갈 5:17). 하지만 그렇다고 해서 의심이 단번에 완전히 정복된다거나 확신과 의심이 공존할 수 없다는 말은 아니다. 우리 안에 하나님의 은혜가 있다는 감각이 우리가 불완전하다는 느낌과 더불어 찾아오는 것은 좋은 신호다. 그럴 때 우리는 "내가 믿나이다 나의 믿음 없는 것을 도와주소서"(막 9:24) 하고 울부짖게 될 것이다.

또한 확신은 추정이 할 수 있는 모든 것보다 더 탁월한 결과를 만들어 낸다. 경건한 확신을 가진 사람은 은혜의 수단을 부지런히 사용하며,

하나님의 명령에 순종하기 위해 주의를 기울인다. 하지만 이 모든 것에 소홀하게 될 때 확신은 약화된다(벧후 1:10). 죄악된 자기 신념은 기도를 게을리 하고 죄에 거하는 동안에도 점점 더 커진다. 경건한 확신은 마음에 하나님을 향한 사랑의 불을 붙인다. 마치 돋보기가 태양빛을 모아 불을 피우는 것과 같다. 추정은 이 세상의 물질에 대한 욕심을 더 키우고 하나님의 은사를 더욱 거만한 태도로 오용하도록 한다. 확신은 낙심과 혼란이 넘쳐나고 죄악된 신념이 실패로 드러날 때 마음을 지탱하는 힘을 가지고 있다. 진짜 금속은 모루 위에서 그 진가를 드러낸다.

또한 우리는 확신과 추정이 각각 어떤 친구와 대적을 갖고 있는지 발견할 수 있다. 확신은 거룩한 두려움 및 떨림과 함께 찾아온다(빌 2:12). 더불어 겸손과 냉철한 자기 평가도 함께 이루어진다(눅 1:46-48). 하지만 추정은 경건한 두려움이 들어오지 못하게 막고, 자신에게 아부하며 다른 죄인들과 자신을 비교한다(눅 18:11). 확신의 유일한 대적은 죄와 식어버린 열정이다. 왜냐하면 하나님의 영은 열정을 생산하지만 죄는 성령을 근심하게 하기 때문이다(엡 4:30). 추정은 외적인 문제나 정신적인 침체에 의해서는 흔들릴 수 있지만, 하나님께 대항하는 죄로는 흔들리지 않는다.[24]

하나님께는 죄악된 자기 신념이라는 요새를 무너뜨릴 수 있는 강력한 무기가 있다. 바로 자비다. 잘못된 확신을 가지고 신앙을 고백하는 그리스도인이야말로 그리스도께 나아가는 데 있어 가장 높은 장애물

---

24 *Faith Seeking Assurance*, 72-87 (*Spiritual Refining*, 27-32).

을 가지고 있기 때문이다. 하지만 하나님은 강력하고 영혼을 살피는 설교자를 통해 이런 요새를 무너뜨리기도 하신다(고후 10:4,5). 또 다른 무기는 하나님의 율법에 대한 해설과 그 율법을 영혼의 동기에 적용하는 것이다. 이는 그리스도께서 행하신 산상수훈과 같다(마 5장). 또한 하나님은 성경으로부터 구세주이신 예수 그리스도께서 얼마나 완전하고 필요한 분인지 사람들에게 보여 주신다. 그리스도께서 모든 것이라면, 우리에게는 아무것도 없다는 말이 되기 때문이다. 또한 하나님은 이 땅의 근심, 고통과 함께 말씀의 우레를 동반해 죄인들을 깨우기도 하신다. 하나님은 상당히 영적으로 보였지만 무시무시하게 추락한 사람들에 대한 무서운 예를 사용하기도 하신다. 하나님은 사람들이 인생의 다른 영역에서 내리는 어리석은 결정들을 사용하셔서 그들이 자신의 영적인 상태에 대해 스스로 속이고 있음을 보여 주기도 하신다.[25]

자기 점검을 위한 결론적 질문

우리는 참된 확신을 의식적으로 누리고 있는 참된 신자인가? 아니면 구원이 오직 그리스도 안에만 있다고 믿으면서도 그 구원이 나를 위한 것이라는 사실에 대해 의식적으로 확신하지 못하는가? 또는 스스로 그리스도인이라고 주장하지만 오직 그리스도 안에 구원의 근거를 두지 않은 탓에 거짓 확신을 가지고 있지는 않은가?

---

25 *Faith Seeking Assurance*, 89-93 (*Spiritual Refining*, 33-4).

믿음의 확신이 부족하나 그리스도께서 구원을 위한 유일한 소망이라는 사실을 부인할 수 없다면, 나는 당신이 이 지점에서 다음과 같이 질문하기를 바란다. "나는 어떻게 확신을 얻을 수 있을까? 또 내가 그 확신을 가지고 있음을 어떻게 알 수 있을까?" 당신에게 어느 정도의 믿음의 확신이 있다면 이렇게 묻기를 바란다. "나는 이 확신 가운데 어떻게 성장할 수 있을까?" 당신에게 있는 확신이 거짓 확신일까 두렵다면, 이렇게 질문하기를 바란다. "어떻게 참된 확신을 가질 수 있을까?" 혹은 어떤 경우에는 "나는 어떻게 구원받을 수 있을까?" 다음 장에서 이 모든 질문에 대한 대답을 발견할 수 있으리라 믿는다.

5장
하나님의 약속을 통해 얻는 확신

자신의 삶에 드러나는 하나님의 구원 사역의 증거가 진흙탕같이 불투명하다면, 신실한 사람이 취해야 할 당연한 반응은 하나님의 약속에 자신을 과감하게 맡기고 하나님께로 나아가 그분을 의지하는 것이다. 바로 이런 의미에서 욥은 다음과 같이 고백했다. "비록 하나님이 나를 죽이실지라도 나는 그를 신뢰할 것이다"(욥 13:15, 현대인의성경). 웨스트민스터 회의에 참석한 이들 중 믿음의 확신에 대해 가장 통찰력 있는 글을 쓴 앤서니 버지스도 이에 동의한다.

토머스 브룩스는 그의 역작인 『보물상자』(Cabinet of Jewels)의 결론을 장식하는 문장에서 이렇게 말했다. "자신의 영적 상태와 관련한 두려움이나 어둠이나 의심이나 반박이 당신의 영혼 안에 일어나거든, 약속을 믿고 그리스도께로 달려가라. 그리고 그 약속을 제시하라. … 당신의 영혼이 그 약속을 꼭 붙들게 하라. 이것이야말로 당신에게 있는 증거를 분명히 하고, 회복된 위로를 누리며, 평강이 지속되고, 은혜가 강력해지며, 확신이 고양되고 굳건해지는 가장 좋은 방법이다."[1]

지난 장에서는 웨스트민스터 신앙고백 18장 1항을 살펴보았다. 이 조항에서는 확신에 관한 세 가지 가능성을 제시했는데, 바로 거짓 확신을 가진 경우, 참된 확신을 가진 경우, 구원 얻을 믿음은 가지고 있으나 확신은 부족한 경우 등이었다. 이제 18장 2항으로 우리의 시선을 돌려 보겠다. 이 조항은 믿음의 확신을 어떻게 확인할 수 있는지 다루고 있다.

이 확실성은 거짓된 소망에 근거한 억측이나 그럴 듯한 신념이 아니라, 틀림없는 믿음의 확신으로서 구원의 약속들에 관한 하나님의 진리와 이 약속들로 주어질 은혜의 내적 증거와 우리 영과 더불어 우리가 하나님의 자녀라고 말씀하시는 양자의 영의 증언에 근거를 두고 있다. 이 성령은 우리가 구속의 날까지 인치심을 받게 하는 우리 기업의 보증이다.

확신의 근거들

웨스트민스터 신앙고백 18장 2항에서는 확신의 근거가 무엇인지 밝히

---

[1] Thomas Brooks, 'A Cabinet of Jewels', in *The Works of Thomas Brooks*, ed. A. Grosart (1864; reprint, Edinburgh: Banner of Truth Trust, 1980), 3:504.

고 있다. 여기서 확신의 근거 혹은 기초와 구원의 근거 혹은 기초를 혼동하지 않는 것이 중요하다.[2] 존 머리(John Murray)가 말하듯, "확신의 근거에 대해 말할 때, 우리는 신자가 이 확신을 얻고 누리게 되는 방식에 대해 생각하는 것이지, 그의 구원이 의지하는 근거에 대해 말하는 것이 아니다. 충만한 확신을 누리지 못하는 사람에게라도 구원의 근거는 안전하다."[3]

이런 의미에서 18장 2항은 확신에 대한 복합적인 근거를 제시하는데,[4] 이것은 주요하고 객관적인 근거(구원의 약속들에 관한 하나님의 진리)와 두 가지 부차적인 근거(이 약속들로 주어질 은혜의 내적 증거와 우리의 영과 더불어 우리가 하나님의 자녀라고 말씀하시는 양자의 영의 증언)로 이루어진다. 이 세 가지 근거에 대해서는 각각의 장을 따로 할애해 살펴보겠다. 여기서는 확신의 객관적인 근거부터 먼저 살펴보도록 하겠다.

그리스도 안에 있는 하나님의 약속들

청교도들은 그리스도 안에서 주어진 하나님의 약속들이 확신의 첫 번째 근거라고 믿었다. 토머스 브룩스는 이에 대해 다음과 같이 말했다.

---

2 Paul Helm, *Calvin and the Calvinists* (Edinburgh: Banner of Truth Trust, 1982), 28, 75.
3 John Murray, *Collected Writings* (Edinburgh: Banner of Truth Trust, 1980), 2:270.
4 James Buchanan, *The Doctrine of Justification: An Outline of Its History in the Church and of Its Exposition from Scripture* (Edinburgh: T. & T. Clark, 1867), 184. 『칭의 교리의 진수』(지평서원). Cf. Louis Berkhof, *The Assurance of Faith* (Grand Rapids: Eerdmans, 1939), 49-68.

"하나님의 약속들은 그리스도인의 대헌장이며, 그가 천국 백성이라는 가장 중요한 증거다. 또한 하나님의 약속들은 하나님이 선물로 주시는 행동이다. 이 약속들은 성도들이 그리스도와 그분의 보혈과 그분을 통해 주어지는 모든 행복과 축복에 대한 그들의 권리와 자격을 얻기 위해 내밀어야 할 유일한 보증이다. … 이 약속들은 믿음의 양식일 뿐 아니라 믿음의 진정한 생명이자 영혼이다. 또한 이 약속들은 풍성한 보물이 묻혀 있는 광맥이며, 특별히 고른 아름다운 꽃들이 가득한 정원이다. 하늘에 속한 모든 만족과 즐거움이 바로 이 약속들 안에 포장되어 있다."[5] 버지스는 "우리 안에 있는 은혜의 증거에 대해 확신함으로 확신을 얻으려는 것보다는 우리 밖에 계시는 그리스도 안에 있는 하나님의 약속들에 의지해 믿음의 확신을 찾는 것이 더 고귀하고 탁월한 방법"이라고 했다.[6] 그리스도 안에서 주어진 하나님의 약속들에 대한 이러한 강조는 우리가 경험하는 확신에 대한 몇 가지 사실을 암시한다.

첫째, 하나님의 약속들이 없다면 우리 자신이나 우리가 만들어 내는 어떤 것을 보더라도 확신을 얻을 수 없다. 확신을 얻기 위해서는 무엇보다 복음의 약속 가운데 계시된 그리스도 안에 있는 하나님의 신실하심을 바라보아야 한다. 우리를 구원으로 인도하는 은혜와 복음의 약속들은 우리를 확신으로 인도하기에 충분하다.

고린도후서 1:18-20에서 바울은 그리스도 안에 있는 하나님의 복음 약속은 실패하는 법이 없는데 그 이유는 하나님의 성품이 참되고

5　Brooks, "A Cabinet of Jewels", in *Works*, 3:254-5.
6　*Faith Seeking Assurance*, 140 (Spiritual Refining, 51).

신실하시기 때문이라고 말한다. "하나님은 미쁘시니라 우리가 너희에게 한 말은 예 하고 아니라 함이 없노라 … 너희 가운데 전파된 하나님의 아들 예수 그리스도는 예 하고 아니라 함이 되지 아니하셨으니 그에게는 예만 되었느니라 하나님의 약속은 얼마든지 그리스도 안에서 예가 되니 그런즉 그로 말미암아 우리가 아멘 하여 하나님께 영광을 돌리게 되느니라." 하나님은 자신의 입으로 서로 다른 말을 하는 분이 아니시다. 하나님의 말씀은 언제나 신뢰할 수 있다.

예수 그리스도는 하나님의 영원한 "예"와 "아멘"이 되신다. 하나님과 그리스도께서 영원히 함께 계셨고, 그 후에 그리스도께서 우리 연약한 육신을 취해 우리 가운데 계셨으며, 이제는 천국에서 하나님 우편에 계시지만, 그리스도는 언제나 하나님의 위대한 "예!"가 되셨다. 하나님에게는 차선책도 반성도 필요 없으시다. 다른 예수님을 보내거나 더 많은 사도들을 보내실 필요도 없으시니. 영원토록 구원과 생명에 관한 모든 것이 오직 하나님의 영광스러운 아들이자 성자이신 그분에게만 있다. 그리스도는 죄인들을 향한 하나님의 사랑에 대한 확증이다. 하나님이 "나에게 와서 내 아들 안에 주어진 내 약속들을 믿으라"고 말씀하실 때, 예수님은 하나님의 "예"가 되신다. 그러므로 하나님은 우리가 더 나아지기를 기다리지 말고 지금 모습 그대로 그분에게 가야 한다고 말씀하신다. 바울은 우리가 "예"와 "아니오"를 동시에 설교해선 안 된다고 말한다. "예, 여러분은 하나님께로 나아갈 수 있습니다. 하지만 지금은 아닙니다. 그분에게 가려면 먼저 여러분의 모습을 더 멋지게 가꿔야 합니다"라고 해선 안 된다는 것이다. 오히려 우리는 "예"를 설교해야 한다.

"여러분은 하나님의 아들이신 예수 그리스도께 지금 갈 수 있을 뿐만 아니라 가야만 합니다"라고 해야 한다. "주 예수를 믿으라 그리하면 너와 네 집이 구원을 받으리라"(행 16:31).

그러므로 우리의 확신은 하나님 아들의 변하지 않는 위격과 완성된 사역 속에서 자신을 드러내신 신실하신 우리 하나님의 성품에 자리 잡고 있다. 그리스도에 대해 알려면 복음서를 읽어 보라. 이를 통해 하나님, 곧 예수 그리스도의 아버지께서 거짓을 말하는 신이 아니라는 사실을 배우라. 하나님은 죄로 인해 우리가 곤경에 처해 있다고 말씀하신다. 하지만 또한 우리가 하나님에게로 돌아올 때 그리스도를 통해 우리 같은 죄인들을 구하겠다고 말씀하신다.

그리스도께서 죽으심으로 단지 우리가 구원받을 가능성이 생긴 것이 아니다. 그리스도의 죽음은 자신을 믿는 사람들을 진정으로 구원한다(골 1:13, 14). 그리스도께서 십자가에서 우리를 위한 구속을 성취하셨다는 사실 위에 확신이 자라난다. 하나님이 십자가에 달린 그리스도를 구하지 않으신 것은 그리스도의 완전한 순종의 삶과 속죄하는 죽음을 통해 우리를 구원하기 위해서였음을 깨달을 때 확신이 힘을 얻는다. 그리스도께서 십자가에 달리셨을 때 하나님은 예루살렘에 어두움이 임하도록 하셨다. 하지만 그 순간에 하나님은 우리를 자신에게 속한 빛의 나라로 인도하고 계셨다. 예수님이 피를 흘리실 때, 성자께서는 죄의 책임에서 우리를 면제시키기 위해 그 값을 지불하고 계셨다. 만약 당신이 이미 회개하고 하나님의 아들을 신뢰하고 사랑하게 되었다면, 하나님의 아들이 당신을 위해 감당하신 "예"의 사역을 통해 하나님이 하신 일로 인해 당신 안에서 확신이 자라날 것이다. 하나님이 이미 우리에 대한 정산을 끝내셨다는 확신을 누리고 의심하지 말라. 이 모든 것은 하나님이 회개하고 믿는 백성 한 사람, 한 사람을 대신하신 그리스도께 만족하셨기 때문이다. 예수 그리스도는 하나님의 "예"와 "아멘"이 되시기에 충분한 분이므로, 우리도 그리스도께서 이루신 대속적 순종이라는 구원 사역이 우리를 구원하기에 완전히 충분하다고 여겨야 한다.

그리스도 안에 있는 신자들이 구원을 확신하는 것은 그들의 하나님과 그들의 구원이 그리스도 안에서 영원토록 참이고 확실하며 완전하고 불변하기 때문이다. 그러므로 그리스도 안에 있는 우리의 구원과 안전은 다음의 사실에 의존한다.

- 하나님의 불변성: "나 여호와는 변하지 아니하나니 그러므로 야곱의 자손들아 너희가 소멸되지 아니하느니라"(말 3:6).
- 하나님의 선택하시는 사랑의 영원성: "내가 영원한 사랑으로 너를 사랑하기에 인자함으로 너를 이끌었다"(렘 31:3).
- 하나님의 변경할 수 없는 은사: "하나님의 은사와 부르심에는 후회하심이 없느니라"(롬 11:29; 참조. 고전 2:12).
- 하나님의 취소될 수 없는 언약(히 6:17-20).
- 그리스도의 중보 사역의 완전성(히 10:19-23).
- 이 사역을 적용하시는 성령의 주권성(고전 2:10-14)[7]

---

7   이 대부분의 요소에 대한 더 충분한 논의를 원하면, Michael Barrett, *Complete in Him* (Grand Rapids: Reformation Heritage Books, 2017), 252-62을 보라.

디모데후서 1:12에서 바울이 구원에 대한 자신의 확신을 표현할 때, 아들 안에 나타난 하나님의 신실하심에 근거를 두고 있음에 주목하라. "내가 믿는 자를 내가 알고 또 내가 의탁한 것을 그 날까지 그가 능히 지키실 줄을 확신함이라." 바울은 자신의 명성이나 자신이 이룩한 업적에 기대지 않는다. 그는 하나님의 신실하심에 의지한다. 바울의 확신은 바로 하나님의 성품에 기초를 두고 있다. 하나님은 그리스도 예수 안에서 죄인들에게 변함없이 선하신 분이다. 이는 야고보가 다음과 같이 말한 바와 같다. "온갖 좋은 은사와 선물이 다 위로부터 빛들의 아버지께로부터 내려오나니 그는 변함도 없으시고 회전하는 그림자도 없으시니라"(약 1:17).

그리스와 로마의 신들은 큰 능력을 가진 존재로 여겨졌다. 하지만 그들은 사랑하지도 선하지도 않았고, 오히려 위험했다. 그들은 변덕스럽고 쉽게 마음을 바꿨기 때문이다. 하지만 바울은 우리 하나님이 그들과 전혀 다르다고 말한다. 하나님은 전적으로 참되시며 신실하시다. 그리스도를 위해서라도 하나님은 그리스도께 오는 모든 이들에게 자비로우시며 누구도 내쫓지 않으실 것이다(요 6:37). 하나님은 자비를 기뻐하시며 자비는 하나님의 성품이다(미 7:18). 당신과 내가 누릴 수 있는 확신이 있다. 바로 전능하지만 동시에 부드럽고 자비로우신 아버지께서는 우리가 그분의 아들을 믿고 그분의 성령을 구할 때 결코 우리를 거부하지 않으실 것이라는 확신이다. 그래서 예수님은 다음과 같이 말씀하셨다. "너희가 악할지라도 좋은 것을 자식에게 줄 줄 알거든 하물며 너희 하늘 아버지께서 구하는 자에게 성령을 주시지 않겠느냐"(눅 11:13).

참되고 자비로우며 불변하시는 하나님의 성품으로 인해 우리는 그리스도 안에서 하나님과 맺는 이 관계가 일시적이지 않고 영원함을 확신할 수 있다. 빌립보서 1:6은 이렇게 말씀한다. "너희 안에서 착한 일을 시작하신 이가 그리스도 예수의 날까지 이루실 줄을 우리는 확신하노라." 이는 하나님이 비록 우리가 그리스도를 닮게 만드는 '착한 일'을 시작하긴 하셨지만, 완성하기 싫으면 언제라도 그만두실 수 있다는 말이 아니다. 결코 그렇지 않다. 하나님의 복음, 하나님의 약속, 그리고 우리의 구원은 모두 "예"일 뿐이지, "예"와 "아니오"가 동시에 있을 수 없다. 이는 하나님과 그분의 복음이 모두 신실하여 믿을 수 있기 때문이다.

누가복음 7장에 나오는, 용서받고 확신을 얻은 여인의 이야기를 해석하면서 버지스는 이렇게 말했다. "그 여인이 자신의 악한 삶의 방식을 마음으로 회개하고 그리스도를 믿자마자 그녀의 죄는 용서받았다. 그 이유는 하나님이 그렇게 약속하셨기 때문이다. 이 약속은 이 여인이 예수님께 가기 전에 주어졌다. 하지만 이 여인은 용서에 대한 더 큰 확신을 얻기 위해 그리스도께 나아갔다. … 그리스도께서 이 여인에게 말씀해 주시기 전에 여인은 어떻게 자신의 죄가 용서받았음을 알았을까? 나의 대답은 이렇다. 진정으로 회개하고 믿는 모든 사람에게 주어진 하나님의 약속들을 통해 알게 되었을 것이다. 비록 이 여인의 확신이 완전하지는 않았으며, 더 강해질 여지가 있었지만 말이다."[8]

---

8 Anthony Burgess, *The True Doctrine of Iustification Asserted and Vindicated, From the Errors of Papists, Arminians, Socinians, and more especially Antinomians* (London: Robert White for Thomas Vnderhil, 1648), 269-70.

둘째, 확신이 강해질수록 하나님의 약속들도 그 신자에게 개인적으로나 경험적으로 점차 현실이 된다. 하나님의 약속들과 믿음의 확신은 서로를 강화시킨다. 조나단 에드워즈는 확신은 무엇보다 하나님의 약속들이 마음에 영적으로 적용되었다는 인식 위에 세워진다고 믿었다.

> 하나님의 말씀을 영적으로 적용한다는 것은 영적으로 각성시키고 거룩하게 하는 영향력을 통해 말씀을 마음에 적용하는 것이다. 또한 제시된 복음을 영적으로 적용한다는 것은 한 영혼이 제공된 거룩하고 신적인 축복, 그리고 제공자의 달콤하고 놀라운 은혜, 제공하신 것을 완성하시는 거룩한 탁월하심과 신실하심, 그리고 그분의 영광스러운 충만하심 등을 영적으로 느끼고 기뻐하는 것이다. 그래서 그 사람의 마음이 그 제안을 기꺼이 받아들이도록 이끄셔서 제공된 것들을 받을 만한 자격을 그에게 주시는 것이다.[9]

우리에게 하나님의 약속에 대한 경험적인 지식이 있을 때, 우리 마음에는 하나님의 약속에 대한 진리가 메아리친다. 하나님의 약속을 읽을 때, 우리는 우리의 모든 구원의 기초가 그 약속 안에 있음을 고백하고, 또 그 약속의 진실성이 우리 영혼 안에서 확증됨을 알게 된다. 성경에 나오는 하나님의 약속들을 우리의 경험과 비교할 때, 우리는 이렇게 고백하게 될 것이다. "나의 구원이 확증되었도다! 하나님의 약속은 결

---

9 *The Works of Jonathan Edwards* (이후부터는 *WJE*) (New Haven, Conn.: Yale University Press, 1959), 2:225.

코 나에게 실망을 주지 않을 것이다."[10]

하나님의 약속은 그리스도께서 그 영혼을 만나는 길이다. 토머스 굿윈은 이렇게 선언했다. "하나의 약속이 그분께 속했다면, 다른 모든 약속도 그렇다. 왜냐하면 모든 약속이 약속의 주체이자 대상이신 그리스도를 전하고 있기 때문이다."[11] 또 다른 청교도인 윌리엄 스퍼스토 (William Spurstowe)는 이렇게 강조했다. "약속들은 그리스도와 영혼을 하나로 묶는 수단이 된다. 이 약속들은 믿음으로 그분께 나아가 그분을 붙잡는 근거가 된다. 하지만 믿음을 통해 이루어지는 연합은 신자와 약속이 아니라 신자와 그리스도 사이에 일어난다."[12]

스퍼스토는 하나님의 약속들을 경험적으로 소유한다는 말의 의미를 보여 주기 위해 아름다운 두 가지 비유를 사용했다. 먼저, 하나님은 자신의 말씀에 나오는 수천 가지 복음의 약속들을 취해 마치 금화를 담듯 큰 가방에 넣으신 후에, 가난하지만 신앙을 고백하고 믿는 죄인들의 발 앞에 쏟아 놓으시고는 "가지고 싶은 대로 다 가져라"고 말씀하신다. 다음으로, 스퍼스토우는 하나님의 복음의 약속들이 밤하늘의 별과 같다고 말했다. 야외로 나가 밤하늘을 올려다 볼 때 처음에는 몇 개의 별밖에 보이지 않을 것이다. 하지만 오래도록 하늘을 보면서 밤의 약한 빛에 익숙해질수록 더 많은 별을 보게 되고, 마침내 하늘 전체가 셀 수

---

10 *Faith Seeking Assurance*, 14 (*Spiritual Refining*, 5-6).
11 Goodwin, *Works*, 3:321.
12 William Spurstowe, *The Wells of Salvation Opened: or, A Treatise discerning the nature, preciousness, and usefulness of the Gospel Promises and Rules for the Right Application of Them* (London: T. R. & E. M. for Ralph Smith, 1655), 44-5.

없이 많은 별로 뒤덮여 마치 금단추를 풍성하게 뿌려놓은 것처럼 보이게 될 것이다.[13]

마찬가지로 그리스도인들이 하나님의 약속들에 대해 묵상하기 시작할 때, 처음에는 약속의 개수도 적고 약속에서 나오는 빛도 약해서 두려움을 몰아내고 어두움을 쫓아내기에 충분하지 않아 보일 것이다. 하지만 약속을 더 읽고 묵상하면서 성경에 나오는 수천 가지 약속이 발하는 분명하고 뚜렷한 빛을 보기 시작할 때, 우리 영혼은 기쁨과 확신으로 가득 차 황홀하게 될 것이다.[14] 이는 마치 그리스도와 우리가 함께 만나되 우리의 영혼에 그리스도에 대한 확신을 주는 약속들로 확신에 찬 기쁨을 가지고 만나는 것과 같다.

셋째, 하나님의 약속들은 개인적인 확신의 중심에 그리스도가 있음을 강조한다. 예수 그리스도는 하나님의 "모든 약속의 총합이요 원천이자 인장이요 보고"이기 때문이다.[15] 레이놀즈는 이에 대해 다음과 같이 설명한다. "모든 약속들은 자신의 공로로 사신 바 된 그리스도 안에서 주어졌다. 이 약속들은 모두 그리스도 안에서 시행되는데, 그분의 능력과 직분에 따라 집행된다. … 이 약속들은 의의 태양이신 그리스도의 광선이자 빛줄기인데, 그리스도 안에서 수립되고 세워졌다. … 믿음으로 알게 된 모든 약속은 사람을 그리스도께로 데려가고, 우리가 권리를

---

13 Spurstowe, *The Wells of Salvation Opened*, 78-9.
14 Spurstowe, *The Wells of Salvation Opened*, 79.
15 Edward Reynolds, *Three Treatises of the Vanity of the Creature. The Sinfulnesse of Sinne. The Life of Christ* (London: B. B. for Rob Bastocke and George Badger, 1642), 1:365.

주장하는 바로 그 자리에서 그리스도와의 연합을 고려하게 한다."[16] 브룩스 역시 "처음부터 마지막까지 눈과 마음을 그리스도께 고정시켜라. 그러면 항상 확신과 더불어 살게 될 것이다"라고 독려했다.[17]

이에 대해 버지스는 다음과 같이 말했다.

> 우리 마음에서 은혜를 발견하기 위해 우리 자신을 지나치게 응시한 나머지, 그리스도와 가까워지며 칭의를 위해 그분께 의지하게 하는 믿음의 행위를 잊어버려선 안 된다. 이렇게 될까 두려운 마음에 어떤 이들은 칭의에 대한 증거로 표지를 사용하는 것이 바람직하지 않다고 말하기도 한다. 실제로 많은 하나님의 자녀들이 자기 영혼 안에 하나님의 은혜가 있는지 살피고 관찰하다가 은혜를 발견하고 자기 의에 대해 확신하게 되어 오히려 믿음의 행위를 통해 그리스도를 묵묵히 따르고 의지하는 일에 태만해지기도 한다. 이는 마치 야곱이 요셉이 보낸 병거를 보고 자신의 아들이 살아 있음을 알게 되어 너무나 기뻐한 나머지, 그 아들 요셉을 직접 보는 것을 기대하지 못했던 것과 같다. 우리 영혼에서 은혜를 발견하고 큰 기쁨을 주체하지 못하는 동안 우리는 그 모든 은혜보다 탁월하신 그리스도를 즐거워하는 것을 잊어버리기 쉽다.[18]

러더포드가 쓴 요리문답에 이 사실이 잘 요약되어 있다. "새 언약은 수많은 약속으로서 우리 구원의 무게를 우리보다 더 강한 분이신 그리

---

16 Reynolds, *Three Treatises*, 1:345, 356-7.
17 Brooks, *Heaven on Earth*, 307.
18 *Faith Seeking Assurance*, 114-15 (*Spiritual Refining*, 41).

스도의 어깨에 내려놓는다. 믿음은 그 약속을 붙잡고 우리 자신에게서 벗어나 친밀한 그리스도께로 나아가도록 한다."[19]

마지막으로 주관적인 현상들이 가끔 하나님의 약속들에 대한 믿음보다 더 실제같이 느껴질 때가 있지만, 이런 경험보다는 믿음을 통해 직접 파악하는 하나님의 약속이 하나님을 더 영화롭게 한다. 그래서 버지스는 이렇게 말했다. "자신이 죄악 되고 멸망당할 수밖에 없는 존재라는 의식이 우리를 지배할 때 하나님과 그리스도를 신뢰하는 것은 우리가 하나님께 드릴 수 있는 최고의 영광이다. 그러므로 표지를 가지고 사는 것이 우리에게 더 위로가 될 수 있겠지만, 믿음을 가지고 사는 것은 하나님께 더 큰 영광이 된다."[20] 심지어 브룩스는 이를 더 강력하게 표현했다.

> 자신 안에 있는 은혜와 그 은혜의 증거를 보는 것이 그에게는 아주 큰 위로와 기쁨이 될 수 있겠지만, 그리스도를 보는 것은 만 배나 더 큰 위로와 기쁨을 안겨 준다. … 신랑에게 신랑의 친구들은 어떤 존재일까? … 모든 그리스도인의 은혜나 은혜에 대한 증거도 주 예수님과 비교하면 아무것도 아니다. 그리스도인은 자신에게 있는 모든 은사와 은혜와 증거와 봉사를 향해 "그리스도를 위해 자리를 내어드리라"고 말해야 한다. 오, 오직 그리스도뿐! 오, 그리스도와 비교할 수 있는 것이 무엇이 있겠는가! 표지로 사는 삶은 자연스럽고 기쁘고 위안이 된다. 하지만 믿음으로 사는 삶은 그리스도께 가장 큰 영광이 된

---

19 *Catechisms of the Second Reformation*, ed. Alex Mitchell, 176.
20 *Faith Seeking Assurance*, 156 (*Spiritual Refining*, 57).

다. 그래서 의인은 자신에게 있는 증표가 아닌 "믿음으로 말미암아" 산다고 기록된 것이다(히 2:4, 히 10:38).[21]

식민지의 지도자로서 종종 "코네티컷의 아버지"라고 불린 토머스 후커(Thomas Hooker, 1586-1647)는 그 어떤 청교도보다 자신을 성찰하는 일에 지나치리만큼 철저했다. 어떤 사람들은 후커가 믿음보다는 성령의 달콤함에 대해 신자들이 어떻게 반응하느냐에 더 큰 관심을 가졌다고 주장했다. 노만 페티드(Norman Pettit)는 "당대 어떤 설교자보다 구원의 순서를 철저하게 기술한 후커는 구원을 소망과 두려움이 공존하는 과정으로 생각했다. 인생이 그렇듯 구원의 과정에서도 사람은 기쁨과 의심을 만나게 될 것을 예상해야 한다는 것이다"[22]라고 썼다. 하지만 그러한 후커조차 영원한 생명에 대한 언약의 약속들은 감각이나 경험보다 훨씬 더 중요하다고 말했다. 후커는 이렇게 썼다. "한 사람의 믿음은 아무것도 느껴지지 않을 때 오히려 더 강해질 수 있다. 그러므로 감각이나 느낌을 멀리하고, 약속을 향해 나아가라."[23]

뿐만 아니라 하나님의 약속에 대한 가장 적은 수준의 믿음이라도 충만한 확신의 믿음과 동일한 효력을 가지고 있음이 밝혀질 것이다. 바위와 연결된 거미줄이 바위에 내린 닻보다 훨씬 더 약하겠지만, 바위는

---

21 Brooks, 'A Cabinet of Choice Jewels', in *Works*, 3:502.
22 Norman Pettit, 'Hooker's Doctrine of Assurance: A Critical Phase in New England Spiritual Thought', *New England Quarterly* 47 (1974):534.
23 Pettit, 'Hooker's Doctrine of Assurance', 521에 인용된 Thomas Hooker, *The Soul's Implantation* (London, 1637), 233.

강력함에 있어 차이가 없다. 그러므로 그리스도와 그분의 약속을 의지하는 약한 믿음은, 주 예수 그리스도께서 충만한 확신의 믿음을 가진 사람에 대해서와 마찬가지로 떨고 있는 영혼에 대해서도 여전히 구원의 반석이 되신다는 사실을 발견할 것이다. 이에 대해 브룩스는 다음과 같이 선언했다.

> 가장 적은 분량의 은혜라도 그것이 진짜이기만 하다면, 구원받기에 충분하다. 그 이유는 생명과 영광, 죄사함과 구원, 영원한 행복과 축복 등에 대한 약속들은 은혜의 분량이 아닌 은혜에 속한 진리로 인해 주어졌기 때문이다. 그 약속들은 또한 승리에 대한 믿음이 아닌 진리에 대한 믿음으로 인해 주어졌다. 그러므로 최소한의 은혜에 대한 감각과 증거, 아니 최소한의 은혜에 대한 최소한의 감각과 증거라도 어느 정도의 확신을 제공할 수 있다.[24]

결론과 적용

『천로역정』에서 그리스도인이 의심의 성에 갇혀 있을 때, 절망의 거인이 그를 때리면서 다음날 죽여 버리겠다고 위협했다. 하지만 그날 밤 그리스도인은 자신의 주머니에 '약속의 열쇠'가 있다는 사실이 생각났다. 그는 그 열쇠를 사용해 재빨리 성의 모든 자물쇠를 열고 도망쳤다. 번연이 전하고자 하는 메시지는 정확하다. 이 모든 약속이 우리에게 주어졌

---

24 Brooks, *Works*, 3:259.

다는 사실을 믿기 위해 우리에게 필요한 것은 주관적인 계시나 체험이 아니라는 것이다.

우리 마음이 절망적으로 부패하였기에 우리가 하나님의 약속들을 신뢰하고 있더라도 자칫 자신을 속이고 있을지 모른다는 생각에 두려움이 밀려올 때, 반드시 기억해야 할 사실이 있다. 바로 하나님은 자신의 말씀을 통해 예수 그리스도 안에 있는 하나님의 약속들을 우리 발앞에 부어주시며, 우리 같은 불쌍한 죄인들이 자유롭게 사용하도록 허락하신다는 사실이다. 하나님은 친히 주신 약속들을 자녀들이 선하게 사용하는 모습을 보고 싶어 하신다. 그 약속들을 그대로 마음에 품고 믿는 것, 즉 이 약속의 내용 되시는 예수 그리스도를 믿는 것을 부끄러워해서는 안 된다. 이같이 행동할 때, 우리는 절망의 거인이 힘을 잃어 우리를 묶어두지 못하는 것을 놀랍고 기쁘게 지켜보게 될 것이다. 그리스도 안에 주어진 하나님의 복음의 약속들은 사탄과 그의 졸개들이 가진 모든 무기보다 더 강력하다. 마이클 바렛(Michael Barrett)이 말하듯, "구원의 확신은 긍정적인 사고의 능력의 결과로 주어지는 것이 아니다. 구원의 확신은 예수 그리스도의 복음이 가진 능력에서 흘러나온다."[25]

하지만 이렇게 질문하는 독자들이 있을 것이다. 내가 정말 그리스도 안에 주어진 하나님의 약속들을 따라 살고 있는지, 그래서 그 약속들에 대해 구원 얻을 정도의 관심을 갖고 있는지, 또한 그 약속들로부터 믿음의 확신을 갖고 있는지 어떻게 알 수 있는가? 토머스 브룩스는 "자

---

25 Barrett, *Complete in Him*, 264.

신이 하나님의 약속들에 대해 실제적이고 구원 얻을 만한 관심을 가지고 있는지 아닌지 알 수 있는" 아홉 가지 방법을 제시했다.[26] 이 테스트 중에 많은 항목이 그리스도 안에 있는 객관적인 하나님의 약속들을 적절히 수용할 때 신자 안에 맺히는 주관적인 열매들을 다룬다. 그 열매에는 다음과 같은 것들이 있다.

- 내 영혼을 하나님의 약속에 맡기고, 그 약속들을 자신에게 맞게 이해한다.
- 하나님의 명령에 기쁨으로 순종하면서 약속의 말씀이 나에게 속해 있다는 확신을 드러낸다.
- 많은 반대와 낙심과 어려움을 극복하며 하나님이 자신의 약속들을 성취하실 때까지 기다린다.
- 믿음, 회개, 사랑, 두려움, 소망, 그리고 인내 등과 같이 하나님이 약속하신 은혜를 내 안에 가지고 있다.
- 하나님의 약속들을 나의 일용할 양식으로 삼고 그 약속들을 따라 살아간다.
- 믿음으로 그리스도와 연합하고 그분의 신부가 된다.
- 하나님의 약속 가운데 하나라도 받아들이고 있다면, 감히 하나님의 모든 약속에 대한 지분이 있다는 결론에 이른다.
- 큰 환란 가운데서도 하나님의 보배로운 약속을 향해 달려간다.

---

26 Brooks, *Works*, 3:254-9.

- 하나님의 약속들을 이 세상 그 어떤 것보다 더 귀하게 여긴다.

버지스도 이에 동의하면서, 하나님의 약속들은 진공 상태에 홀로 존재하는 것이 아니라고 말했다. 그 약속들은 영혼에 적용되어 확신을 만들어 낸다. 그리고 그 적용을 통해 "거룩하고 겸손한 삶을" 살게 한다. 이를 증명하기 위해 버지스는 고린도후서 7:1을 인용한다. "그런즉 사랑하는 자들아 이 약속을 가진 우리는 하나님을 두려워하는 가운데서 거룩함을 온전히 이루어 육과 영의 온갖 더러운 것에서 자신을 깨끗하게 하자." 그리고 버지스는 "하나님이 우리에게 은혜로운 분이라고 느끼면 느낄수록 우리는 더욱 더 겸손하고 겸비한 모습을 보이게 된다"고 결론 내린다.[27]

버지스와 그의 동료들은 믿음이 붙잡은 객관적인 약속에는 실패가 없는데 이는 그것이 하나님의 포괄적이고 신실한 언약의 약속이기 때문임을 반복해서 상기시킨다. 결과적으로 주관적인 증거가 필요하기는 하지만 언제나 이차적인 것으로 간주해야 한다. 주관적인 증거는 하나님의 역사를 바라보고 있을 때마저 인간의 확신이나 감정과 뒤섞여 버리는 일이 잦기 때문이다. 구원하는 믿음의 모든 활동은 그리스도 안에 있는 하나님의 약속들에 대한 주요 근거를 어느 정도 파악할 수 있다.

---

27 Burgess, *The True Doctrine of Iustification*, 272.

6장
은혜의 증거를 통해 얻는 확신

오늘날 많은 설교자들을 포함해 일부 그리스도인들은 5장의 주제인 하나님의 약속들을 통해 얻는 확신이야말로 확신 교리의 처음과 마지막이라고 생각한다. 그들은 그리스도 안에 있는 하나님의 약속들이 확신의 가장 중요한 근거라면, 그 외에 아무것도 필요하지 않다고 추론한다. 인간은 본성적으로 속이는 존재이므로 사람들은 자신 안에 있는 은혜의 표지나 열매를 구하지 않는 것이 최선이라고 생각한다. 우리 자신 밖에서 찾는 객관적인 확신이야말로 우리에게 필요한 전부라는 것이다. 자기 점검은 우리가 거짓된 자긍심으로 거드름을 피우게 하거나 아니면 반대로 우리 안에 얼마나 많은 죄가 여전히 살아 있는지 보면서 절망에 빠지게 한다는 것이다.

이들의 말에도 진리의 요소가 있다. 성경, 예수님, 성령과 상관없이 자기 자신을 잣대로 스스로를 점검한다면, 우리는 항상 실수하게 될 것이다. 심지어 장 칼뱅은 이런 자기 점검이야말로 우리를 확실히 지옥으로 보낼 것이라고 말했다.[1]

그러나 칼뱅은 이와 다른 면에 대해서도 언급했다. 칼뱅은 구원을 위해 오직 하나님의 약속들만 믿고 있기에 은혜와 구원에 대한 확신이 있다 말하면서도 삶에서는 그 고백에 어울리는 열매를 맺지 못한 채 살아가는 많은 그리스도인이 있음을 발견했다. 오늘 이 시대에는 그런 이들이 얼마나 더 많은가? 스스로 그리스도인이라 주장하지만 겨우 소수만이 자신의 삶을 통해 구원하는 참된 믿음을 반영하고 있다. 이것을 예수님은 다음과 같이 표현하셨다. "그들의 열매로 그들을 알지니"(마 7:16). 뿐만 아니라 사도 요한 역시 자신이 참된 신자라는 확신을 가지고 있다면 우리가 소유해야 마땅한 열매가 무엇인지 반복해 설명한다(요일 2:3, 5, 3:14, 5:2).

회심의 증거는 회심이 맺는 열매에 있다. 우리가 얼마나 체험했는지, 혹은 체험의 종류나 지속 기간이 어떤지, 혹은 어떤 단계에 있는지는 중요하지 않다. 물론 하나님은 신자를 구원하실 때 일반적으로 그들이 죄와 하나님의 진노에 대해 각성하도록 하신 후에 믿음을 주시고 그리스도 안에서 평강을 누리도록 하신다. 하지만 일정한 패턴의 체험이 회심에 필수적인 것은 아니다. 오히려 실질적인 열매를 맺는 과정 속에 나

---

[1] 자기 점검에 대한 칼빈의 견해에 대해서는 나의 책 *Quest for Full Assurance of Faith*, 59-64를 보라.

타나는 새로운 본성이야말로 회심에 필수적이다. 조나단 에드워즈는 이렇게 강조했다. "하나님의 말씀 속에서 유익을 얻는 사람들이 그 외의 다른 사람들과 다른 점은 그들이 하나님의 말씀을 이해하고 그 말씀에서 비롯된 열매를 맺는다는 것이다."[2]

그렇다면 오늘날 자기 점검은 어떻게 이루어져야 할까? 우리가 맺고 발견해야 하는 열매에는 어떤 것이 있을까? 이 열매를 찾는 일을 어떻게 수행해야 할까? 우리가 찾는 이 작업이 정확하다고 어떻게 확신할 수 있을까? 사려 깊은 그리스도인들은 과거에나 지금이나 여전히 이와 같은 종류의 질문을 던진다.

웨스트민스터 신앙고백 역시 같은 질문을 한다. 신앙고백 18조 2항 후반부에서 믿음의 확신은 믿음이 붙들고 있는 하나님의 약속에만 기초를 두지 않는다고 하면서 이렇게 말한다.

> … (믿음의 확신은) 이 약속들로 주어진 은혜의 내적 증거와 우리 영과 더불어 우리가 하나님의 자녀라고 말씀하시는 양자의 영의 증언에 근거를 두고 있다. 이 성령은 우리가 구속의 날까지 인치심을 받게 하는 우리 기업의 보증이다.

---

2   *WJE*, 16:748; 14:243-5.

확신의 논리

청교도들은 그리스도의 임재를 보여 주는 삶을 사는 신자가 되기를 갈망했다. 그들은 신자 안에 있는 하나님의 은혜가 믿음의 실재성을 확증한다고 확신했다. 윌리엄 에임스(William Ames)는 "언약의 약속을 바르게 이해하는 사람은 자신 안에 참된 믿음과 회개가 있다는 것을 인식하기 전까지 구원을 확신할 수 없다"고 말했다.[3] 청교도들은 소위 믿음의 반사 또는 반성적 행위에 기초한 '삼단논법'으로 불리는 논리적 주장을 이용해 신자 안에 역사하시는 하나님의 은혜를 찾았다.[4] 삼단논법과 믿음의 반사적 행위라는 말이 무슨 의미인지 선뜻 잘 이해가 되지 않는다. 하지만 사실 그렇게 어려운 말은 아니다. 왜냐하면 우리는 거의 매일 일상생활에서 본능적으로 이런 방법을 사용해 자신을 점검하고 있기 때문이다. 간단히 말하면 다음과 같다. 믿음의 반사적 행위를 통해 성령께서는 신자 안에서 일어나는 자신의 사역에 빛을 비추시어 그로 하여금 자신의 믿음이 구원하는 믿음이라고 결론 내릴 수 있도록 하신다. 왜냐하면 이 믿음의 행위에는 구원하는 특성이 있기 때문이다. 그러므로 확신의 논리에는 하나님과 그분의 말씀에 대한 반응으로서 믿음 자체를 바라보거나 행위에 믿음이 반영된 것을 보는 믿음의 행위가 포함된다. 이에 대해 버지스는 다음과 같이 말했다.

---

3 William Ames, *The Marrow of Theology*, trans. John D. Eusden (Boston: Pilgrim Press, 1968), 1.3.22.
4 John Flavel, *The Works of John Flavel* (reprint ed., London: Banner of Truth Trust, 1968), 2:330.

첫째, 영혼의 직접적인 행위가 있다. 영혼은 이 행위를 통해 즉각적으로 직접 어떤 대상에 대해 반응한다. 둘째, 영혼의 반사적 행위가 있다. 이를 통해 영혼은 영혼이 하는 행동을 생각하고 관찰한다. 이는 마치 사람의 눈이 자기를 보기 위해 방향을 안쪽으로 돌리는 것과 같다. 사도 요한은 이를 다음과 같이 잘 설명했다. "우리가 그를 아는 줄로 알 것이요"(요일 2:3). 그러므로 우리가 하나님을 믿을 때 이는 그 영혼의 직접적인 행위다. 죄는 하나님의 명예를 손상시키므로 우리가 죄를 회개할 때 이는 그 영혼의 직접적인 행위다. 하지만 우리가 믿는다는 사실을 알 때, 그리고 우리가 우리 죄를 회개한다는 사실을 알 때, 이것은 반성적 행위다.[5]

버지스와 청교도들은 확신을 강화시켜 주는 방식으로, 서로 밀접하게 관련되어 있으면서도 구분되는 두 개의 삼단논법에 대해 말했다. 바로 실천적 삼단논법(practical syllogism, 외적)과 신비적 삼단논법(mystical syllogism, 내적)이다.[6] 실천적 삼단논법은 신자의 성화와 매일의 선한 행위에 기초한다. 이것은 순종하는 신자의 삶을 강조하는데, 이는 그가 은혜를 체험한 사람이라는 것을 확증한다. 이 실천적 삼단논법의 원리는 다음과 같다.

대전제: 성경에 따르면, 구원하는 믿음을 가진 사람만이 그들의 삶에

---

5 *Spiritual Refining*, 672.
6 Cornelis Graafland, 'Van syllogismus practicus naar syllogismus mysticus', in *Wegen en Gestalten in het Gereformeerd Protestantisme*, ed. W. Balke, C. Graafland, and H. Harkema (Amsterdam : Tom Bolland, 1976), 105-122.

성화와 선행의 열매가 나타나고 있다는 성령의 증언을 받을 것이다.

소전제: 나는 하나님의 은혜로 내 삶에 성화와 선행의 열매가 나타나고 있다는 성령의 증거를 받았음을 부인할 수 없다.

결론: 그러므로 나는 구원에 합당한 믿음을 갖고 있다.

이 실천적 삼단논법은 바른 가르침(orthodoxy)은 바른 실천(orthopraxy)을 만들어 낸다는 성경 말씀에 기초한다. 곧, 바르게 믿으면 바르게 살 수밖에 없다는 말이다.[7] 바울은 일반적으로 자신의 서신서를 쓸 때 이와 같은 이중적인 순서를 따랐다(예를 들어, 에베소서 1-3장에는 바른 가르침이 있고 에베소서 4-6장에는 바른 실천이 등장한다). 또한 청교도들의 설교를 보면 같은 구조로 되어 있다. 먼저 교리를 설교하고, 다음으로 실천(적용)을 설교했다. 그들은 설교란 모름지기 믿음으로 듣고 믿음으로 행하고 살아내야 한다고 주장했다. 성화는 반드시 칭의 뒤를 이어야 하는데 그 이유는 이 두 가지 모두 그리스도와의 연합으로부터 흘러나오기 때문이다. 하나님의 약속을 받아들이면 일상에서 그 약속을 따라 살지 않을 수 없다. 성화와 선행은 그 사람이 선택되었음을 눈으로 볼 수 있게 해 준다. 결국 청교도들은 미덕과 지식과 절제와 인내

---

[7] Ryan Glomsrud, 'The Problem of Assurance', *Modern Reformation* 21, no. 2 (2012):58-9.

와 경건과 형제 사랑을 믿음의 열매로 강조하는 베드로후서 1:5-10[8]과 그리스도인의 생활을 강조하는 요한일서와 같은 본문들이 실천적 삼단논법을 통해 확신을 얻도록 도와준다는 사실을 강조했다. 요한일서에는 간단한 형태의 실천적 삼단논법이 자주 등장한다. 예를 들어 "우리가 그의 계명을 지키면 이로써 우리가 그를 아는 줄로 알 것이요"(2:3)와 같은 말씀이 그렇다. 이는 다음처럼 이해할 수 있다. "하나님을 아는 사람은 하나님의 명령을 지킨다, 나는 하나님의 명령을 지킨다, 그러므로 나는 내가 하나님을 안다는 것을 안다(참조. 3:14, 5:2)."

윌리엄 퍼킨스는 요한일서로부터 신자가 자신을 삼단논법의 방식으로 점검할 수 있는 추가적인 은혜의 표지 혹은 표징을 찾아 제시한다. 각각의 경우 대전제는 일반적으로 신자들에게 해당되는 것으로, 당신에게서 이런 것들을 발견하면 자신이 그리스도인임을 확신해야 한다. 퍼킨스가 제시한 목록은 다음과 같다.

1. 삶과 신앙에 있어 신실한 모습은 하나님과 교제를 나누고 있다는 표지다(1:7).
2. 하나님께 자기 죄를 겸손히 고하는 것은 죄사함을 받았다는 표지다(1:9).
3. 하나님과 하나님의 은혜를 기뻐하는 것은 구원하는 믿음이 있다는

---

8 Cornelius Burgess, *A Chain of Graces drawn out at length for a Reformation of Manners. Or, A brief Treatise of Virtue, Knowledge, Temperance, Patience, Godliness, Brotherly kindness, and Charity, so far as they are urged by the Apostle, in 2 Pet. 1. 5, 6, 7* (London, 1622), 32.

표지다(2:13).

4. 세상의 정욕을 피하는 것은 그리스도에 대한 사랑의 표지다(2:16).
5. 마음에 내주하시는 하나님의 성령은 견인의 표지다(2:20).
6. 복음에 대한 지식과 순종으로 인내하는 것은 그리스도와 교제를 나누고 있다는 표지다(2:25).
7. 스스로 정결하게 하는 것은 양자 됨에 대한 표지다(3:3).
8. 경건한 사람이라는 이유로 그리스도인을 사랑하는 것은 하나님의 자녀라는 표시다(3:14).
9. 마음속에서 일어나는 긍휼은 사랑의 표지다(3:17).
10. 긍휼의 사역은 사랑의 표지다(3:18).
11. 담대히 기도하는 것은 평안한 영혼의 표지다(3:20).
12. 우리를 거룩하게 하시는 성령의 역사는 하나님과 교제를 나누고 있다는 표지다(3:24).
13. 거룩한 하나님을 닮는 것은 특히 우리를 향한 하나님의 사랑의 표지다(4:17).
14. 하나님을 향한 우리의 사랑은 하나님이 우리를 사랑하신다는 표지다(4:19).[9]

신비적 삼단논법은 대체로 신자의 내적인 활동과 성화의 진보에 기초를 둔다. 이 신비적 삼단논법은 내적인 사람에게 더 초점을 두고 있으

---

9 Perkins, *Works*, 1:423-8.

며 다음과 같이 진행된다.

> **대전제:** 성경에 따르면, 구원에 합당한 믿음을 가진 사람만이 자아는 쇠하고 그리스도는 흥하는 내적인 은혜와 경건에 대한 성령의 확증을 경험한다.
>
> **소전제:** 나는 하나님의 은혜로 자아는 쇠하고 그리스도는 흥하는 내적인 은혜와 경건에 대한 성령의 확증을 경험했음을 부인할 수 없다.
>
> **결론:** 나는 구원에 합당한 믿음을 갖고 있다.

신비적 삼단논법에는 다양한 증거가 있다. 버지스는 이렇게 말했다. "때로는 하나님에 대한 두려움이, 때로는 영혼의 궁핍함이, 때로는 의에 대한 굶주림과 목마름이, 때로는 회개가, 때로는 사랑이, 때로는 인내가 표지가 된다. 경건한 사람이 자신에게서 이 모든 증거를 다 발견하지는 않더라도, 그 중 일부를 발견할 수 있다면 그는 자신의 구원과 칭의에 대해 확신할 수 있다."[10]

1640년대에 이르러 청교도들은 신비적 삼단논법을 실천적 삼단논법과 비슷한 권위로 받아들였다.[11] 그 결과 버지스를 포함한 몇몇 청교도들은 "내가 신자인지 아닌지 어떻게 알 수 있는가?"라는 양심의 질문에 신비적 삼단논법에서 말하는 내적 성화의 표지와 실천적 삼단논법

---

10 *Faith Seeking Assurance*, 115 (*Spiritual Refining*, 41).
11 Graafland, 'Van *syllogismus practicus* naar *syllogismus mysticus*', 105.

에 해당하는 선행의 표지를 조합해 대답하는 쪽을 선호했다. 예를 들어, 확신에 대한 열 편의 설교를 한 후 버지스는 은혜의 참된 표지에 대한 여덟 편의 메시지와 거짓 표지에 대한 열다섯 편의 메시지를 전했다. 참된 표지로는 순종, 신실함, 죄에 대한 반대와 거부, 내주하는 죄에 대한 슬픔, 하나님의 점검에 대한 열린 태도, 은혜 안에서의 성장, 의무의 영적 이행, 경건한 사람들을 향한 사랑 등이 있다. 구원하는 은혜에 미치지 못하는 표지로는 교회의 외적인 특권, 영적인 은사들, 거룩한 것을 향한 정서, 영적 진리에 대한 판단과 견해, 그리스도를 위해 당하는 엄청난 고난, 엄격한 신앙생활, 거짓된 예배 속에 있는 열정, 하나님의 율법에 대한 외적인 순종, 여러 종교적 진리에 대한 믿음, 평온한 마음씨, 하나님의 사랑에 대한 신념, 외적인 성공, 세상적인 형통과 위대함, 끔찍한 죄를 버림 등이 있다. 거짓 표지에 대한 메시지는 "구원받기 어렵거나 어떤 의미에선 불가능함에도 불구하고" 사람들이 이 문제를 얼마나 쉽게 생각하는지에 대한 설교로 마친다.

"표지들의 단계에 따라 진행되는 합법성과 의무", 곧 확신에 대한 개인적인 감각을 키우기 위해 내적인 은혜의 증거를 사용하는 것에 대한 설교에서 버지스는 두 가지 삼단논법과 믿음의 반사적 행위에 대한 여섯 가지 반론에 맞섰다. 다섯째 반론을 다루면서 버지스는 이 문제의 핵심으로 접근했다.

반론 5: 표지들을 통해 확신을 가지는 것은 불가능하지 않을지 몰라도 최소한 어려운 것임에 틀림없다. 형제 사랑과 같은 표징은 그것이 어떤 사랑인지 먼저 설명되어야 한다. 즉, 그들이 형제라는 이유로 이런 사랑이 나오는지, 그리고 정직한 원리, 순전한 동기에서 이런 사랑이 파생되는지 설명되어야 한다. 그런데 그것들은 다른 많은 특징과 함께, 은혜 자체의 내적 뿌리만큼이나 알기가 어렵다.

대답 1 : 첫째, 성경은 은혜에 대한 다양한 표지와 징후들을 제시한다. 그러므로 어떤 사람이 자신에게 모든 표지는 아니더라도 그 중 몇 가지, 아니 하나라도 발견한다면, 나머지 전부도 있다고 결론 내릴 수 있을 것이다. 왜냐하면 은혜에 대한 전체적인 조화와 연관성이 그 모든 적절한 특징을 구비하고 있는 하나님의 형상과 비견되기 때문이다. 그러므로 그리스도인이 자신에게서 성령의 흔적을 거의 발견하지 못한다고 해서 성령의 흔적이 아예 없다고 의심하는 것은 옳지 않다.

대답 2 : 이중적인 지식이 있다. 하나는 분명히 드러나는 지식이다. 이것은 연역적인 지식으로서 원인에서 결과로 나아가는 지식이다. 이를 통해 우리는 은혜의 원리와 뿌리가 우리 안에 있으며, 그 결과 열매로 드러나게 된다는 것을 안다. 다른 하나는 보다 일반적인 지식으로 결과에서 원인에 이르는 귀납적인 지식이다. 이 지식으로 우리는 강줄기에서 수원지로 거슬러간다. 이런 종류의 지식이 우리가 이해하기에 가장 쉽다. 또한 우리는 결과에서 원인으로 향하는 관점에서 생각하려는 경향이 강한 것도 사실이다. 성령께서는 일반적으로 이와 같은 방식으로 우리를 인도하신다. 왜냐하면 이 방식이 우리의 본성에 가장 부합되기 때문이다.

대답 3 : 어떤 사람이 몇 가지 표지들에 대해 의심할 수 있다 해도, 그가 모든 표지를 철저히 의심하고 있다는 것은 아니다. 왜냐하면 그가 어떤 한 표지를 다른 표지보다 선호하거나 한 표지를 다른 표지보다 더 쉽게 인식하도록 유혹받을 수 있기 때문이다. 그러므로 경건한 사람은 잘 알고 있는 지식보다는 덜 알고 있는 지식에서 논의를 시작할 것이다.[12]

버지스는 신자들이 확신을 가지도록 돕기 위해 성령의 사역에 관한 삼단논법을 사용했다. 그는 데오도르 베자와 윌리엄 퍼킨스와 같은 다른 개혁주의자들의 전통 안에서 신자들이 구원의 순서와의 연관성을 이해함으로 "푯대를 향하여 그리스도 예수 안에서 하나님이 위에서 부르신 부름의 상을 위하여"(빌 3:14) 달려가도록 했다. 버지스는 이렇게 말했다. "어떤 은혜의 표지의 경우 다른 사람보다 나 자신 안에서 발견하는 것이 더 어려우므로, 발견하기 쉬운 것에서 어려운 것으로 진행시켜야 한다."[13]

자유의지에 대한 함축적 의미?

버지스는 믿음의 반사적 행위 속에 자유의지적 요소가 함축되어 있음을 알았다. 그래서 그는 삼단논법을 더 깊이 분석함을 통해 그 요소를 은혜의 교리라는 범주 안에 두려고 애썼다.

---

12 *Faith Seeking Assurance*, 146-8 (*Spiritual Refining*, 52-3).
13 *Faith Seeking Assurance*, 148 (*Spiritual Refining*, 53).

첫째, 버지스는 삼단논법을 성령의 역사로 간주했다. 모든 신자에게는 성령과 별개로 스스로를 신뢰하거나 그 신뢰를 바탕으로 내린 결론을 신뢰하는 것이 금지되었다. 버지스는 성령의 사역과 믿음의 추론적, 반사적 행위를 분리시켜서는 안 된다고 주장했다.

> 우리는 성령의 은혜들이 저절로 증거할 수 있거나 증거한다고 말하지 않는다. 왜냐하면 보증과 증거는 성령을 통해 효력을 발휘하며, 성령께서 자신을 알리시는 유일한 수단이기 때문이다. 대상을 비추는 빛이 없으면 그 대상의 색깔이 무엇인지 알 수 없듯이, 성령의 도우심 없이는 하나님이 우리를 위해 행하신 선한 것들을 볼 수 없다. … 철학에서는 이성이 삼단논법에서 대전제와 소전제를 만든다. 영적인 일에서는 성령께서 사람이 삼단논법을 만들어 신자를 위로하고 세우게 하신다.[14]

버지스는 삼단논법을 적용해 확신을 증진시키기를 원한다면 "무엇보다 하나님께 성령을 주셔서 우리 눈을 밝혀 달라고 기도해야 하는데 … 이는 성령께서 모든 확실성의 원인이 되시기 때문이다"라고 결론 내렸다.[15]

성령께서 어떻게 이 사역을 감당하시는지 최대한 간단히 설명해 보겠다. 성령께서는 우리 영혼 안에 은혜의 표지를 만드신다. 성령께서는 우리 본성을 변화시키며, 우리를 새로운 피조물로 만드시고, 속에서부

---

14 *Faith Seeking Assurance*, 142, 149 (*Spiritual Refining*, 51, 54).
15 *Faith Seeking Assurance*, 162 (*Spiritual Refining*, 59).

터 새롭게 하시며, 우리 안에 진정한 믿음과 회개가 일어나게 하시고, 더 나아가 우리가 순종의 삶을 살게 하신다. 그리하여 우리가 그리스도의 의에 주리고 목마르게 하시고, 또 우리가 성령에 속한 것들을 생각하고 마음에서부터 모든 십계명을 완전히 순종하게 하신다. 그리고 이 모든 것을 우리 안에서 시행하신 후에 자신이 우리 안에서 행하신 일을 보여 주신다. 비록 우리가 원하는 만큼 은혜의 표지들을 가지고 있지 않더라도, 최소한 그 중 일부는 경험적으로 가지고 있으며 우리에게 소중하다는 것을 우리 양심은 부인하지 못한다. 그리고 우리는 성령 없이는 그 표지들 중 아무것도 가질 수 없음도 알고 있다.

예를 들어, 모든 신자는 자기 속에서 역사하시는 성령 없이는 그리스도의 의에 주리고 목마르지 못한다는 것을 가슴 깊이 알고 있다(마 5:6). 성령께서 내 안에서 이것이 사실이라고 증거하시는 순간, 내 양심도 나와 함께 내가 그리스도의 의에 주리고 목마르다는 사실을 부인할 수 없다고 증거한다. 성령의 은혜로 나는 내가 그리스도와 그분의 의와 구원을 열망한다는 사실을 알고 있음을 안다.

둘째, 버지스는 삼단논법이 살아 계신 말씀이신 예수 그리스도에게서 흘러나오며, 기록된 말씀을 뼈대 삼아 거기에 기초하고 있다고 말했다. 믿음의 반사적 행위는 자신이 하나님의 말씀에 순종할 때 자신 안에서 그리스도의 특별한 은혜를 보는 신자에게서 일어난다. 버지스는 이렇게 말했다. "사도 요한이 우리에게 자신을 점검하고 증명하라고 명령할 때, 그는 우리가 의심하는 것들을 측정하고 조절할 수 있는 확실한 기준과 규칙이 있다고 생각했다. 바로 하나님의 말씀이 그것이다. …

태양 빛이 반딧불에서 나오는 빛과 다르듯 성경적인 경건은 도덕적인 사람의 경건과 다르다."[16]

셋째, 버지스는 삼단논법과 반사적 행위는 단지 이차적인 지위를 가질 뿐이라고 말하며 다음과 같이 주장한다.

우리 안에 있는 은혜들을 인지하게 되면 약간의 위로가 있겠지만, 그리스도께서는 우리에게 훨씬 더 큰 위로가 된다. 왜냐하면 은혜는 그저 그리스도의 하인이며 종에 불과하기 때문이다. 여러 은혜들은 그리스도에게서 나오는 징표에 불과하지 그리스도 자신이 아니다. 사람은 자신의 죄뿐 아니라 자신 안에 있는 은혜에서도 나와 그리스도께로 가야 한다. …

그러므로 내적인 의에 대한 갈망으로 인해 전가된 의를 잊어버리지 않도록 하라. 다시 말해, 신랑을 대신해 신랑의 친구들을 취해서는 안 된다는 말이다. 하나님의 백성이 종종 어둠 가운데서 빛도 없이 거하게 되는 한 가지 이유는 바로 이렇게 하지 못하기 때문이다. 실상 그들에게는 하나님과 함께 거하게 하는 하나님의 사랑에 대한 평안한 증표가 없다.[17]

그러므로 이러한 삼단논법과 믿음의 반사적 행위가 적절하게 작용할 때 그 기초가 그리스도임을 기억하는 것이 중요하다. 신자는 그리스도와 그의 부활의 권능을 알기 위해 그리스도가 아닌 모든 것을 그저 해와 배설물로 여기는 것을 배운다(빌 3:10). 결국 적절한 자기 점검을

16　Faith Seeking Assurance, 154 (Spiritual Refining, 56).
17　Faith Seeking Assurance, 156 (Spiritual Refining, 57).

통해 신자들은 (하나님의 은혜로 말미암는) 자신의 강함과 (부패한 옛 본성에서 기인하는 질병에서 비롯된) 연약함을 인정한다. 그리고 퍼킨스가 말했듯 그들은 "자신이 아닌 그리스도 안에서 만유 가운데 만유가 되기 위해" 그리스도께로 이끌림을 받는다.[18]

브룩스는 다음과 같이 기록했다. "우리는 천국으로 가는 동안 우리를 지지하고 위로하고 격려하기 위해 우리의 은혜로운 상태를 입증하는 증거와 특징들을 적절한 방법으로 사용할 수 있고 또 그렇게 해야 한다. 하지만 그때에도 그리스도께 복종하고, 예수님의 인격과 피와 의를 믿는 생명력 있는 믿음의 활발한 행위에 복종해야 한다."[19] 브룩스가 "활발한 행위"라는 말에서 의미하는 바는 믿음으로 수백 번, 심지어 수천 번이라도 예수님께 달려가되 점점 더 그분과 깊은 사랑에 빠져 들어가는 것이다. 그리스도께서 우리에게 대단히 귀중한 분이 되신다면, 또한 바울처럼 우리도 그분 외에 다른 모든 것을 쓰레기로 여긴다면(빌 3:10) 우리의 구원을 의심하는 일은 일어나지 않을 것이다. 고로 그리스도와 나누는 교제는 천국을 미리 맛보는 것이다. 성령께서는 말씀을 통해 우리 영혼에 그리스도를 보여 주심으로써 우리의 정서를 자극하시고, 우리의 양심은 그리스도께 기초를 둔 이런 정서를 통해 성령의 증언과 더불어 우리가 하나님의 자녀임을 증명할 것이다. 그때 우리는 자신이 그리스도께 속하였고, 그리스도께서는 우리에게 속했다는 사실을 객관적으로만이 아니라 주관적으로도 믿을 수 있다(하이델베르그 요리문

---

18 Perkins, *Works*, 2:44.
19 Perkins, *Works*, 3:237.

답 1문 참조).

확신에서 주관적인 인식과 객관적인 인식 사이의 긴장을 해결하는 최고의 방법은 이 두 가지 인식이 모두 그리스도께 의지하며, 모든 것을 그분에게서 공급받고, 그분 안에서 모든 것이 끝나도록 하는 것이다. 그리스도 안에서 객관적인 약속과 주관적인 경험은 상호 보완적인 관계를 이루게 된다.

두 삼단논법과 믿음의 반사적 행위 실천하기

그렇다면 이 모든 것은 실제로 어떻게 역사할까? 어느 날 당신이 하나님에게서 멀어져 영적으로 살지 못하며 믿음이 미지근하게 느껴지는 상태에 있다고 가정해 보자. 거의 기도도 하지 못한 채 당신에게 진정 믿음이 있는지 의심하게 될 것이다. 성경을 펼쳐보지만, "만일 우리가 우리 죄를 자백하면 그는 미쁘시고 의로우사 우리 죄를 사하시며 우리를 모든 불의에서 깨끗하게 하실 것이요"(요일 1:9)처럼 과거에는 당신에게 정말 소중했던 하나님의 약속들도 이제 무의미하고 동떨어진 말씀처럼 느껴진다. 이때 어떻게 해야 하는가? 버지스와 청교도들은 성경에 주어진 은혜의 증거 몇 가지를 찾아 그 약속에 빛을 비춰 달라고 성령께 간구하라고 말할 것이다. 그런 다음에 당신의 삶을 반추해 보며 당신이 이 증거 가운데 하나를 경험했다고 확신을 갖고 말할 수 있다면, 비록 다른 증거들을 발견하지 못했더라도 자신이 하나님의 자녀임을 확신할 수 있다. 예를 들어 계속해서 요한일서를 보자면, "누구든지 그의 말씀을 지키는 자는 하나님의 사랑이 참으로 그 속에서 온전하게 되었나니 이로써 우리가 그의 안에 있는 줄을 아노라"(요일 2:5)는 말씀이 나온다. 그러면 이제 성령의 역사로 반사의 빛을 비춰달라고 기도하는 가운데 자신을 향해 "나는 정말 그리스도의 말씀을 지키는 사람인가?"라는 질문을 해 보라. 아마 자신이 최근에 얼마나 하나님의 말씀과 명령을 많이 어겼는지 생각날 것이다. 이 때는 "내 안에 지금 은혜의 증거가 있다 하더라도 많이 볼 수는 없어 두렵다"고 고백해야 한다. 포기해야 한다는 뜻이 아니다. 버지스는 그럴 때 다른 은혜의 증거로 나아가야 한다고 말한다. 계속 말씀을 읽다 보면 요한일서 3:14에 이른다. "우리는 형제를 사랑함으로 사망에서 옮겨 생명으로 들어간 줄을 알거니와 사랑하지 아니하는 자는 사망에 머물러 있느니라." 다시 자신을 향해 삼단논법으로 질문하라. 오직 하나님의 참된 자녀들만이 형제들에 대한 참된 사랑을 가지고 있다면, "나는 진실로 하나님의 백성들을 사랑하는가?" 어쩌면 이렇게 대답할 수 있을 것이다. "그렇다. 나는 내가 하나님의 백성에 대한 특별한 사랑을 가지고 있다는 사실을 부인할 수 없다. 나는 그들과 교제하고 싶다. 그들은 나의 진정한 형제와 자매다. 나는 그들 안에서 그리스도를 보기를 간절히 원한다." 그러면 내릴 수 있는 결론은 다음과 같다. "그러므로 나는 하나님의 자녀가 분명하다."

버지스에 따르면 핵심은 다음과 같다. 우리가 은혜의 표지 가운데 하나라도(이를 테면 형제사랑) 이해한다면, 하나님은 자신의 백성 안에서 완전한 구원 역사를 이루시므로 우리 역시 요한일서 2:5을 포함한 다른 모든 은혜의 표지를 지금 당장은 볼 수 없더라도 이미 가지고 있음을 알 수 있다. 이에 대해 윌리엄 퍼킨스는 다음과 같이 설명한다. 이는 목걸이 가장 아래에 있는 연결고리 하나를 당기는 것과 같다. 그 연결고리를 당기면, 나머지 다른 모든 연결고리도 당겨지게 될 것이다. 달리 말하면, 우리에게서 모든 은혜의 표지를 다 발견할 수는 없다고 해서 믿음의 확신을 잃을 필요가 없다. 오히려 성령께서 우리의 삶을 반추하는 빛을 비추심으로 우리가 은혜의 표지 하나라도 발견한다면, 믿음의 확신은 더욱 강력해질 것이다. 바로 그때 하나님이 주시는 다른 모든 은혜의 표지들도 우리에게 이미 주어졌음을 알고, 우리의 구원을 확신할 수 있기 때문이다. 불신자는 그 어떤 은혜의 표지를 가질 수 없다.

물론 그렇다고 해서 우리가 최소한의 은혜의 표지만을 가지고 살아야 한다는 의미가 아니다. 오히려 반대로 확신 가운데 잘 성장하는 사람은 은혜의 표지 안에서 성장한다. 그때 우리는 요한일서에 구체적으로 나와 있지 않은 수많은 은혜와 영적 건강의 표지들이 있음을 분명히 알게 될 것이다. 『영적 건강 처방전』이라는 좋은 책에서 돈 휘트니(Don Whitney)는 우리가 믿음을 가지고 있을 뿐만 아니라 믿음이 건강하게 자라고 있는지 확인하기 위한 열 가지 질문을 제시했다. 영적 침체를 겪으면 확신이 감소하므로 사실상 확신 안에서 성장하느냐는 질문은 여러 면에서 영적 성장에 대한 질문이 된다. 요한은 휘트니가 제시한 질문 가운데 하나(3번)에 대해서만 언급한다. 그러나 모든 질문이 건전하고 성경적인 은혜의 표지들이며, 우리가 자라야 할 모든 영역을 아우르고 있다. (1) 하나님을 향한 갈급함이 있는가? (2) 하나님의 말씀을 지속적으로 듣고 있는가? (3) 사랑이 더 풍성해지고 있는가? (4) 하나님의 임재에 더 민감해지고 있는가? (5) 다른 사람의 영적, 물질적 필요에 대해 더 관심을 갖고 있는가? (6) 그리스도의 신부인 교회를 즐거워하고 있는가? (7) 어떤 영적 훈련을 하고 있는가? (8) 여전히 죄에 대해 슬퍼하는가? (9) 전보다 더 빨리 용서하는가? (10) 천국에서의 삶을 기대하는가?[20]

토머스 브룩스 역시 은혜의 표지에 대한 어마어마한 목록을 제공하는데, 이를 통해 우리 자신을 점검해 볼 수 있다. 이 목록에는 영적 지식, 믿음, 회개, 순종, 사랑, 기도, 인내, 소망 등과 같이 구원을 동반하는 은혜와 열매(이에 대한 구체적인 내용을 115페이지나 기술함)뿐만 아니라 그리스도를 따르는 자들과 그렇지 않은 자들을 구분시켜 주는 여섯 가지 질문도 포함되어 있다. 그 질문은 다음과 같다. (1) 하나님께 인정받고 열납되기 위해 모든 의무와 봉사를 감당하고 있는가? (2) 경건한 상태에 이르기 위해 자신이 정한 원칙을 따라 수고하는가? (3) 우리 안에서 죄가 가려지는 것보다 치료되는 것이 가장 강력한 소망이며 이를 위해 최선을 다하고 있는가? (4) 수천 가지 지체 중에 그리스도를 머리로 하여 그분과 함께 연합되었는가? (5) 하나님과 우리 자신만 아는 내적인 오염과 가장 큰 싸움을 벌이고 있는가? (6) 머리 되신 그리스도께 순복하는가?[21]

브룩스가 이와 같은 질문을 던진 핵심적인 이유는 우리를 절망적인

---

20 Donald S. Whitney, *Ten Questions to Diagnose Your Spiritual Health* (Colorado Springs, Colo.: NavPress, 2001), 9. 『영적 건강 처방전』(터치북스).
21 Brooks, *Heaven on Earth*, 161-70, 173-288.

상태로 몰아가기 위해서가 아니라 우리 안에 있는 하나님의 역사의 흔적을 인식하고, 성령의 도우심과 증언을 통해 믿음과 확신 안에서 성장하기 위해 분투하게 하기 위해서다. 다른 청교도와 마찬가지로 브룩스 역시 우리 안에서 증언하시는 성령의 사역은 정도는 다양하더라도 여전히 진행 중임을 강조하길 원했다. 이는 성령을 통해 신자의 영혼 속에서 평생 매일 지속적으로 일어나야 할 탐구이자 활동이다. 이는 로마서 8:16에서 지속적인 활동을 의미하는 현재 시제 동사를 사용하면서 바울이 암시한 바와 같다. "성령이 친히 … 증언하시나니." 그러므로 그리스도인으로서 우리의 영적 생명이 건강하다면, 하나님의 말씀과 우리의 양심에 빛을 비추시는 성령의 지도와 함께 하나님의 약속에 의지함으로, 또한 여러 은혜의 증거를 통해 우리가 하나님의 자녀임을 증거하시는 성령으로 말미암아 확신 가운데 위로를 누리고 성장할 수 있을 것이다. 내 것으로 여겨지는 약속이 많아질수록, 자신의 삶을 반추할 때마다 더 많은 은혜의 증거를 볼수록 더 큰 확신을 가질 수 있을 것이다. 그러므로 그리스도 안에 주어진 하나님의 약속들과 은혜의 증거들은 남은 인생 동안 매일 누리는 확신을 위한 주식(主食)이 되어야 한다.

결론: 은혜의 표지에 대한 주의사항

확신을 얻기 위해 은혜의 표지를 사용하는 문제와 관련해 몇 가지 주의사항을 요약해 제시하면서 이 장을 마치려 한다. 주로 버지스가 말한 내용에서 빌려 왔다.

첫째, 은혜의 표지를 정의할 때 주의를 기울여야 한다. 한편으로는 이 세상에 사는 그 어떤 그리스도인도 가진 적 없는 표지를 구해서는 안 된다. 참된 그리스도인은 하나님의 명령을 지킨다(요일 3:24). 하지만 어떤 그리스도인도 자신에게 죄가 전혀 없다고 말할 수 있는 수준에 이르지 못했다(요일 1:8). 비록 하나님에 대하여 마땅히 주리고 목말라야 할 정도까지는 아니더라도, 진정으로 하나님에 대해 주리고 목마르다. 다른 한편, 불신자들도 가질 수 있는 수준에 해당하는 은혜의 표지를 구해서도 안 된다. 성례에 참여한다든지, 교리적으로 바른 믿음을 가지고 있다든지, 기독교적 봉사에 있어 큰 능력을 발휘한다든지 하는 것은 모두 중생하지 않은 사람에게서도 나타날 수 있는 것들이다.

둘째, 우리에게 있는 은혜를 오직 참된 기준인 하나님의 말씀을 통해서만 시험하라. 성경만이 우리의 발걸음을 인도하는 빛이다(시 119:105). 우리가 구원에 이를 수 있을 만큼 지혜롭게 만들어 주는 것은 바로 하나님의 지혜다(딤후 3:15).

셋째, 자신의 영혼을 위해 그리스도를 받아들이고 적용하는 데 표지가 방해가 되어서는 안 된다. 하나님과 화해하고 우리의 죄를 용서받기 위해 오직 그리스도만을 의지하라. 우리에게 있는 은혜는 그리스도에 대한 표지일 뿐 그 자체가 그리스도는 아니다.

넷째, 구원의 표지를 구원의 기초와 원인으로 생각하지 말라. 우리 삶 속에서 발견되는 하나님의 은혜에 대한 증거를 자랑하고 그 표지를 죄악된 방식으로 확신한다면, 이는 우리 영혼을 모욕하는 것이다. 표지에서 위로를 얻을 수는 있겠지만, 그리스도 안에서 쉼을 누리라. 결국 하나님 앞에서 우리의 주된 논쟁은 우리가 했거나 느낀 것이 아니라 삼위일체 하나님이 이미 예수 그리스도 안에서 그리고 그분을 통해 하신 일이다.

다섯째, 표지를 통해 자신을 시험하는 일은 자기 사랑과 자기 미화를 내어버림과 동시에 이뤄져야 한다. 마치 성전을 보면서 사는 것이 안전과 구원을 보장하기라도 하듯 "이것이 여호와의 성전이다!"라고 외쳤던 고대 유대인들과 같이 많은 사람이 자신에게 거짓을 말한다. 오직 성령의 초자연적인 가르침을 통해 우리는 우리 자신을 알 수 있다. 하지만 그와 동시에 자기 마음에 일어나고 있는 하나님의 사역을 인정하지 않으려 하는 불신앙을 던져버려야 한다. 이를 인정하지 않는다면 우리에게 주어진 하나님의 은혜에 어떻게 감사할 수 있겠는가?

여섯째, 우리의 영혼이 어둠과 의심과 유혹에 둘러싸여 있을 때에는 은혜의 표지를 통하여 자신을 점검하지 말라. 그럴 때에는 은혜의 표지를 분명히 볼 수 없다. 오히려 이 때에는 하나님의 약속과 하나님이 우리의 구원을 위해 하신 일을 붙들어야 한다.

일곱째, 우리가 먼저 마지막까지 인내하지 않는다면 그 어떤 표지도 충분하지 않다고 여겨선 안 된다. 어떤 사람들은 스스로 믿음과 순종에서 인내하기 전까지는 누구도 하나님이 자신을 선택했다고 확신해서는 안 된다고 주장한다. 그 결과 아무도 죽을 때까지 행복하게 살 수 없게 된다. 견인은 경건한 자에게 주어진 약속이다(빌 1:6). 하지만 견인이 참된 경건을 증명하는 유일한 표지는 아니다.

여덟째, 자신을 검증할 때 성령께서 우리 눈을 밝혀 달라고 기도하

라. 확신의 효과적인 원인은 바로 성령이다. 오직 성령만이 성경의 진리를 깨닫게 하실 수 있다. 모든 은혜의 증거를 소유한 사람이라도 성령께서 확실히 세우시고 난 다음에야 그 증거를 받아들일 수 있을 것이다.

아홉째, 자신 안에 있는 은혜의 표지를 통해 확신을 가진 사람만이 그리스도를 붙잡을 수 있다고 생각해서는 안 된다. 칭의를 위해 그리스도를 신뢰하기도 전에 미리 영적인 자격 요건을 찾지 말라. 믿음은 내 죄가 용서받았다는 강력한 신념이라고 말하는 사람들이 많지만, 실제로 의롭게 하는 믿음은 확신이 아니다. 확신은 믿음의 열매다.

열째, 성령을 의지해 자신에게서 구원하는 믿음의 표지를 살펴볼 때, 모든 표지를 찾겠다는 마음으로 시작하지 말고, 근본적인 표지를 찾기 시작하라. 바로 믿음 그 자체를 말이다. 그런 다음 거기서 가지를 치고 나와 믿음이 만들어 내는 형제 사랑, 겸손, 하나님의 명령에 대한 순종 등과 같은 표지들을 찾아보라. 무엇보다 믿음 자체를 보는 것이 좋다. 왜냐하면 믿음은 그리스도인의 삶에서 근본적인 것이며, 때로는 믿음의 행위 자체가 다른 은혜보다 더 눈에 띄기 때문이다. 스스로에게 질문해 보라. "나는 과연 종교개혁자들, 특히 청교도들이 믿음의 세 가지 행위라 불렀던 것을 경험적으로 알고 있는가?

(1) 나는 믿음에 대한 지식을 경험적으로 알고 있는가? 그 지식으로 인해 복음 안에 있는 그리스도의 아름다움과 영광에 대한 영적 시야를 얻고, 나의 죄에 대한 값을 지불하신 그리스도의 수동적 순종과 나를 대신해 율법을 완전하게 지키신 능동적 순종을 통해 구원받아, 하나님이 "의로우시며 또한 예수 믿는 자를 의롭다"(롬 3:26) 하시는 분임을 이

해하는가? 그리스도께서 충만하고 영광스러우며 놀라운 구세주임을 보이기 위해 성령께서 읽혀지고 설교된 하나님의 말씀을 통해 복음의 초자연적인 빛을 내 영혼에 비추셨는가(고후 4:6)?

(2) 나는 믿음에 대한 동의(assent)를 경험적으로 알고 있는가? 이를 통해 하나님의 복음 진리와 구원의 조건에 온 마음으로 동의하고 아멘으로 화답하며 헌신하는가? 이 구원은 전적으로 하나님의 말씀만을 통해, 은혜와 믿음만으로, 오직 그리스도 안에서 그분의 영광만을 위해 발생한다.

(3) 삼위일체 하나님과 구원의 복음에 대한 신뢰를 경험적으로 알고 있는가? 이를 통해 가엾은 내 영혼을 위해 충만하고 풍성하며 영광스러운 구세주께서 완성하신 의 안에서 안식하는가? 예를 들어, 그분의 인격과 상태와 본성과 사역과 사랑와 영광에 대해 더 알게 해 달라고 기도할 때조차 내 기도는 내가 그분을 신뢰하고 있음을 드러내는가?

사실 그리스도를 더 알기를 갈망하는 것조차 이미 믿음의 행위다. 윌리엄 퍼킨스는 수많은 믿음의 표지에 대해 기록한 후 자신의 책을 다 읽고도 자신이 믿음을 소유했는지 아닌지 의심하는 독자들을 향해 은혜의 표지를 하나 더 제시했다. 믿음을 가진 독자라면 아무도 부인하지 못할 표지였다. "당신은 그리스도를 더 많이 알기를 갈망합니까?" 당신은 그리스도 안에서 그분을 열망하게 만드는 아름다움을 발견하는가(사 53:2)? 참된 믿음은 언제나 우리 자신을 위해 그리스도를 얻고 그리

스도를 더 알기를 갈망하게 만든다.[22]

마지막으로 성령께서 구원의 증거를 가지고 당신에게 확신을 주기 위해 오실 때 불신앙을 가지고 성령에 저항하지 말라. 성령께서 어떤 사람에게 죄를 깨닫게 하실 때 저항하는 것은 큰 죄악이다. 그러나 성령께서 하나님을 아버지라고 부를 수 있도록 역사하실 때 저항하는 것은 더 큰 죄악이다. 성령의 가장 큰 영광은 양자의 영이라는 사실에 있기 때문이다(롬 8:15, 갈 4:6).[23]

---

[22] 참조. John Piper, 'The Agonizing Problem of the Assurance of Salvation'— Desiring God라는 웹사이트에 1998년 4월 28일 게시된 편지.
[23] 이번 장의 마지막 섹션과 앞선 두 장에서 버지스의 작품을 요약한 내용 중 일부는 Joel Beeke and Paul Smalley, 'Assurance of Salvation: The Insights of Anthony Burgess', *Puritan Reformed Journal* 6, no. 2 (July 2014): 171-184의 일부분을 편집한 것이다.

7장
성령의 증언을 통해 얻는 확신

웨스트민스터 신앙고백 18조 2항은 하나님의 약속에 의지하고 우리 안에서 하나님이 구원 사역을 행하신다는 증거를 성령의 역사를 통해 인식할 뿐 아니라 성령께서 친히 증언하시는 것을 통해 우리가 확신을 얻는다고 가르친다.

우리 영과 더불어 우리가 하나님의 자녀라고 말씀하시는 양자의 영의 증언에 근거를 두고 있다. 이 성령은 우리가 구속의 날까지 인치심을 받게 하는 우리 기업의 보증이다.

성령의 증언

웨스트민스터 신앙고백을 작성했던 이들은 확신에 있어 가장 이해하기 어려운 부분이 바로 성령의 증언에 있음을 알고 있었다. 그들은 이 주제를 논의하면서 엄청난 신비에 둘러싸여 있다고 고백했다. 이 회의에서 확신에 대한 성령의 역할을 더 구체적으로 명시하지 않았던 첫 번째 이유는 성령의 자유를 인정했기 때문이다. 두 번째 이유는 웨스트민스터 회의가 성령의 증언의 세부 사실에 대해 다양한 경험을 가진 사람들에게 양심의 자유를 허락하기를 원했기 때문이다. 이 회의에 참석했던 대다수의 회원들은 이 둘 중 어느 하나를 강조했다. 어떤 사람들은 웨스트민스터 신앙고백 18조 2항에 언급된 성령의 증언은 우리 안에 있는 은혜의 내적 증거가 사실이기에 우리가 하나님의 자녀임을 확신할 수 있다는 데 대해 성령께서 우리 영과 더불어 증언하시는 것일 뿐이라고 믿었다. 이 내용은 우리가 지난 장에서 이미 다뤘던 내용에 불과하다. 이들에 따르면 당시 확신을 위한 이차적인 근거는 하나밖에 없다는 의미가 된다. 바로 성령께서 우리의 영과 더불어 증언하시는 은혜의 증거 말이다.

다른 청교도들은 부분적으로 이런 의미가 있다 하더라도 말씀을 통해 성령께서 직접 증언하시는 일도 있다고 말했다. 그들은 이 증언이 확신과 위로를 상당히 증가시킨다고 생각했다. 특히 확신과 위로가 절실히 필요할 때는 더욱 그렇다. 예를 들어, "내가 영원한 사랑으로 너를 사랑하기에 인자함으로 너를 이끌었다"(렘 31:3)는 말씀과 같은 특별한 약속을 성령께서 강력하고 달콤하게 어떤 영혼에 적용하셔서 그 신자가 하나님과의 깊은 교제와 그분의 사랑과 아름다우심과 영광의 깊은 경지까지 맛보는 경험을 향유할 때, 자신을 향한 성령의 직접적이고 즉각적인 증거에 신자의 확신은 크게 고무될 수 있다. 그럴 때마다 신자는 자신의 영혼에 대해 개인적으로 적용되는 그 말씀이야말로 전체 성경에서 자신의 필요를 채워 주는 가장 적합한 본문처럼 느끼게 된다. 제임스 패커는 몇몇 청교도들이 가졌던 이런 견해를 다음과 같이 설명한다.

> 이것은 하나님의 부성애에 대한 즉각적이고 직접적인 감각을 말한다. 마치 하나님이 "나는 너를 사랑한단다"라고 말씀하시듯 말씀을 통해 한 영혼과 직접적이고 즉각적으로 소통하시는 것이다. 이는 선량한 부모들이 때때로 그러하듯, 아버지가 아들을 향해 "난 널 사랑한단다"라고 말하는 것과 같다. 이렇게 양자의 영으로 들어오신 성령께서는 하나님과 그분의 자녀들 사이에 역사하셔서 우리에게 황홀한 깨달음을, 즉 하나님이 나의 영혼을 향해 "나는 너의 구원, 나는 너의 아버지란다. 너를 사랑한다"라고 말씀하시는 황홀한 순간을 우리에게 전달하신다.[1]

이 같은 성령의 직접적인 증언을 체험해 본 적이 있다면, 이처럼 말씀이 우리에게 적용되고 우리를 붙잡고 압도하며 다스리고 삼위일체

---

1 J. I. Packer가 컨퍼런스 강연을 위해 준비한 'The Puritan View of Sanctification (3): Assurance and Conduct'.

하나님께 복종하게 하는 것이 어떤 의미인지 잘 알 것이다. 외적인 환경이 전혀 바뀌지 않더라도 이런 경험을 통해 내적인 확신은 더욱 증가될 것이며, 모든 면에서 내적으로 더욱 강해지면서 동시에 겸손하게 된다. 어떤 시험을 당하더라도 그것을 묵묵히 따르고, 또 기뻐하는 가운데 자유롭게 하나님을 받아들일 것이다. 그리고 그 말씀을 셀 수 없이 반복해 되뇌게 될 것이다. 그 말씀은 달콤하게 느껴질 것이고, 그 말씀을 붙잡고 그 말씀으로 호소하며 기도하게 된다. 결국 그 말씀은 꿀과 송이 꿀보다 더 달게 된다(시 19:10). 이 말씀은 우리 삶에서 열매를 맺는데, 그 열매는 바로 우리 안에 하나님의 은혜가 확장되는 것이다.

　버지스는 첫 번째 견해를 취했다. 그는 성령의 증언이 은혜의 증거에서 오는 확신과 일치한다는 사실을 강조했다. 버지스는 여기서 말하는 은혜의 증거를 성화의 증거 혹은 거룩의 열매라고 생각했다. 그는 다음과 같이 물었다. "성화를 통해 우리 안에서 행하시는 성령의 사역이 우리 구원에 대한 유일한 증거인가? 아니면 거룩의 은혜로운 열매와는 별개로 우리 영혼을 향해 주시는 성령의 직접적인 증언도 있는가?" 그리고 다음과 같이 대답했다. "나는 거룩의 열매가 유일하게 안전하고 확실한 증거라고 믿는다. 이것이 성경이 주로 제시하는 방법이다."[2] 은혜의 증거를 "유일하게 안전하고 확실한 증거"라고 부름으로써 버지스는 성령의 직접적인 증언을 확신의 안전한 형태로 인정하고 싶지 않았던 것이다. 버지스와 다른 몇몇 청교도들은 즉각적이고 직접적인 성령의 증

2　*Faith Seeking Assurance*, 122 (*Spiritual Refining*, 44).

언을 확신의 구별된 한 형태로 받아들일 경우, 체험 자체를 위해 체험의 가치를 높임으로써 신비주의를 조장하고, 믿음과 회개의 실제적인 열매를 맺어야 하는 필요성을 감소시킴으로써 반율법주의를 부추길 수 있다고 믿었다.³

웨스트민스터 회의에 참여했던 신학자인 제러마이어 버로스(Jeremiah Burroughs)와 조지 길레스피(George Gillespie)도 버지스의 견해에 동의했다.⁴ 그들은 확신에 있어 성령의 직접적인 증언은 신자에게 있는 은혜의 증거를 확증하는 삼단논법과 관련한 성령의 활동만을 가리키며, 이를 통해 성령께서는 신자의 양심이 신자가 하나님의 자녀라는 성령의 증언과 연합되게 하신다고 말했다. 이 견해에 따르면, 성령의 증언은 신자의 영이 하는 증언과 하나로 결합된다. 그러므로 로마서 8:15과 8:16은 같은 뜻이다. "너희는 다시 무서워하는 종의 영을 받지 아니하고 양자의 영을 받았으므로 우리가 아빠 아버지라고 부르짖느니라 성령이 친히 우리의 영과 더불어 우리가 하나님의 자녀인 것을 증언하시나니." 버지스는 이렇게 말했다. "이 의미는 성령께서 성령의 열매인 은사와 은혜를 가지고 우리를 위해 증언하신다는 것이다. 그러므로 사도는 이런 즉각적인(곧 직접적인) 증언에 대해 말하는 것이 아니라

---

3 *Faith Seeking Assurance*, 144 (*Spiritual Refining*, 52). 반율법주의적 확신을 촉진하기 위해 성령의 직접적인 증언을 남용한 사람의 경우는 앤 허친슨(Anne Hutchinson, 1591-1643)이다. 허친슨은 거침없이 표현하는 논쟁적인 인물이었으며, 그녀의 견해는 평화롭던 매사추세츠만 식민지를 혼란스럽게 했다.

4 Jeremiah Burroughs, *The Saints' Happiness, together with the several steps leading thereunto. Delivered In Divers Lectures on the Beatitudes* (reprint ed., Beaver Falls, Pa.: Soli Deo Gloria, 1988), 196; George Gillespie, *A Treatise of Miscellany Questions* (Edinburgh: Gedeon Lithgow, for George Swintuun, 1649), 105-9.

… 조명을 받아 거룩하게 된 우리의 영을 통해 그리고 그 영과 더불어 이루어지는 간접적인(즉, 수단을 통한) 증언에 대해 말한 것이다. 그러므로 하나님의 영이 이 확신의 유일한 창시자이기는 해도, 확신은 일반적으로 성령의 열매를 통해 주어진다.[5] 버지스는 에베소서 1:13에 나오는 "약속의 성령으로 인치심을 받았으니"라는 말씀을 다음과 같이 해석했다. "이 인치심을 성령께서 주시는 특별하고 기적적인 은사로 보는 사람들은 이를 제대로 이해하지 못한 것이다. 왜냐하면 이런 은사들이 하나님의 양자 됨에 대한 필수적인 표지가 아니며 모든 신자가 이 은사들을 받는 것도 아니기 때문이다. 그러므로 인치심을 성령의 거룩하게 하시는 은혜 중 하나로 보아야만 한다. … 그러므로 성부 하나님은 자기 자녀들에게 자신의 성령의 모든 은혜를 제공함으로써 그들에게 인치신다. 이 모든 은혜로 말미암아 그들은 자신이 하나님께 속했음을 알게 된다."[6]

　버지스는 확신에 대한 이 이차적 근거들이 두 종류로 나누어지지 않는다고 믿었다. 은혜의 내적 증거와 성령의 증언은 본질적으로 동일한 하나이기 때문이다. 만약 그렇지 않고 신자가 성령의 직접적인 증언을 통해 확신을 얻는다면, 내적 은혜들을 통해 확신을 추구할 필요가 없을 것이다. 왜냐하면 이런 방식으로 확신을 추구하는 것은 "태양이 비칠 때 촛불을 켜는 것과 같이 불필요한 일이기 때문이다. 하지만 우리에겐 둘 다 필요하다. 성령의 증언과 은혜의 증거가 하나의 완전한 증거

5　*Faith Seeking Assurance*, 136-7 (*Spiritual Refining*, 49).
6　*Faith Seeking Assurance*, 138 (*Spiritual Refining*, 50).

를 구성하기 때문이다. 그러므로 이 둘은 분리되어서는 안 된다."[7] 결국 버지스는 내적 은혜의 증거에 기초하며 성령의 조명으로 깨닫는 삼단논법이 충만한 확신을 의미한다고 생각했다.

반면 새뮤얼 러더포드, 윌리엄 트위스(William Twisse), 헨리 스쿠더(Henry Scudder), 토머스 굿윈 같은 웨스트민스터 회의의 다른 신학자들은 다른 요소를 더 강조했다. 그들은 로마서 8:15에 묘사된 성령의 증언은 16절에 묘사된 증언과 다른 것이라고 말했다.[8] 그들은 삼단논법을 통해 신자의 영과 더불어 증언하시는 성령과 말씀을 직접적으로 신자에게 적용해 그들의 영혼을 향해 증언하시는 성령을 구별했다. 신약성경 주석가인 하인리히 마이어(Heinrich Meyer)가 보인 것처럼, 전자는 "나는 하나님의 자녀"라는 자아 인식을 남기고 성령의 역사로 말미암은 삼단논법을 기초로 아버지인 하나님께 나아갈 자유를 준다. 하지만 후자는 성부를 대신해 "너는 하나님의 자녀"라고 하시는 성령의 선언을 말하며, 성령으로 말미암아 전달되는 하나님의 말씀을 통해 아들 됨에 대해 들은 것을 기초로 성부를 향해 자녀로서 친밀하게 다가가게 한다.[9]

확신에 대한 두 가지 이차적인 기초를 인정하는 사람들도 성령의

---

7 *Faith Seeking Assurance*, 132 (*Spiritual Refining*, 47-48).

8 Samuel Rutherford, *The Covenant of Life Opened* (Edinburgh: Andrew Anderson for Robert Broun, 1655), 65-7; William Twisse, *The Doctrine of the Synod of Dort and Arles* (Amsterdam: G. Thorpe, 1631), 147-9; Henry Scudder, *The Christian's Daily Walk* (reprint, Harrisonburg, Va.: Sprinkle, 1984), 338-42; Goodwin, *Works*, 6:27; 7:66; 8:351, 363.

9 Henrich Meyer, *Critical and Exegetical Hand-book to The Epistle of the Romans* (New York: Funk & Wagnalls,1889), 316. Cf. Robert Bolton, *Some General Directions for a Comfortable Walking with God* (Morgan, Pa.: Soli Deo Gloria, 1995), 326.

직접적인 증언을 성령의 삼단논법적인 증언보다 더 우월한 것으로 간주해야 하는지, 실제로 더 높은 가치를 두어야 하는지에 대해 의견이 달랐다. 예를 들어, 토머스 굿윈은 성령의 직접적인 증언이 삼단논법을 통한 성령과 신자의 공동 증언보다 더 탁월하다고 주장했다.[10] 그러나 일반적으로 말하자면, 웨스트민스터 회의에 참석했던 다른 신학자들은 성령의 직접적인 증거가 삼단논법보다 더 탁월하다고는 여기지 않았고 그에 추가되는 것이라고 생각했다. 그들은 삼단논법이라는 방법을 통해 확신에 도달하는 것이 성령의 직접적인 증언을 통해 즉각적인 확신을 구하는 것보다 더 안전하다는 데 동의했다. 예를 들어, 러더포드는 믿음의 반사적 행위는 직접적인 행위보다 "더 영적이고 유익하다"라고 말했다.[11] 버지스는 경우에 따라 두 번째 강조점을 인정할 수 있다면서도 이렇게 기록했다. "만약 직접적인 증거를 인정한다면, 확신은 위험한 착각에 빠지기 쉬워진다. 왜냐하면 반성적 행위는 보다 안전한 근거인 죄 죽임과 생명 살리기의 열매 위에 세워지기 때문이다."[12] 즉 옛 본성을 벗어나 죽인 후에 새 본성을 입거나 살린 결과라는 말이다(골 3:7-13). 하지만 다른 청교도들은 성령의 직접적인 증언 역시 그런 열매를 맺는다고 강조했다. 실제로 이런 경험들이 진정 성령의 역사인지 드러내는 것은 바로 이와 같은 열매를 맺는 것이다. 이런 열매가 없으면, 그런 경험도

---

10 Goodwin, *Works*, 1:233; 8:366.
11 *Catechism of the Second Reformation*, ed. Alexander Mitchell (London: Nisbet, 1866), 207; Samuel Rutherford, *The Trial and Triumph of Faith* (Edinburgh: Collins, 1845), 88-90.
12 *Faith Seeking Assurance*, 173 (*Spiritual Refining*, 672).

성령의 구원하시는 사역에서 흘러나오는 경험이라 할 수 없다.

버지스는 "어떤 신학자들은 하나님의 직접적인 증언의 가능성을 부인하지는 않지만, 통상적이고 안전한 방법은 성령의 결과와 열매 속에 분명하게 나타나는 증거를 구하는 것"이라고 말하면서 강조점이 다양한 청교도들의 견해를 요약했다.[13] 웨스트민스터 회의에 참석했던 대부분의 신학자들은 성령의 직접적인 증언에 대해 우리가 무엇을 믿든지 상관없이 그것이 가장 중요한 종류의 확신이라고 보기 어렵다는 데 동의했다. 왜냐하면 그리스도인들은 매일 확신을 누리는 삶을 살도록 부르심 받았고, 이런 확신은 이따금씩 일어나는 체험이라는 기초 위에서는 유지될 수 없기 때문이다.

하지만 모든 면에서, 그 회의에 참석했던 신학자들은 성령의 증언이 항상 하나님의 말씀과 연계되어 있으며 모순되지 않는다고 주장했다. 오직 그때에만 반율법주의(antinomianism)를 피하고, 성령의 자유를 보장할 수 있다고 말했다.

대부분의 웨스트민스터 신학자들은 가능한 충만한 확신을 얻기 위해 하나님의 약속에 대한 모든 근거, 삼단논법을 통해 실현되는 은혜의 내적 증거, 그리고 성령의 증언을 추구해야 한다고 생각했다. 이 근거 가운데 어떤 것 하나라도 다른 것들을 희생시키고 지나치게 강조된다면, 확신에 대한 가르침은 균형을 잃고 위험한 견해에 이르게 될 것이다. 이들은 확신은 오직 하나님의 약속만을 신뢰할 때 얻을 수 있다거

---

13 *Faith Seeking Assurance*, 144 (*Spiritual Refining*, 52).

나, 오직 내적 증거나 성령의 직접적인 증언을 신뢰할 때만 얻을 수 있다고 가르치지 않았다. 오히려 성령의 도움 없이는 그 약속들을 진정으로 신뢰할 수 없고, 성령의 조명 없이는 안전하게 자신을 점검할 수 없다고 가르쳤다.

버지스는 신자에게서 두 개의 은혜가 함께 결합되어야 한다고 가르쳤다. "그들은 하나님의 약속을 굳게 믿어야 한다. 하지만 자신에 대해서는 겸손해야 한다. 그들은 기뻐해야 한다. 하지만 떨면서 기뻐해야 한다. 확신에 찬 나머지 거룩한 떨림이 사라진다면 교만하지 않을까 경계하라. 두려움 때문에 믿음과 기쁨을 상실할 때에는 절망하지 않도록 주의하라. … 하나는 다른 하나가 없이는 역사할 수 없다."[14] 버지스와 대부분의 동료 청교도들은 확신에 있어 삼단논법의 역할을 중요하게 여겼으며, 그들 중 대다수는 하나님의 약속을 확신을 위한 주요한 기초라고 생각했다.[15]

성령의 활동은 확신의 모든 영역에서 핵심적인 역할을 한다. 버지스는 이에 대해 다음과 같이 말했다. "사람이 자유의지로 초자연적인 선한 행위를 할 수 없듯이, 본성의 빛이 가진 힘으로는 하나님이 그에게 주신 은혜로운 특권을 분별할 수 없다(고전 2:12)."[16] 성령의 적용이 없으

---

14 Anthony Burgess, *CXLV Expository Sermons upon the whole 17th Chapter of the Gospel According to St. John: or Christ's Prayer Before his Passion Explication, and both Practically and Polemically Improved* (London: Abraham Miller for Thomas Underhill, 1656), 356.
15 Graafland, 'Van syllogismus practicus naar syllogismus mysticus', 108, 120; *Faith Seeking Assurance*, 139 (*Spiritual Refining*, 52).
16 Burgess, *The True Doctrine of Iustification*, 273. Cf. 10장을 보라.

면 하나님의 약속은 자기 속임과 육신적인 교만과 열매 없는 삶으로 인도할 뿐이다. 성령의 조명이 없으면, 자기 점검을 하더라도 단순한 반성과 속박와 율법주의에 머물고 말 것이다. 하나님의 약속과 성경의 내적 증거에서 분리된 성령의 증언은 비성경적인 신비주의와 지나친 감정주의로 빠지게 된다.

성령의 직접적인 증언의 실제적인 활용

성령의 직접적인 증언의 유효성에 대한 이 논쟁에 대해 나는 삼십 년 이상 힘겹게 고민했다. 이것의 중요성을 과장하는 경향이 있었던 굿윈과 이를 최대한 축소하려 했던 버지스 사이의 중도를 택한 러더포드와 트위스와 스쿠더의 견해가 이 현상을 해석하는 가장 안전하고 확실한 길이라고 생각한다. 이에 대해 설명해 보겠다.

실제적으로 말해, 성령의 직접적인 증언을 확신 교리의 일부로 받아들이기를 거부하는 것은 현명하지 않다. 왜냐하면 그럴 경우 많은 하나님의 자녀가 실제로 경험하는 것을 부인하게 되기 때문이다.[17] 잠시 내 경험을 빌려 말하자면, 나는 많은 그리스도인이 각자의 삶 속에서 하나님의 주권적인 인도에 따라 이를 다양한 방식으로 경험한다고 확신한다. 열네 살 때, 성령께서는 내가 죄에 대해 깊이 자각하게 해 주셨다. 18개월 동안 나는 거의 어떤 위로도 받지 못했다. 그 시간 대부분 나는 내

---

17 롬 8:12-17을 근거로 이 입장을 옹호하는 주해적 근거에 대해 더 많은 정보를 원하면 10장을 보라.

가 지옥에 가도록 유기된 사람이라는 두려움에 휩싸여 지냈다. 때때로 나는 고라와 다단과 아비람처럼(민 16:23-35) 땅이 삼킬 것 같은 두려움 때문에 잔디 위를 걷는 것조차 할 수 없었다. 나에게 구세주가 필요하다는 사실을 알았다. 하지만 그분을 어떻게 찾고 받아들여야 할지 몰랐다. 나는 성경을 탐구했고 아버지가 소장하고 계셨던 청교도 작가들의 작품을 모조리 읽었다. 종종 밤을 새워 새벽까지 읽었다. 때때로 나는 약간의 위로와 소망을 느끼기도 했다. 하지만 훨씬 더 많은 시간 동안 나에게 구원은 불가능한 것처럼 보였다. 나는 죄를 미워했고, 하나님을 사랑했으며, 그분과의 교제를 갈망했다. 하지만 나에게 구원 얻는 믿음이 전혀 없거나 있더라도 너무나 적어서 구원의 확신이 부족하다고 느껴졌다. 가끔 나는 마가복음 9:24에 나오는 귀신 들린 자의 아버지처럼 소리치고 싶다는 생각을 했다. "내가 믿나이다! 나의 믿음 없는 것을 도와주소서!" 또 다른 때에는 하나님의 약속과 은혜의 내적 증거를 찾아도 어떤 위로도 발견할 수 없었다.

그 무렵, 어린 시절 성장했던 교회에 한 목사님이 부임하셨다. 그 목사님은 교회에 속한 각 가정의 모든 식구들을 교회에 따로 불러 만나고 싶어 하셨다. 우리 가족을 만나시던 밤에 그 목사님은 하나님의 참된 자녀였으나 평생의 대부분을 확신에 대한 문제로 씨름하셨던 나의 할아버지와 대화하셨다. 그 대화의 절반 지점에 이르렀을 때, 그 목사님은 할아버지에게 상당히 권위 있는 말투로 이렇게 말씀하셨다. "형제님, 그리스도 예수 안에는 당신이 피할 길도 마련되어 있습니다!"

성령께서는 성경에 근거를 둔 이 말씀을 거부할 수 없는 힘으로 내 마음에 적용하셨다. 목사님이 나의 할아버지에게 하시려던 그 말씀이 나에게 복이 되었다. 즉시 나는 예수 그리스도께서 고난과 죽음을 통해 내 모든 죄에 대한 값을 지불하셨으며(수동적 순종), 나를 위해 율법에 온전히 순종하셨다(능동적 순종)는 사실을 깨달았고, 구원을 위해 오직 예수 그리스도만을 믿을 때 이 이중적인 순종을 통해 하나님은 정의롭게 되심과 동시에 나를 의롭게 하실 수 있음을 내 인생 처음으로 즐겁고 충만하게 믿게 되었다(참조. 롬 3:24-6). 당시 나는 수동적 순종과 능동적 순종이라는 말의 뜻을 몰랐다. 하지만 그리스도께서 나를 위해 하신 두 가지 사실에 근거해 예수님이 나의 구원자가 되신다는 사실에 깊은 위로를 경험했다.

　이 복된 저녁을 맞이하기 전에는 "예수님은 나의 죄를 위해 죽으신 나의 구세주다"라는 말을 확신 있게 고백하지 못했다면, 이제는 예수님이 나를 위해 죽으셨으며 나의 구세주가 되신다는 사실을 부인할 수 없게 되었다. 그때 나의 마음과 어깨에 있던 죄의 짐은 벗겨졌고 기쁨이 나를 사로잡았다. 그날 저녁 나는 그리스도 예수 안에서 자유로운 소년으로 잠들 수 있었다. 결코 이 일을 잊지 못할 것이다. 오십 년이 지났지만 이 일은 여전히 어제처럼 생생하게 남아 있다. 마치 하나님이 아버지로서 나에게 이렇게 말씀하시는 것 같았다. "네게 있던 모든 죄를 내가 용서한단다. 그리고 난 널 내 자녀로 사랑한단다. 나는 너의 구원이며 너의 아버지이고 예수로 인해 너를 사랑한단다." 주체할 수 없이 눈물이 흘러내렸다. 결국 나는 새벽 3시에 주무시던 아버지를 깨워 내 모든 죄를 용서하기 위해 성령께서 내 영혼에 적용하신 그리스도의 대속 사역으로 말미암아 내가 구원받았다는 사실을 말하고서야 울음을 그쳤다.

그날 이후 나는 성경에 기록된 특정한 약속이 내 영혼에 적용될 때 하나님의 사랑과 그분과의 교제, 그리고 그리스도의 아름다우심과 충만하심을 느끼며 위로와 능력이 주어지는 경험을 여러 번 했다. 이 모든 것이 말씀을 통해 달콤하게 나를 위로하면서 역사하시는 성령의 사역이라는 사실을 부인할 수가 없다. 내 생애의 특별했던 다른 몇 차례의 경우, 반드시 약속과 관련된 것은 아니었지만 내 영혼에 진리를 적용하시는 성령의 임재를 통해 더 큰 확신을 가지곤 했다. 리처드 십스(Richard Sibbes)는 이 달콤한 경험을 다음과 같이 잘 기록하고 있다. "성령께서 우리에게 증언하실 때 항상 성화를 통한 논리적인 방식만 사용하시는 것은 아니다. 때로는 임재를 통한 직접적인 방식도 사용하신다. 이는 마치 아무 말 없이 그저 친구를 보기만 해도 위로를 받는 것과 같다."[18] 그런 특별한 때에 깨닫고 누리는 성령의 내적 임재가 주는 기쁨, 곧 우리 영혼을 확장시키고 우리 영혼에 위로를 주는 기쁨은 인간의 말로 표현할 수 없다. 성령께서 그리스도께 속한 것을 가져다 비상한 능력으로 말씀을 통해 우리에게 직접 보여주실 때, 우리는 모든 이해를 뛰어넘는 평안을 깨닫게 될 것이다.

당신의 영혼이 확장될 만큼 성령께서 당신 안에 내주하고 계신다는 것을 느낀 적이 있는가? 낙담한 상태였으나 성령의 임재를 통해 은혜롭게 살아났다고 느낀 적이 있을 것이다. 연약하고 기진맥진하고 병들었

---

18 Richard Sibbes, *Works of Richard Sibbes* (Edinburgh: Banner of Truth Trust, 1973), 5:440.

으나 그분의 임재를 통해 힘을 얻고 다시 일어난 경험이 있을 것이다. 버려진 것 같았으나 성령께서 함께 계셔서 당신을 일으켜 간절히 기도하게 하신 적이 있을 것이다. 깊이 침체되었으나 성령께서 당신의 영혼에 하나님의 위로를 전해준 적이 있을 것이다. 은혜와 믿음으로 말미암아 하나님께 속해 있다는 이유로 우리 안에 자신이 거하고 있음을 증언하시는 성령의 임재가 얼마나 복된지! 성령의 임재를 느낄 때마다 그것은 하나님의 은혜와 삼위일체 하나님에 대한 우리 믿음에 대한 강력한 증거가 아닐 수 없다. 이 증거는 우리를 겸손하게 하고 우리에게 확신을 준다.

내 인생에 일어난 이 특별한 각각의 사건들은 내가 가지고 있던 확신을 더욱 증가시켜 주었고, 하나님 앞에서 겸손하게 만들었다. 나는 이와 같은 경험들 역시 성령께서 우리 영혼에 진리의 말씀을 직접 적용하시는 데 대한 증거리고 확실히 믿는다. 로마서 강해에서 제임스 보이스(James Boice)는 이에 대해 균형 잡힌 방식으로 확증한다.

로마서 8:16은 내가 앞서 언급한 '증거' 없이도 신자들이 하나님의 자녀라는 성령의 직접적인 증언 같은 것이 있다고 가르치는 게 분명하다. 다른 말로 하면, 누군가의 마음에서 성령을 진정 경험하는 게 가능하다는 것이다. 성령을 경험하라? 이에 대한 반론이 있음을 알고 있다. 어떤 영적 체험도 그 자체로 반드시 유효한 것은 아님을 알고 있다. 그러한 경험들은 모두 위조될 수 있으며, 사탄의 모조품들이 정말 그럴 듯해 보일 수 있다. 하지만 영적 체험에 모조품이 있을 수 있다는 사실로 인해 모든 영적 체험을 무용지물로 만들어서는 안 된다. 또한 성령을 체험하고자 하는 사람들이 종종 비성경적인 사상과 관습에 빠진다는 것도 알고 있다. 이 모든 경험은 반드시 성경의 검증을 받아야 한다. 그러나 이러한 반론에도 불구하고 나는 여전히 한 사람이 하나님의 참된 자녀라는 사실에 대한 유효한 증거인 직접적인 성령 체험이 있을 수 있다고 주장한다. 당신은 이런 경험을 해 본 적이 없는가? 하나님의 임재에 대한 압도적인 느낌을 받아 본 적이 없는가? 아니면 삶 가운데 언제든 하나님이 당신에게 특별한 방식으로 임재하셨거나 당신이 경험하고 있는 것이 무엇이든 하나님에게서 비롯되었다고 느낀 적이 없는가? 아마 그 순간 당신은 눈물을 터뜨릴 만큼 큰 감동을 받았을 것이다. 하나님의 임재에 대한 다른 여러 표지를 느끼고 그분을 더 깊이 사랑하게 된 적이 있을 것이다.[19]

40년간 목회를 하면서 나와 비슷한 경험을 하거나 제임스 보이스가 묘사한 경험을 한 사람들을 수없이 만났다. 하지만 이런 유의 경험을 전혀 하지 못한 사람들도 많이 만났다. 그들은 종종 믿음의 반사적 행위를 통해 자신이 하나님의 자녀라는 사실을 자신의 영과 함께 성령이 증언하심을 알고 있다고 단언했다. 하지만 말씀을 통해 그들을 위로하고 기쁘게 하며 겸손하게 하는 성령의 직접적인 증언에 대해서는 모르는 것 같았다. 이를 어떻게 이해해야 할까? 앞서 본 것처럼 버지스가 두려워했던 그런 신비주의나 반율법주의의 문제를 피하려면 이런 체험에 어떤 안전망을 둘러야 하겠는가? 이에 대한 네 가지 조언이 여기 있다.

---

19 James Montgomery Boice, *Romans* (Grand Rapids: Baker, 1992), 2:843-4.

첫째, 이런 경험을 지나치게 강조하지 마라. 그리스도인의 삶에서 가장 중요한 것은 매일 하나님의 약속과 교훈을 따라 살아가는 것이다. 이안 머리(Iain Murray)는 이렇게 말했다. "성령의 직접적이고 즉각적인 증언에 대해 어떤 입장에 있든 이것을 가장 중요한 것으로 여기기는 매우 어렵다. 왜냐하면 우리는 매일 확신을 누리며 살도록 부르심 받았기 때문이다. 이런 지속적인 확신은 아주 이따금씩 간헐적으로 경험하는 체험에 의지해서는 도저히 누릴 수 없다."[20]

나는 이렇게 표현하고 싶다. 예수 그리스도 안에 주어진 하나님의 일반적인 약속들, 그리고 말씀에 기초한 성령의 빛을 통해 영혼과 삶에 주어진 은혜의 증거들을 점검하는 일상적인 방법을 통해 얻은 확신은 매일 먹는 밥과 고기 같다. 반면 영혼에 강력하게 적용되는 성령의 직접적인 증거를 통해 얻는 확신은 가끔 먹는 비싼 디저트 같다. 디저트는 결코 주식보다 뛰어나지 않다. 물론 이런 경험을 통해 신자의 확신이 증가될 수 있지만, 이런 경험을 한다고 해서 한 그리스도인이 다른 그리스도인보다 더 고귀하거나 훌륭해지는 것은 아니다. 이 사실은 매우 중요하다. 이 사실을 놓치면 그리스도에게서 눈을 떼고 경험에만 집중하는, 일종의 체험주의에 빠져들 것이다.

둘째, 거짓된 신비주의를 피하기 위해 이런 경험들은 반드시 하나님의 말씀을 통해 점검받아야 한다(사 8:20). 이런 경험들이 단순히 감정적인 것이라면 이는 하나님의 진리의 말씀에 기초를 두었다고 말할 수 없

---

20 1989년 2월 25일 개인적인 편지; cf. Beeke, *Assurance of Faith: Calvin, English Puritanism, and the Dutch Second Reformation*, 204, n.153.

다. 하지만 내가 위에서 언급했던 경험에서 깨달은 진리, 곧 그리스도께서 죄인 중의 괴수까지 피할 길이 되신다는 진리는 분명히 성경적이다(딤전 1:15). 그리고 이 진리 속에는 거짓된 신비주의의 염려가 전혀 없다.

셋째, 반율법주의를 피하기 위해 이런 경험들은 반드시 우리 삶에서 나타나는 열매를 통해 점검되어야 한다(마 7:16). 이런 체험들이 갈라디아서 5:22, 23에 나오는 성령의 열매(사랑, 희락, 화평, 오래참음, 자비, 양선, 충성, 온유, 절제)와 마태복음 5:3-12에 나오는 산상수훈에서 말하는 열매(심령의 가난함, 죄에 대한 애통, 온유, 의에 주리고 목마름, 자비, 청결한 마음, 화평케 함, 의를 위하여 핍박을 받음)를 맺는다면, 이런 열매들이 성령의 내적 증거라는 열매와 결합되는 것을 보고 성령의 참된 증거임을 알게 될 것이다. 하지만 이런 체험들의 열매가 부주의하고 건방진 삶의 방식이나 다른 그리스도인들보다 자신이 우월하다는 태도로 나타난다면 성령의 역사가 아니라고 확신할 수 있다.

이 모든 방식, 곧 하나님의 약속, 은혜의 내적 증거, 혹은 성령의 직접적인 증언이라는 방법들을 통한 확신은 항상 하나님을 영화롭게 하는 열매를 맺는다. 이 확신을 통해 신자는 영적인 평강과 기뻐하는 사랑과 겸손한 감사와 생기 있는 순종이라는 특징을 가진 거룩한 삶을 살게 된다.

마지막으로, 이런 체험들 역시 우리가 하나님의 자녀라는 사실에 대해 우리 영과 더불어 증언하시는 성령의 증거를 포함한다. 웨스트민스터 신앙고백보다 거의 삼십 년이나 먼저 작성된 도르트 신조를 통해 이 사실을 분명히 알 수 있다. 비록 조금 다른 용어를 사용하기는 하지만 도르트 신조 다섯째 교리 10항은 (러더포드와 굿윈의 견해에 따르면) 웨스트민스터 신앙고백이 제시하는 것과 같은 확신의 주요한 기초와 두 가지 이차적인 기초를 제시한다. 도르트 신조는 이렇게 말한다. "그러나 이 확신은 하나님의 말씀과 어긋나거나 그것과 상관없는 어떤 계시로 생기는 것이 아니라 [1] 우리의 위로를 위해 말씀에 충분히 계시된 하나님의 약속에 대한 믿음과, [2] 우리가 하나님의 자녀이자 기업이라고 말하는 성령의 증언(롬 8:16), [3] 마지막으로 선한 양심을 지키고 선한 행위를 하고자 하는 진지하고 거룩한 열망으로부터 주어진다." 이 마지막 근거는 "은혜의 증거"를 다르게 표현한 것이다.

먼저 기록된 도르트 신조와 나중에 기록된 웨스트민스터 신앙고백 사이에 이처럼 유사한 사상이 있음에 놀란 나머지 웨스트민스터 신학자들이 도르트 신조를 상당 부분 의존했다고 생각하고픈 유혹이 느껴질 정도다. 하지만 그렇게 단정지을 수 없다. 왜냐하면 16세기 후반 이후로 영국와 대륙의 전통에 속한 많은 신학자들이 확신의 세 가지 근거를 정확히 기술하고 있기 때문이다. 흥미롭게도 웨스트민스터 신앙고백 18조 2항이 두 개의 이차적인 근거를 명확하게 구분하지 않으면서 확신의 이차적인 근거가 하나라고 믿는 신학자나 둘이라고 믿는 신학자나 모두 부담 없이 이 조항을 지지할 수 있었던 반면, 도르트 신조는 이차적인 근거가 두 가지임을 분명히 했다. 이 두 가지 근거 중에 하나는 좀 더 직접적이고(위에 나오는 [2]), 하나는 좀 더 반사적이지만(위에 나오는 [3]), 둘 다 성령께서 우리 영과 더불어 우리가 하나님의 자녀임을 증언하시는 데 의존한다.

8장
어떻게 확신을 계발할 것인가?

자기 밭을 일구고 씨를 뿌리며 비료를 주는 경건한 농부는 결국 곡식을 얻으려면 자신 밖에 있는 힘에 전적으로 의지할 수밖에 없음을 정확히 알고 있다. 씨가 발아하고 비가 내리며 태양이 비치는 일에 자신이 아무것도 기여할 수 없음을 알고 있다. 하지만 그는 어떻게든 자신의 일을 부지런히 감당한다. 하나님이 복 주시길 바라면서도 스스로 밭을 일구고 비료를 주지 않으면 부실한 곡물을 얻을 수밖에 없음을 알기 때문이다.

이와 유사하게 자신의 확신이 자라기를 바라는 그리스도인은 하나님을 향한 거룩한 삶의 열매를 맺기 위해 잘 개간된 밭이 되려 할 것이다. 거룩하지도 않고 순종하지도 않는 상태에 머물러 있다면 확신은 부족하고 침체된 상태에 머물 것이 뻔하다는 사실을 알기 때문이다. 데살로니가전서 4:7은 이렇게 말씀한다. "하나님이 우리를 부르심은 부정하게 하심이 아니요 거룩하게 하심이니." 또한 히브리서 12:14 역시 단호하게 말한다. "모든 사람과 더불어 화평함과 거룩함을 따르라 이것이 없이는 아무도 주를 보지 못하리라." 부지런히 자신의 경건을 위해 힘쓰지 않는 신자는 참된 확신을 풍성하게 누릴 수 없는 것은 물론이고, 그것을 구하라는 베드로의 부르심에 순종하지도 않을 것이다(벧후 1:10).

그런데 "부르심과 택하심을 굳게" 하려면 어떻게 해야 할까? 확신을 계발하려면 어떻게 해야 할까? 이것이 바로 웨스트민스터 신앙고백 18장 3항이 감당했던 짐이었다.

이 틀림없는 확신은 믿음의 본질에 속하지는 않으나, 참된 신자는 오래 기다리며 수많은 갈등을 겪은 후에야 그것을 소유할 수 있다. 하지만 하나님이 값없이 주신 바를 성령을 통해 알게 되면, 특별한 계시가 없어도 일반적인 수단을 적절히 사용해 그 확신에 도달할 수 있다. 그러므로 자신의 부르심과 택하심을 굳게 하는 것은 모든 신자에게 주어진 의무다. 이를 통해 그의 마음에는 성령께서 주시는 평안과 기쁨, 하나님을 향한 사랑과 감사, 순종의 의무를 다하는 힘과 즐거움이 커질 것이다. 이것은 확신에 속한 적합한 열매로서, 이 확신은 사람을 결코 해이하게 만들지 않는다.

확신에 관한 다섯 가지 쟁점은 웨스트민스터 신앙고백 18장 3항에 설명되어 있는데 그것은 믿음과 확신의 관계, 확신에 도달하는 데 걸리는 시간, 확신에 도달하는 수단, 확신을 추구해야 할 의무, 확신의 열매 등이다. 이제 순서대로 각각의 쟁점을 살펴보겠다.

믿음과 확신의 관계

웨스트민스터 신앙고백 18장 3항은 첫 줄부터 상당한 논쟁을 일으켰다. "이 틀림없는 확신은 믿음의 본질에 속하지는 않으나, 참된 신자는 오래 기다리며 수많은 갈등을 겪은 후에야 그것을 소유할 수 있다." 잉글랜드와 스코틀랜드, 그리고 네덜란드 신학자들은 확신이 믿음의 본질에 속하지 않는다는 신앙고백의 이 문장에 대해 많은 글을 썼다. 어떤 비평가들은 이에 반대하면서 신앙고백이 믿음과 확신 사이에 존재하는 유기적인 관계를 부인한다고 말했다. 그들은 그 증거로 웨스트민스터 대요리문답 81문을 인용했는데, 거기에는 다음과 같은 문구가 포함되어 있다. "은혜와 구원에 대한 확신이 믿음의 본질에 속하지 아니하므로 …." 이 비평가들은 신앙고백에서 확신을 언급할 때 믿음의 안녕이라는 측면에서 말하는 것이지, 반드시 확신을 포함해야 하는 믿음의 본질이라는 측면에서 말하고 있지 않음을 이해하지 못했다.[1]

교회사에서 항상 논쟁이 되어 온 질문이 하나 있다. "확신의 씨앗이

---

1 Brooks, *Works*, 2:371. Cf. Louis Berkhof, *Assurance of Faith* (Grand Rapids: Smitter Book Co., 1928), 27-9, 43-4; James Buchanan, *The Doctrine of Justification* (1867; reprint, Grand Rapids: Baker, 1977), 185, 378; Alexander M'Leod, *The Life and Power of True Godliness* (New York: Eastburn, 1816), 246-7.

믿음에 내장되어 있는가?" 하는 것이다. 대부분의 청교도들을 비롯해 그들과 동시대를 살았던 스코틀랜드 신학자들은 "그렇다"고 주장했다. 하지만 그들은 믿음과 믿음의 확신을 구분했다. 브룩스는 "내가 믿는 것과 내가 믿는다는 사실을 믿는 것은 별개의 것"이라고 말했다.[2] 윌리엄 에임스는 여기에 다음과 같은 말을 덧붙였다. "정확하게 말하면, 구원의 확신은 의롭게 하는 믿음이 아니라 그 믿음의 열매로 보인다."[3]

믿음과 확신에 대한 이러한 구분은 교리와 목양이란 측면에서 심오한 의미를 가진다. 칭의가 확신에 의존하게 되면 구속 과정에서 삼위일체 하나님의 충만하심이 아니라 자신의 영적인 상태에 의지하게 된다. 자기 의존은 건전하지 않은 교리 정도가 아니라 목양적으로도 부정적인 결과를 가져오게 된다. 하나님은 충만하고 완전한 믿음을 요구하지 않으신다. 그분은 진정성이 있는 진짜 믿음을 요구하신다. 하나님의 약속이 성취되는 것은 그리스도의 의를 받았는지에 달려 있지, 이 행위를 할 때 확신이 어느 정도였는지 달려 있지 않다.[4] 가장 작은 불꽃의 믿음도 구원의 관점에서 보면 확신 있는 믿음과 같은 효과를 가진다. 존 로저스(John Rogers, 1570-1636)는 이에 대해 다음과 같이 말했다. "우리는 우리가 가진 믿음의 가치나 양에 따라 구원을 받는 것이 아니라, 강한 믿음이건 약한 믿음이건 간에 그 믿음이 붙들고 있는 그리스도에 의해

---

2 Brooks, *Heaven on Earth*, 14.
3 William Ames, *The Marrow of Theology*, trans. John Eusden (1629; reprint, Boston: Pilgrim Press, 1968), 167 (I.xxviii.24).
4 John Ball, *A Treatise of Faith* (London: Robert Young for Edward Brewster, 1637), 84-7.

받는다."⁵ 충만한 믿음의 확신이 있어야만 구원을 받을 수 있다면, 많은 신자들이 절망할 것이다. 이에 대해 존 다우네임(John Downame, 1652년 소천)은 그럴 경우 "마비된 믿음의 손은 그리스도를 받을 수 없다"고 말했다.⁶

하지만 대부분의 청교도들은 믿음을 행사하기 위해서는 어느 정도의 확신이 필요하다는 사실을 부인하지 않았다. 그래서 그들은 모든 신자들이 적어도 약간의 확신은 가지고 있음을 인정했다. 로버트 해리스(Robert Harris)는 다음과 같이 기록했다. "하나님의 가족 안에는 다양한 연령과 체구의 그리스도인들이 있다. 모든 하나님의 자녀들이 동일하지는 않지만 약간의 확신을 가지고 있다."⁷

씨앗에서 식물이 나오고 그 식물과 뿌리에서 꽃이 나오듯 확신은 믿음에서 유기적으로 자라난다. 그때 확신은 한 사람이 가지고 있는 믿음의 정도와 관련되어 있다. 에임스는 이렇게 썼다. "신자들은 은혜와 하나님의 호의에 대해 동일한 확신을 가지고 있지 않다. 또한 같은 신자라고 항상 동일한 확신을 가지는 것도 아니다."⁸ 리처드 호크스(Richard Hawkes)도 다음과 같은 주장을 펼쳤다. "청교도들은 충만한 확신을 믿

---

5 John Rogers, *The Doctrine of Faith: wherein are particularly handled twelve Principall Points, which explaine the Nature and VSE of it* (London: N. Newbery and H. Overton, 1629), 201.

6 John Downame, *A Treatise of the True Nature and Definition of Justifying Faith* (Oxford: I. Lichfield for E. Forrest, 1635), 12-13.

7 Robert Harris, *The Way to True Happinesse* (London: I. Bartlett, 1632), 2:51.

8 William Ames, *Medvlla S. S. Theologiae, ex sacris literis, earumque interpretibus, extracta & methodic disposita* (Amstelodami: Joannem Janssonium, 1627), 1.27.19.

음의 초기 신뢰와 구분했으나 정작 둘 사이를 갈라놓는 것은 허용하지 않을 것이다. 왜냐하면 충만한 확신은 믿음의 최초의 행위 안에 내포된 확신에서부터 자라나기 때문이다."[9] 그러므로 청교도 신학자들은 확신으로 성장해 가는 믿음은 물론이고 믿음에서부터 자라나는 확신에 대해서도 언급했다. 예를 들어, 브룩스는 다음과 같이 썼다. "믿음은 때가 되면 저절로 자라나 확신으로 나아갈 것이다.[10]

그러나 청교도들이 주로 관심을 가졌던 것은 믿음이 생기던 순간부터 존재해 연약하지만 꾸준히 성장해 온 확신이 아니라 온전한 확신이었다. 그들은 그리스도께 충성을 다하는 믿음과 그리스도 안에서 확신하는 (혹은 증거를 가진) 믿음을 구별했다. 신자는 후자를 통해 그리스도께서 특별히 자신을 위해 죽으셨다는 사실을 알게 된다.[11] 앤서니 버지스에 따르면, "(그리스도께) 충성하는 믿음에는 이 증거의 믿음이 없는 경우가 많다. … [우리는 죄로 인해] 우리의 확신을 없애 버린다. 하나님의 백성들은 이 증거의 믿음이라는 위로가 되는 신념 없이 살아가는 경우가 많다."[12]

어떤 청교도 저작에서는 확신을 일컬어 자신이 하나님의 자녀라는

---

9 Richard Hawkes, 'The Logic of Assurance in English Puritan Theology', 250.
10 Brooks, *Heaven on Earth*, 15, 21. 존 다드(John Dodd)와 로버트 클리버(Robert Cleaver)는 약속에 대한 동의와 신뢰로 주어진 "달빛"확신과 충만한 확신에 도달한 "햇빛" 확신을 구분했다.
11 Ames, *Medvlla*, 1.27.16; Ball, *A Treatise of Faith*, 90ff.; Robert Bolton, *Some General Directions for a Comfortable Walking with God* (London: Felix Kyngston, 1625), 321-2; John Preston, *The Breast-Plate of Faith and Love*, 5th ed. (London: W. I. for Nicholas Bourne, 1632), part 1, 63-4.
12 Burgess, *Spiritual Refining*, 672.

사실에 대한 성숙한 신뢰라고 말하고, 다른 저작에서는 확신이 모든 믿음 속에 존재하는 무언가라고 말하기는 하지만, 믿음과 확신 사이에 존재하는 유기적인 관계는 이것이 신학적으로 큰 차이가 있지 않음을 보여 준다. 존 로저스는 이렇게 말했다. "큰 거인도 한때는 포대기에 싸여 있었으며, 큰 참나무도 한때는 잔가지에 불과했다. 이처럼 믿음도 한 알의 겨자씨에서 자라 큰 나무가 된다."[13] 지금 검토하고 있는 청교도 저작의 저자가 믿음 안에 씨앗의 모습으로 내재된 확신에 대해 말하는지, 아니면 성숙한 믿음에 속해 자신감 넘치는 확신에 대해 말하는지는 그 작품의 배경에 의해 결정된다.

대단한 영성을 가진 잉글랜드의 시인이자 칼뱅주의 작가였던 앤 더튼(Anne Dutton, 1692-1765)은 존 웨슬리에게 쓴 개인적인 서신에서 이러한 청교도들의 확신에 대해 잘 표현했다. 앤 더튼은 온전한 확신 혹은 그리스도의 위대한 구원 안에 지분이 있음에 대한 충만한 확신이 없다면 믿음이 아니라는 생각에 반대하며, 다음과 같이 말했다.

> 참되고 구원하는 믿음은 본질적으로 혹은 본성적으로 확신을 가지고 있다. 믿음의 행위에 있어서도 마찬가지다. 하지만 이 확신은 믿음의 첫 행위에서 잠재되어 있거나 숨겨져 있으며, 믿음이 더 큰 힘을 가질 때까지 감각적으로 인식되지 않는다. … 나는 일반적으로 성자들의 믿음이 처음 활동할 때, 그들이 경험하는 확신은 자신의 구원에 대한 확신이라기보다는 오히려 구원하는

---

13 Rogers, *The Doctrine of Faith*, 200.

대상에 대한 확신이이라고 믿는다. … [이런 방식으로], 믿음은 확신에서 분리될 수 있다. 혹은 처음 활동할 때 믿음은 확신에 앞선다.[14]

확신에 도달하는 데 걸리는 시간

싱클레어 퍼거슨은 다음과 같이 말했다. "확신을 경험하는 것은 복잡한 일일 수 있다. 그 이유는 간단하다. 바로 우리 자신이 아주 복잡한 인간이기 때문이다. 타고난 우리의 정신 속에는 확신을 거부하려는 성향이 많다. 사랑받는 우리가 진정 사랑받고 있음을 알기까지, 용서받은 우리가 진정 용서받았음을 알고 누리기까지 시간이 걸릴 수 있다."[15]

웨스트민스터 신앙고백에 따르면, "참된 신자는 오래 기다리며 수많은 갈등을 겪은 후에야 그것을 소유할 수 있다"(18.3). 하지만 일반적으로 믿음과 확신의 관계는 시간의 흐름에 따라 강해지며, "많은 신자 가운데 자라 그리스도를 통해 충만한 확신에 이른다"(14.3). 믿음의 도토리는 대개 충만한 확신의 참나무로 진화하기 마련이다. 처음에는 믿음이 겨우 삼십 배의 결실을 가져올 것이다. 하지만 적절한 영양분을 공급하고 복을 내려주시는 성령께서 함께하실 때 믿음은 종종 백 배의 결실을 맺을 것이다(마 13:8).

은혜는 일반적으로 나이를 먹어감에 따라 성장하고, 믿음이 증가할

---

14 Anne Dutton, letter to John Wesley, in *Selected Spiritual Writings of Anne Dutton* (Macon, Ga.: Mercer University Press, 2002), 1:25-7.
15 Ferguson, 'Reformation and Assurance', 20.

때 은혜도 함께 증가한다. 리처드 십스에 따르면 젊은 신자들은 보통 엄청난 열정을 보여 주는 반면 연세가 많은 신자들은 "안정적이고 강인하며 보다 정제된 신앙을 가진다."[16] 뿐만 아니라 브룩스는 이렇게 기록했다. "확신은 강인한 사람들을 위한 고기다. 그 고기를 먹고 소화시킬 수 있는 아기는 거의 없다."[17] 찰스 스펄전은 일부 젊은 신자들의 경우 "봄에 익은 과일이 맺히기를 기대하면서 나무에 꽃만 무성하다는 이유로 열매 맺지 못하는 나무라고 결론 내리는" 큰 실수를 범한다고 말했다.[18] 이러한 실수로 말미암아 그들의 영혼은 절망하게 되어 열매 맺지 못하게 될 수 있다. 비록 확신을 얻기 위해 온 힘을 기울여야 하겠지만, 그들은 물론이고 그들 주변의 성숙한 성도들은 은혜의 단계에서 아기에 불과한 자들이 높은 수준의 확신을 가지는 경우는 드물다는 사실을 기억해야 한다. 이들은 육안이 아닌 믿음으로 걷는 법을 아직 제대로 배우지 못했기 때문이다(참조. 요 9:25).

하지만 나이와 경험이 확신을 보장하는 것은 아니다. 또한 믿음과 온전한 확신을 동시에 심어 주는 것이 하나님께 불가능한 일도 아니다. 스펄전은 생애 마지막 순간까지 온전한 믿음의 확신을 누리지 못하는 목회자와 순교자들이 있는 반면, 마치 그리스도와 오랜 세월 동행해 온 마냥 그리스도에 대한 지분이 자신에게 있다고 확신하는 새신자들도 있다고 말한다.[19] 회심 때와 같이 하나님은 확신을 주실 때도 주권적인

---

16 Sibbes, *Works*, 7:222-3.
17 Brooks, *Works*, 2:371.
18 Spurgeon, *Metropolitan Tabernacle Pulpit*, 10 (1864): 549.
19 Spurgeon, *Metropolitan Tabernacle Pulpit*, 10 (1864): 558.

분이다. 하지만 버지스는 "일반적으로 하나님이 이 일을 점진적으로 하시기에" 자신의 구원에 대한 신자의 의심은 보통 은혜 안에서 성장하면서 줄어들게 된다고 말했다(벧후 1:5-10).[20]

마지막으로 조지 다우네임(George Downame)이 주지시키듯, 아무리 확신에 찬 그리스도인이라도 확신에 있어 성장할 수 있다. "이미 완벽해서 더 이상 확신이 자랄 필요가 없는 사람은 아무도 없다."[21] 신자는 더 큰 확신을 추구하는 가운데 은혜의 수단을 부지런히 사용하라는 일생의 부르심을 가지고 있다.

확신에 도달하기 위한 수단

웨스트민스터 신앙고백 18장 3항은 "하나님이 값없이 주신 바를 성령을 통해 알게 되면, 특별한 계시가 없어도 일반적인 수단을 적절히 사용해 그 확신에 도달할 수 있다"고 말한다. 버지스는 신자에게는 더 큰 확신을 얻기 위해 은혜의 수단을 부지런히 사용해야 한다는 일생의 부르심이 있다고 말했다. 왜냐하면 하나님은 확신을 주기 위해 주권과 수단 둘 다 사용하시기 때문이다.[22] 대표적인 네 가지 수단으로 하나님의 말씀, 성례, 기도, 그리고 고난 등이 있다. 하나님은 바로 이런 수단을 일반

---

20 Burgess, *The True Doctrine of Justification*, 152.
21 George Downame, *The Covenant of Grace* (Dublin: Society of Stationers, 1631), 109.
22 Anthony Burgess, *CXLV Expository Sermons upon the Whole 17th Chapter of the Gospel according to St. John* (London: Abraham Miller for Thomas Underhill, 1656), 356.

적으로 사용하셔서 더 큰 확신을 주신다.

하나님의 말씀

율법과 복음, 교훈과 약속을 의미하는 하나님의 말씀을 읽고 듣고 믿고 순종하며 암송하고 묵상하며 기도하고 노래하는 것은 거룩과 영적인 성장과 믿음의 확신에 이르는 주요한 방법이다. 바로 이런 이유로 베드로는 "순전하고 신령한 젖을 사모하라 이는 그로 말미암아 너희로 구원에 이르도록 자라게 하려 함이라"(벧전 2:2)고 조언한다.

확신 가운데 성장하고자 한다면 성경을 읽는 습관을 가지라. 하지만 이보다 더 중요한 것은 성경을 암기하고(시 119:11), 찾아보며(요 5:39), 묵상하고(시 1:2), 그 말씀대로 살고 그 말씀을 사랑하며(시 19:10, 119편), 주일날은 물론이고 평일에도 신실한 설교자들의 설교를 듣는 것이다. 성경과 성경을 서로 비교하고, 말씀을 연구하는 데 시간을 투자하라. 잠언 2:1-5은 개인적인 성장을 위한 진지한 성경 연구에 필요한 원리를 다음과 같이 제시한다. 배우고자 하는 마음가짐(하나님의 말씀을 받음), 순종(하나님의 계명을 기억함), 훈련(마음에 적용함), 의존(지식을 향한 갈망), 인내(숨겨진 보물을 찾음).[23] 홀로 하나님과 보내는 시간을 거의 가지지 않고 하나님의 말씀을 진지하게 받아들이지 않으면서 확신이 성장할 것을 기대하지 말라.

이제는 영광 가운데 소천하신 우리 교회 한 장로님은 어느 날 내가

---

23 Jerry Bridges, *The Practice of Godliness* (Colorado Springs: NavPress, 1983), 52. 『경건에 이르는 연습』(네비게이토출판사).

캘리포니아에서 열리는 컨퍼런스에 참여하기 위해 막 떠나려 할 때 전화를 해 이렇게 말씀하셨다. "목사님, 지금 어디세요? 이제 구원의 확신이 다 사라져 버렸어요. 지금 상황이 너무 끔찍합니다. 완전히 절망적이에요. 하나님이 나에게 화가 나셨어요. 내가 버려진 것 같다는 생각이 듭니다." 나는 장로님께 당장 만나 뵙고 싶지만 지금 공항으로 가야 하니 이틀 후에 뵙겠다고 말씀드리며 이렇게 덧붙였다. "제가 방문하기까지 매일 삼십 분이라도 하나님과 시간을 보내십시오. 십 분은 성경을 읽고, 십 분은 묵상하고, 십 분은 기도하세요."

그러자 장로님은 이렇게 대답하셨다. "저 그렇게 못합니다. 하나님은 제 기도를 혐오스럽게 생각하실 거예요." 그래서 나는 단호하게 말씀드렸다. "그래도 해야 합니다. 하나님께 기도하지 않는 것은 두 배나 혐오스러운 일입니다. 사탄이 그렇게 하지 말라고 무슨 말을 하든 듣지 말고 그저 제 말대로 하십시오."

내가 다시 집에 돌아왔을 때, 책상에 메모가 남겨져 있었다. "N장로님을 만날 필요가 없음. 그의 영혼에 대한 모든 문제가 해결되었음." 이 경우에 해답은 간단했다. 말씀으로 돌아가 묵상하고 기도하는 것이었으니까. 성령께서는 그 장로님의 확신을 회복시키기 위해 이런 일반적인 방법을 사용하셨다.

성경이 우리 안에 들어와 우리 확신을 성장시킨다면, 우리는 반드시 성경으로 들어가야 한다. 찰스 스펄전은 이에 대해 다음과 같이 말했다. "영적 침체를 겪는 사람들은 먼지가 낀 성경에서 시작해 더러운 예복으로 끝난다."[24] 말씀을 등한히 여기는 것은 곧 주님을 등한히 여기는 것이다. 하지만 토머스 왓슨(Thomas Watson)이 말했듯, 성경을 "하나님이 우리에게 보내신 연애편지"로 여기며 읽는 사람들은 성경에서 유익을 얻고 확신 가운데 자라날 것이다. 왓슨은 계속해서 이렇게 말했다. "성경의 모든 구절을 읽을 때마다 하나님이 우리에게 말씀하시는 것이라고 생각하라. 그러면 성령의 조명을 통해 위로하고 변화시키며 확신시키는 성경의 능력을 경험하게 될 것이다."[25]

성경을 꾸준히 읽기 위해 훈련하라. 당신이 하나님의 말씀을 읽고 있음을 기억하라. 일정한 시간을 떼어 놓고, 장소를 찾아, 성경을 어떻게 읽을지 계획을 세우라. 성경을 읽을 때 하나님을 향한 경외심을 가지고 접근하라. "듣기는 속히 하고 말하기는 더디" 하며(약 1:19) 마리아처럼 하나님의 말씀을 우리의 마음에 쌓아 두겠다고 결심하라. 그리스도에 대한 믿음을 가지고 성경에 접근하라. 하나님이 펼치도록 책을 넘겨주신 유다 지파의 사자, 그리스도를 바라보라(계 5:5-8, 6:1). 성경을 볼 때 하나님과 우리 자신에 대해 배우고 싶다는 신실한 열망을 가지라. 배우고자 하는 마음을 가지고 성경을 보아야 한다. 진리와 지혜와 생명과 사랑을 얻기 위해 읽으라. 부지런히 읽으라. 리처드 그린햄(Richard Greenham)은 숨겨진 보물을 찾기 위해 땅을 팔 때보다 성경을 더 부지런히 읽어야 한다고 말했다. 성실함은 거친 곳을 평평하게, 어려운 것을 쉽게, 맛

---

24 Blanchard, comp., *Complete Gathered Gold*, 62.
25 Cf. Thomas Watson, *Heaven Taken by Storm* (Morgan, Pa.: Soli Deo Gloria, 1994), 12-15. 『천국을 침노하라』(생명의말씀사).

없는 것을 맛있게 만든다.[26]

한 번에 성경 한 권, 한 장, 한 절, 한 주제 혹은 하나의 교리에 대해 연구하라. 그리고 스스로 이렇게 물으라. 이 단어들, 또는 이 구절들은 오늘을 살아가는 나에게 실제로 어떤 말씀을 하고 있는가? 여기서 내 삶에 적용할 수 있는 교훈은 무엇인가? 이 구절을 통해 알 수 있는 교리는 무엇인가? 이 구절을 연구하면 매일의 삶을 살아가는 데 길잡이가 될 만한 내용을 발견할 수 있을까? 다시 말해, 감사할 거리나 성령의 능력으로 변화되어야 할 부분을 발견할 수 있을까? 좀 더 열심을 다해 싸워 나가야 할 죄나 보다 공격적으로 추구해야 할 의, 혹은 보다 충분히 붙들어야 할 약속이 여기 있는가? 이 구절을 연구하면서 나는 무엇을 경험해야 할까? 이 본문에서 나는 무엇을 느껴야 할까? 기쁨인가, 슬픔인가, 아니면 기쁨과 슬픔이 혼합된 감정인가? 어떻게 해야 내가 읽는 성경의 내용을 복잡한 내 삶에 적용시켜 더 큰 확신을 가질 수 있을까?

성경에서 읽은 내용에 대해 묵상하는 것도 중요하다. 우리는 성경을 열심히 읽을 수 있겠지만 읽은 내용에 대해 생각하고 연구하지 않으면 아무런 열매도 얻을 수 없다. 독서를 하게 되면 어느 정도 지식을 쌓을 수 있다. 그러나 우리의 확신을 더욱 깊이 있게 하고 성장시키는 것은 오직 말씀에 대한 묵상과 연구뿐이다. 독서와 묵상의 차이는 보트를 타고 표류하는 것과 목적지를 향해 노를 젓는 것의 차이와 같다. 우리가

---

26 Richard Greenham, *The Works of the Reverend and faithfull servant of Iesus Christ M. Richard Greenham* (London: Felix Kingston for Robert Dexter, 1599), 390-391.

그냥 읽기만 한다면, 목표 없이 표류하고 말 것이다. 그러나 읽은 내용에 대해 묵상하고 그에 따라 기도한다면 목적지를 향해 나아가게 할 노를 갖게 될 것이다.

묵상은 헛되고 죄악된 생각을 막아 주며(마 12:35) 의지할 수 있는 내적인 자원을 제공하여(시 77:10-12) 더 큰 확신을 갖는 데 도움을 준다. 묵상은 유혹에 맞서 싸우는 무기가 되며(시 119:11, 15) 고난 가운데 힘을 주며(사 49:15-17), 하나님을 영화롭게 한다(사 49:3).

읽은 내용을 기도하고, 배운 내용을 사람들과 나누며, 거룩을 추구함으로써 읽은 내용을 실천에 옮기라. 성경을 읽으면서 거룩하고 순종적인 삶을 위한 성경적 방식을 발전시키라. 이는 확신을 추구하도록 돕는 수단이 될 수 있다. 고린도전서에서 도움이 될 만한 내용을 가져와 보았다. 어떤 행동에 대해 고민이 된다면, 스스로 이렇게 물어보라.

- 이것은 하나님을 영화롭게 하는가?(고전 10:31)
- 이것은 그리스도의 주되심과 조화를 이루는가?(고전 7:23)
- 이것은 성경의 예와 일관성이 있는가?(고전 11:1)
- 이것은 영적, 정신적, 육체적으로 나에게 적법하며 동시에 유익이 되는가?(고전 6:9-12)
- 이것은 다른 사람에게 긍정적인 도움을 주며 불필요하게 그들에게 상처를 주지는 않는가?(고전 8:13, 10:33)
- 이것은 나를 노예로 만드는 권세 아래 있게 하지는 않는가?(고전

6:12)²⁷

지혜로운 사람이 되려면 성경을 읽고 연구하라. 안전하려면 성경을 믿어야 한다. 거룩하기 위해서는 성경을 실천하라. 성경이 우리를 붙잡을 때까지 성경을 붙잡으라. 성경을 나침반으로 삼아 확신과 거룩을 증진시키고, 인생에 여러 결정을 하며, 개인적으로 밀려오는 고난의 높은 파도를 맞이할 때 성경의 인도를 받으라.

성례

그리스도에 대한 믿음을 강하게 하려면 은혜의 수단인 세례와 성찬이라는 성례를 부지런히 사용하라. 확신에 있어 하나님의 말씀과 약속이 주된 수단이지만 성례도 택한 백성을 향한 하나님의 영원한 헌신을 확증하는 인장이기에, 이를 통해 확신이 더 증대될 수 있다. 버지스는 이에 대해 다음과 같이 말했다. "우리를 향한 하나님의 약속은 깨지지 않으며 이보다 더 확실한 것이 없겠지만, 그럼에도 하나님은 우리를 향한 자신의 약속을 보증하고 확증하기 위해 성례를 더하신다."²⁸ 신자가 믿음으로 성례를 받을 때, 그는 하나님이 약속하신 것에 대한 보증서를 받고, 하나님과의 언약을 새롭게 한다. 그때 비로소 언약에 대한 확신과 의무는 하나가 된다. 하나님의 약속은 성례를 통해 가시적이고 반

---

27 이 공식의 대부분은 싱클레어 퍼거슨(Sinclair Ferguson) 박사가 1980년대 초반 웨스트민스터 신학교의 박사과정 수업에서 제공한 공식에서 가져왔다.
28 *Faith Seeking Assurance*, 145-6 (*Spiritual Refining*, 53).

복적이고 인격적인 약속이 된다.

하나님의 성례는 하나님의 말씀을 보완하는 역할을 한다. 성례를 통해 우리는 자기 자신에게서 눈을 뗀다. 물과 떡과 포도주라는 각각의 표지는 그리스도와 십자가에서 이루신 그분의 희생을 믿도록 명령한다. 성례라는 가시적인 수단을 통해 그리스도께서 우리와, 우리가 그리스도와 나누는 보이지 않는 교제가 드러나며, 그리스도는 자신을 우리에게 주시고 우리가 믿음으로 그분을 받아 먹게 된다. 성례는 신자가 그리스도를 닮고 거룩하게 되며 확신을 가지도록 박차를 가한다.

청교도들이 종종 '성례적 확신(sacramental assurance)'이라는 용어를 사용했지만, 이는 성례할 때 얻는 확신과 말씀이 선포될 때 얻는 확신이 다르기 때문은 아니었다. 성례적 확신이라는 용어를 사용한 것은 하나님의 백성이 고난당하신 구세주께서 자신들을 위해 하신 일과 지금 하고 계신 일에 초점을 두고 믿음으로 성례에 참여할 때, 큰 확신을 얻는 경우가 많기 때문이었다. 설교와 성례 모두 동일한 그리스도를 전한다. 하지만 로버트 브루스(Robert Bruce)가 썼듯, "말씀보다 성례를 통해 더 나은 그리스도를 가질 수는 없지만, 때로 성례를 통해 그리스도를 더 잘 알게 되는 경우는 있다."[29]

그런데 양심상 다음과 같은 질문을 던지는 그리스도인들도 있다. "나에게 확신이 있는지 씨름할 때에는 성찬에 참여하지 말아야 합니까? 그런 상태에서 나를 기념하여 성찬에 참여하라는 그리스도의 명령

---

29 Robert Bruce, *The Mystery of the Lord's Supper*, trans. and ed. Thomas F. Torrance (Richmond: John Knox Press, 1958), 82.

을 따르지 않는 것이 옳습니까?"

믿음의 확신이 부족한 그리스도인들의 연약한 양심이 기억해야 할 사실이 하나 있다. 바로 성찬식은 특히 연약한 믿음을 강하게 하기 위해 제정되었다는 것이다. 그러므로 성찬식은 "확신하게 하는 성례"다. 성찬식을 통해 연약한 신자들은 자신이 그리스도를 기념하며 떡과 포도주는 먹는 것만큼이나 확실히 자신의 모든 죄가 그리스도의 대속적인 죽음을 통해 용서받았음을 확신할 수 있다. 하이델베르크 요리문답 75문은 이 사실을 다음과 같이 확실하게 강조한다.

> 그리스도께서는 나와 모든 신자에게 그리스도를 기념하여 이 떡을 먹고 이 잔을 마시라고 명령하시고 또한 이렇게 약속하셨다. 첫째, 주님의 떡이 나를 위해 떼어지고 잔이 나에게 분배되는 것을 내 눈으로 보는 것처럼 확실히 주님의 몸은 나를 위해 십자가에 드려지고 찢기셨으며 주님의 피도 나를 위해 흘리셨다. 둘째, 그리스도의 몸과 피에 대한 상징으로 목회자의 손을 통해 주님의 떡과 잔을 내가 받아 입으로 맛보는 것처럼 확실히 주님께서는 나의 영혼을 먹여 영원한 생명을 얻도록 하신다.

웨스트민스터 대요리문답은 이 문제를 더욱 날카롭고 목회적인 시각에서 다룬다.

172문. 자신이 그리스도 안에 있는지 혹은 자신이 성찬에 합당한 준비가 되었는지 의심하는 사람도 성찬에 참여할 수 있는가?

답. 자신이 그리스도 안에 있는지 혹은 주의 성찬에 참여할 준비가 되어 있는지 의심하더라도 비록 확신은 없지만 참으로 그리스도 안에 있는 사람일 수 있다. 그가 그리스도에 대한 확신이 부족하다는 사실에 대해 충분히 염려하며, 순수한 마음으로 그리스도 안에 있고 싶어 하고, 죄악에서 떠나고자 한다면, 하나님 보시기에 그는 하나님 안에 있는 것이다. 하나님은 믿음이 약하고 의심하는 그리스도인들을 안심시키기 위해 약속을 주시고 성례도 정하셨다. 이 경우 그는 자신의 불신앙을 애통해 하고 의심을 없애기 위해 힘써야 한다. 그렇게 하는 가운데 그는 자신의 믿음을 더욱 강화하기 위해 성찬에 참여할 수 있을 뿐만 아니라 반드시 성찬을 참여해야 한다.

실천적인 측면에서 이 분명한 신앙고백의 진술에 더하고 싶은 내용이 있다. 사십 년 넘게 목회 생활을 하는 가운데, 나는 자신의 구원에 대해 확신하지 못하는 안타까운 신자들이 성찬에 참여할 때 믿음이 너 강화되고 확신도 성장하는 반면, 성찬에 참여하지 않고 그리스도의 명령을 충실히 따르지 않은 사람들의 경우 영적인 어두움이 한동안 그들의 영혼에 엄습하는 것을 반복적으로 경험했다.

기도

말씀과 성례에는 반드시 기도도 동반되어야 한다. 버지스는 이에 대해 다음과 같이 말했다. "확신이라는 특권을 얻기 위해 열심을 품고 주의를 기울여야 한다. 그리고 확신을 달라고 끈질기게 기도하는 일을 우리

의무로 삼아야 한다."³⁰

확신을 갖고 기도하는 법을 가르쳐 달라고 간구하기 위해 존 번연이 기도에 대해 내린 정의의 모든 문구를 받아들이라. "기도는 진실하게 온 감각과 감정을 다해 영혼을 하나님 앞에 쏟아내고 성령의 도우심으로 하나님이 약속하신 것을 간구하며 교회의 유익을 위해 믿음으로 하나님의 뜻에 복종하는 것이다."³¹ 이제 번연이 이 정의를 어떻게 적용했는지 기억하라. "기도한 다음, 우리는 기도보다 더 많은 것을 할 수 있다. 하지만 기도하기 전에는 기도보다 더 많은 것을 할 수 없다."³² "쉬지 말고 기도하라. 기도는 영혼에게는 방패가 되고 하나님께는 희생제사가 되며 사탄에게는 재앙이 된다."³³

확신 안에서 성장하고자 한다면, 기도 가운데 당신 자신을 붙잡으라. 기도를 소중히 여기고 기도를 우선순위에 두며 기도 가운데 하나님께 정직하게 아뢰고 끊임없는 자세와 기도의 영을 계발하고 다른 사람들을 위해 기도하며 기도를 위해 성경을 읽으라. 기도하면서 하나님을 붙잡으라. 하나님의 말씀으로 기도하고 하나님께 그분의 약속을 제시하며 복되신 삼위일체를 붙잡되 각각의 위격을 붙들고 하나님이 기도

---

30 *Faith Seeking Assurance*, 174-5 (*Spiritual Refining*, 673); cf. Burgess, *The True Doctrine of Iustification*, 273.
31 John Bunyan, *Prayer* (reprint, Edinburgh: Banner of Truth Trust, 2007), 1.
32 I. D. E. Thomas, comp., *The Golden Treasury of Puritan Quotations* (Chicago: Moody Press, 1975), 210.
33 John Bunyan, *The Works of John Bunyan*, ed. George Offor (1854; reprint, Edinburgh: Banner of Truth Trust, 1991), 1:65.

에 응답하신다는 사실을 믿으라.[34] 성령의 은혜로 말미암아 또 기도를 통해 하나님과 우리 자신을 붙들게 되면, 프란시스 테일러(Francis Taylor)가 말한 경험을 하게 될 것이다. "열렬한 기도를 통해 하나님의 선한 뜻을 더 많이 볼수록 하나님은 우리를 확신으로 인도하실 것이다."[35] 뿐만 아니라 윌리엄 구지(William Gouge)는 다음과 같이 말했다. "기도는 하나님으로부터 오는 축복을 얻게 하는 가장 주요한 수단이다. … 하나님은 자기 성도들의 기도에 따라 자신이 약속하신 은혜를 통해 그 축복을 주신다."[36]

고난

정확히 말해 고난을 수단이라 부를 수는 없지만, 신자의 믿음을 성숙하게 하기 위해 하나님은 갈등과 의심과 시험도 사용하신다. 일반적으로 확신은 치열한 영적 전쟁이 끝난 다음에 온다. 그러므로 확신에는 선쟁의 상처가 있다. 버지스는 이렇게 말했다. "확신은 하나님과 오랫동안 친밀한 관계를 맺고 하나님의 방식대로 살며 하나님을 위해 많은 것을 인내한 사람들이 누리는 특권이다."[37] 확신은 강력하고 성숙한 신앙의 열매이다. 하지만 그렇다고 해서 나이나 경험이 확신을 보장하지 않으며,

---

34 이 사상에 대해 더 구체적인 정보를 원하면, 'Prayerful Praying Today', in *Taking Hold of God: Reformed and Puritan Perspectives on Prayer*, ed. Joel R. Beeke and Brian G. Najapfour (Grand Rapids: Reformation Heritage Books, 2011), 223-240을 보라.
35 Francis Taylor, *Gods Choise and Mans Diligence* (London, 1625), 199.
36 William Gouge, *The Right VVay* (London: A. Miller for Ioshua Kirton, 1648), 17-18.
37 *Faith Seeking Assurance*, 97 (*Spiritual Refining*, 35).

새신자라고 해서 확신의 복을 누리지 못하는 것도 아니다. 이와 관련해 버지스는 다음과 같이 말했다. "하나님은 때때로 새롭게 회심한 자에게도 확신을 주신다. 이들이 죄에 심하게 억눌려 영적으로 연약한 경우 신랑 되신 하나님의 사랑을 깨닫게 하시는 것이다. 아리스토텔레스가 말했듯이, 부모는 종종 가장 어린 자녀에게 가장 부드러운 모습을 보이는데 이는 그 아이야말로 스스로를 돌볼 수 없는 가장 연약한 존재이기 때문이다."[38]

그러므로 더 큰 확신을 얻고 싶다면, 하나님 앞에서 선한 양심을 가지고 살면서 성경과 성례와 기도와 심지어 우리에게 닥친 고난이라는 일상적인 수단을 활용하라. 그리고 이러한 수단과 함께 건전한 신앙서적을 읽고, 신자들과 교제를 나누며, 주일을 성수하고, 영성 일기를 꾸준히 쓰며, 복음을 전하고, 다른 사람들을 섬기는 일 등과 같이 분량상 이 책에서 다룰 수 없지만 귀중한 여러 영성 훈련법을 활용하라. 하나님은 이런 각각의 수단들이 우리의 확신을 성장시키는 일에 도움이 되도록 축복하실 수 있다. 은혜의 수단과 영성 훈련을 통해 부지런히 확신을 구할 때, 하나님은 다양한 정도의 확신을 우리에게 주실 것이다.[39]

확신 추구는 의무다

다음으로 웨스트민스터 신앙고백 18장 3항에서는 "자신의 부르심과 택

---

38 *Faith Seeking Assurance*, 97 (*Spiritual Refining*, 35).
39 Burgess, *The True Doctrine of Iustification*, 273.

하심을 굳게 하는 것은 모든 신자에게 주어진 의무다"(참조. 벧후 1:10)라고 말한다. 버지스는 확신을 추구하는 것이 의무라는 신앙고백의 신념을 확증한다.[40] 근심하는 영혼인 우리는 하나님을 나의 하나님으로 부를 수 있을 때까지 결코 쉼을 누리지 못한다.

찰스 스펄전은 특별 선택(particular election) 교리에 대한 설교에서 우리의 부르심과 택하심을 굳게 하는 의무는 우리가 "하나님을 향해 추구하는 의무가 아닌데, 그 이유는 부르심과 택하심은 이미 하나님께 확실하기 때문"임을 강조했다. 그렇기에 "부르심과 택하심에 대해 확신하고 이에 온전히 만족해야 한다"는 것이다. 계속해서 스펄전은 부르심과 택하심을 굳게 하려면 "모든 힘을 다하여" 이 일에 착념해야 한다고 말했다. 또한 하나님이 신자들에게 믿음의 확신을 주시는 일반적인 방법은 "계시나 꿈이나 신비한 현상이 아니라 힘써 수고하는 것"이라고 설명하면서 다음과 같이 덧붙였다. "게으른 사람들은 확신을 가질 권리가 없다. … 의심하는 상태에서 벗어나고자 한다면, 먼저 게으름을 떨쳐버려야 한다. 두려워 떨지 않으려면, 먼저 무관심하고 미적지근한 상태에서 빠져 나와야 한다. 미지근함과 의심, 게으름과 두려움은 서로 손을 맞잡고 가는 동지이기 때문이다. 성령의 복된 영향력과 도우심을 통해 믿음의 충만한 확신이라는 탁월한 은혜를 누리고자 한다면, 성경이 '힘써 너희 부르심과 택하심을 굳게 하라'고 하는 대로 행하십시오." 그런 다음 스펄전은 앞선 여섯 절에서 베드로가 하나님이 주시는 은혜로 언

---

40 *Faith Seeking Assurance*, 174-5 (*Spiritual Refining*, 673).

급하는 본문을 들어 확신을 얻으려면 어떻게 해야 하는지 설명했다. 첫째, 항상 확신의 주요한 기초가 되는 하나님의 "보배롭고 지극히 큰 약속"을 받는다(4절). 둘째, "'믿음'에 열심을 내라. … 오직 그리스도만을 붙잡으라. '덕'을 행하도록 수고하라. … 성경을 열심히 연구해 '지식'을 쌓으라. … 그리고 지식에 '절제'를 더하라. … 그리고 성령의 도우심으로 여기에 '인내'를 더하라. … 그리고 인내를 갖게 되었다면 이제 '경건'을 얻으라. … 그런 다음 거기에 형제에 대한 친절과 '사랑'을 더하라."[41]

요약하면, 하나님은 기도하는 마음으로 그리고 열정적으로 확신을 추구하라고 명령하면서 이를 축복하겠다고 약속하셨다. 번연은 "지금 하나님이 은혜로 주신 것을 발전시킬 때 이는 하나님을 기쁘시게 하며, 하나님이 우리에게 더 많은 은혜를 주시게 한다"고 한 후에 "그러므로 더 많은 은혜를 얻으라"고 말했다.[42]

윌리엄 거스리는 이것이 어떻게 역사하는지 간략하게 설명했다. "당신의 짐을 그리스도의 보혈 앞에 내려놓는 법을 배우라. 모든 대화 속에서 순결과 거룩을 배우라. 성령의 증언이 피와 불과 함께 결합되도록 기도하라. 그러면 이런 것 위에 성령의 증언이 더해져 그리스도 안에 있는 우리 지분에 대한 믿음 안에서 우리를 굳건하게 할 것이다."[43]

토머스 브룩스도 확신을 유지하고 굳게 하는 의무를 행하는 데 유용한 목록을 제공해 주었다. (1) 처음 확신을 얻을 때 활용했던 은혜의

41　Charles Spurgeon, *Metropolitan Tabernacle*, 10 (1864):132-133.
42　Richard L. Greaves, *John Bunyan* (Grand Rapids: Eerdmans, 1969), 149에서 인용.
43　Guthrie, *The Christian's Great Interest*, 196.

수단과 영성 훈련을 부지런히 활용하라. 예를 들면, 기도, 말씀 읽기와 듣기, 성찬, 성도의 교제 같은 것들이다. (2) 양자, 칭의, 화목과 같이 우리가 이미 얻은 영적이고 영원한 특권에 대해 자주 묵상하라. (3) 확신과 은혜보다도 그리스도를 더 귀하게 여기라. (4) 영혼을 굳게 해 유혹과 부패에 대항하기 위해, 그리고 그리스도인으로서의 결단과 정서와 삶을 증진시키기 위해 지금 가진 확신을 활용하라. (5) 겸손히 하나님과 동행하라. (6) 다른 신자들의 확신을 약화시켰던 죄악들을 경계하고, 우리에게서 확신을 빼앗아 갈 저 끔찍한 악에 대해 진지하게 고민하라. 확신을 되살리기 얼마나 어려운지 함께 고민하라.[44]

뿐만 아니라 이 의무에 진지하게 임하다 보면 그리스도인의 삶에 주어지는 다른 의무를 행하는 데도 도움이 될 것이다. 의무에 대한 청교도들의 강조는 확신을 특별한 성인들에게 주어지는 특권으로 간주해서는 안 된다는 신념을 더욱 강화시켜 준다. 적어도 어느 정도의 확신은 신자에게 있을 수밖에 없다는 사실을 믿지 못하면 우리는 열매 없는 영적 상태에 머물기 쉽다.

확신을 통해 맺는 열매들

마지막으로 웨스트민스터 18장 3항은 확신이 하나님을 영화롭게 하고 즐거운 열매를 맺는다고 강조한다. 그 결과 신자의 "그의 마음에는 성령

---

44 Brooks, *Heaven on Earth*, 306-11.

께서 주시는 평안과 기쁨, 하나님을 향한 사랑과 감사, 순종의 의무를 다하는 힘과 즐거움이 커질 것이다. 이것은 확신에 속한 적합한 열매로서, 이 확신은 사람을 결코 해이하게 만들지 않는다."

확신은 하나님을 영화롭게 하고 영혼을 만족시킨다. 그리고 영적인 평안, 기뻐하는 사랑, 겸손한 감사, 즐거운 순종, 진심어린 죄 죽임 등의 표지를 가진 거룩한 삶을 만든다.[45] 확신이 만들어내는 하나님과 다른 이들을 향한 참된 사랑은 성도 간에 유대감을 형성시키고 예배하고픈 마음을 자극하며 복음 전도에 열심을 품을 수 있도록 힘을 공급해 준다. 토머스 브룩스는 이렇게 말했다.

참된 확신은 다른 사람에게 복음을 전하고자 하는 마음이 강력하게 일어나게 할 것이다. 확신에 찬 영혼은 다른 동료들 없이 천국에 가고 싶어 하지 않는다. … 이 확신은 모든 자비를 달콤하게 만들고, 모든 의무를 달콤하게 만들며, 모든 율례를 달콤하게 만들고 모든 섭리를 달콤하게 만들 것이다. 확신은 우리의 죄악된 두려움과 염려를 제거할 것이다. 확신을 통해 어떤 짐이라도 편안히 질 수 있으며, 사는 것보다 죽음을 소망하게 될 것이다. 확신은 유혹에 더 강하게 저항하게 만들고 대적에게서 더욱 승리하게 만들며 모든 어려운 상황에서 더욱 침묵하게 만들 것이다. 참된 확신은 모든 겨울밤을 여름의 낮으로, 모든 십자가를 왕관으로, 모든 광야를 낙원으로 변화시킬 것이다. 참된 확신은 우리를 방어하는 칼이자 우리를 지지하는 지팡이요, 우리에게 힘을 주

---

45 Owen, *Of the Mortification of Sin*, in *Works*, 6:33-53.

는 달콤한 음료이자, 우리를 치료하는 지지대이자, 우리를 인도하는 별이 될 것이다.[46]

한 마디로 말해 확신은 믿음을 더 자라게 하며, 기독교적 성품에서 나오는 다른 모든 요소가 그로부터 흘러나온다. 이와 같이 믿음이 힘을 얻게 되면 그리스도인의 개인적인 삶의 모든 부분에서 새로운 영적 에너지가 방출된다. 토머스 굿윈은 이를 가리켜 모든 그리스도의 은혜의 새로운 형태(new edition)라 불렀으며, 이를 통해 삼위일체 하나님과의 교제가 깊어지고 특히 중보 기도의 삶이 확장된다고 여겼다.[47]

버지스는 확신의 열매를 더 넓은 의미에서 구체적으로 설명했다.

첫째, 확신은 하나님과 더 긴밀히 교제하고 관계를 맺게 한다. "나는 내 사랑하는 자에게 속하였고 내 사랑하는 자는 내게 속하였으며"(아 6:3)라고 말할 수 있는 교회는 그리스도와의 영적인 교통이 풍성하다. 확신과 반대로 두려움과 의심은 그리스도에게 무관심하게 만들고 그분 앞에서 노예처럼 두려워 떨게 한다.

둘째, 확신은 충성스럽고 복음적인 마음의 구조를 만들어 준다. 하나님을 아버지라고 부를 수 있게 하는 양자의 영은 아들이 가진 겸손한 성품도 안겨 준다. 그리하여 우리가 순수한 의도와 동기로 하나님을 섬길 수 있게 한다.

---

46 Brooks, *The Crown and Glory of Christianity, or Holiness, the Only Way to Happiness*, in *Works*, 4:235.
47 Goodwin, *Works*, 1:251.

셋째, 확신은 외적으로 비참한 상황과 문제를 겪을 때 우리에게 힘을 준다. 집이나 안전, 혹은 생명과 같은 그 어떤 것도 확신할 수 없을 때 자신의 마음에 역사한 하나님의 은혜에 대한 확신은 결코 무너지지 않는 대리석으로 만든 담장이 될 것이다. …

넷째, 하나님의 사랑에 대한 확신은 기도에 대한 동기를 부여할 것이다. 기도는 열망에 불을 붙이고, 소망을 증가시키고, 하나님께 보다 끈질기게 간청할 수 있게 만든다.…

다섯째, 확신은 온유한 마음으로 죄와 싸우며 살아가게 한다. 이런 악은 주님이 얼마나 달콤한 분이며 그분의 호의가 얼마나 귀한지 경험하지 못하게 하기 때문이다. 그렇기에 그리스도인은 이 엄청난 보물을 포기하지 않도록 주의를 기울일 것이다.

여섯째, 확신은 그리스도의 재림을 참지 못하고 갈구하도록 만들어 준다. … 이 세상에서 확신의 시작이 이렇게 멋지고 탁월하다면 모든 두려움이 없는 저 천국에서는 얼마나 더 탁월하겠는가?

일곱째, 확신은 모든 필요를 채우기에 충분하신 하나님과 그리스도께 전적으로 동의하고 의지하도록 한다. 그래서 천국에서나 이 땅에서나 그리스도 외에는 아무것도 바라지 않게 될 것이다.[48]

버지스는 이 주제에 관한 자신의 마지막 설교에서 믿음의 확신을 소유하는 것이 주는 엄청난 유익에 대해 설명한다.

---

48 Faith Seeking Assurance, 69-71 (Spiritual Refining, 26).

확신은 영혼이 하나님에 대한 사랑으로 불타오르고 확장되게 한다. … 이 확신은 영적인 힘과 천상의 능력을 길러 주어 생명력을 가지고 모든 은혜와 의무를 감당하게 한다. … 확신은 마귀가 경건한 자에게 사용하는 모든 폭력적인 공격과 유혹을 막는 강하고 튼튼한 방패다. … 확신은 어떤 환경 가운데서도 마음의 만족을 가져오며 감사하고 생기 있는 마음을 주는 수단이다. … 확신은 죽음과 죽음이 주는 모든 두려움을 제거하는 확실하고 특별한 해독제다.[49]

확신이 주는 네 가지 놀라운 열매를 강조하면서 이 장을 마무리하겠다. 첫째, 확신은 시련을 변화시킨다. 말할 수 없는 고난을 겪을 때 욥이 말할 수 없이 강력한 확신을 고백했던 것은 유명한 사실이다. "내가 알기에는 나의 대속자가 살아 계시니 마침내 그가 땅 위에 서실 것이라 내 가죽이 벗김을 당한 뒤에도 내가 육체 밖에서 하나님을 보리라 내가 그를 보리니 내 눈으로 그를 보기를 낯선 사람처럼 하지 않을 것이라 내 마음이 초조하구나"(욥 19:25-27). 여기서 욥이 사용하는 모든 인칭대명사에 주목해 보라. 나의 대속자, (나의) 육체, 내가 보리라, 내 눈으로 그를 보기를. 그가 가장 고통스러운 시험 가운데 있을 때 확신은 그를 변화시켰다.

한 아버지가 시각 장애를 가진 아들, 조니를 데리고 병원에 갔다. 의사는 다소 차가운 어조로 진료 절차에 대해 설명하고는 조니를 검사

---

49 *Faith Seeking Assurance*, 195-201 (*Spiritual Refining*, 681-3).

실로 데리고 나갔다. 아버지는 의사에게 이끌려 가는 아들을 따라가며 불안한 목소리로 말했다. "조니야, 너를 데리고 가는 의사가 누군지 몰라서 무섭진 않니?" 조니는 이렇게 대답했다. "아빠, 나는 이분이 누군지 몰라요. 그치만 아빠는 이분이 누군지 안다는 걸 나는 알아요." 바로 이것이 그리스도인들이 시험을 당할 때 느끼는 것이다. 우리는 어떤 일이 왜 벌어지는지 잘 모를 때가 많다. 우리를 둘러싸고 있는 것은 온통 혼란과 불확실성뿐이다. 우리에게는 해답이 없다. 하지만 우리는 이렇게 말할 수 있다. "나는 모른다. 하지만 내 아버지께서 어떤 일이 일어나고 있는지 알고 계신다는 것만은 내가 안다. 또한 나는 하늘에 계신 내 아버지께서 나를 사랑하시고 그 마음과 손과 눈에 나를 품고 계신다는 사실을 안다. 바로 이것이 모든 것을 변화시킨다."

둘째, 확신은 만족을 선사한다. 찬송가 작사가인 화니 크로스비는 어릴 적에 회심했지만 심각한 독감에 걸렸다. 당시에는 매우 초기 단계의 약밖에 없었다. 의사는 뜨겁게 열이 오르는 그녀의 눈을 위해 겨자 습포제를 처방해 줬다. 결과는 최악이었다. 여덟 살에 불과한 화니는 그 후로 앞을 볼 수 없게 되었다. 화니는 여러 의사들을 만났다. 뉴욕에서 최고로 꼽히는 의사에게 갔을 때 그는 안타깝게도 화니가 평생 시각장애인으로 살게 될 것이라고 진단했다. 이 말을 듣고 집에 가서 그녀는 다음과 같은 글을 남겼다.

오, 나는 얼마나 행복한 아이인가

비록 앞을 보지 못할지라도

이 세상에서 나는

만족하며 살리라 작심했노라.

크로스비가 작사한 찬송가 〈예수로 나의 구주 삼고〉(Blessed assurance)의 첫 가사는 다음과 같다. "얼마나 복된 확신인가, 예수님이 나의 것이라니! 하늘의 영광을 미리 맛보는 것이로다!"

그러므로 이 확신은 고통스럽고 괴로운 고난 중에도 만족을 가져다 준다. 하박국 3:17-18은 이에 대한 좋은 예이다. "비록 무화과나무가 무성하지 못하며 포도나무에 열매가 없으며 감람나무에 소출이 없으며 밭에 먹을 것이 없으며 우리에 양이 없으며 외양간에 소가 없을지라도 나는 여호와로 말미암아 즐거워하며 나의 구원의 하나님으로 말미암아 기뻐하리로다."

확신이 주는 만족감으로 인해 우리는 이렇게 고백할 수 있다. "하늘에 계신 아버지는 자신이 무엇을 하는지 알고 계십니다. 하나님은 실수하지 않으십니다. 그러므로 나는 하나님을 신뢰할 것입니다. 하나님은 모든 것을 자신의 영광과 저의 유익을 위해 하십니다. 그 어떤 것도 그분의 사랑에서 나를 떼어놓을 수 없습니다"(롬 8:38, 39).

셋째, 확신은 경건을 고양시킨다. 웨스트민스터 신앙고백에서는 확신이 신자들을 해이해지게 만들지 않는다고 말한다. 달리 말해, 확신은 부주의한 생활과 도덕적으로 무관심한 상태와는 거리가 멀다는 것이다. 신자를 교만하게 만드는 것은 더더욱 확신과 상관없는 일이다. 오히려 확신은 신자를 겸손하게 하고 생기 있게 하며 경건하게 한다. 확신은 거룩을 더욱 고양시킨다. 버지스는 이렇게 말한다. "확신은 그 본성상 교만하게 하거나 하나님과 경건을 등한시할 수 없다. 왜냐하면 겸손과 거룩한 두려움을 통해 확신이 유지되기 때문이다. 사람이 더 이상 겸손하지 않거나 하나님에 대한 거룩한 두려움을 가지지 않는다면, 그의 확신도 함께 멈추게 된다. 이는 마치 기름이 없으면 램프의 불이 꺼지는 것과 같다."[50] 로버트 해리스는 은혜로운 확신이 더 커지면 커질수록 "그 신자는 더욱 더 자신에게서 벗어나게 된다. 왜냐하면 바로 그때 자신이 보기에 더욱 겸손하고 낮아지게 되기 때문이다"라고 말했다.[51]

마지막으로, 확신은 천국을 재촉한다. 믿음은 미래에 우리를 이 땅에서 천국으로 옮겨줄 것이다. 하지만 확신은 지금 천국을 이 땅으로 가져온다. 확신을 통해 우리는 천국을 미리 이 땅에서 맛볼 수 있다. 토머스 브룩스는 이렇게 썼다. "참된 거룩은 죽음 이후에 우리에게 천국을 가져다 줄 것이다. 하지만 참된 확신은 이곳에 천국을 가져올 것이다. 거룩하며 확신에 대해 알고 있는 사람은 두 개의 천국을 가지게 될 것이다. 하나는 이 땅에서 누리는 즐거운 위로와 평안과 만족과 확신의 천국이고, 다른 하나는 죽어서 누리는 행복과 축복의 천국이다."[52] 그러므로 확신은 신자로 하여금 천국을 갈망하게 한다. 신자는 이 승리와 기쁨의 순간에 천국이 속히 오기를 소망한다. 또한 이 땅과 천국 사이에서 살아가는 삶이 짧아지기를 소망한다.

---

50 Faith Seeking Assurance, 192 (Spiritual Refining, 679-680).
51 Harris, The Way to True Happinesse, 2:91.
52 Brooks, 'A Cabinet of Choice Jewels', in Works, 3:502.

사도 바울은 천국이 속히 오기를 소망하는 그런 확신으로 충만했다. 바울은 다음과 같이 말한다. "나는 선한 싸움을 싸우고 나의 달려갈 길을 마치고 믿음을 지켰으니 이제 후로는 나를 위하여 의의 면류관이 예비되었으므로 주 곧 의로우신 재판장이 그 날에 내게 주실 것이며 내게만 아니라 주의 나타나심을 사모하는 모든 자에게도니라"(딤후 4:7, 8). 이를테면 바울은 천국을 재촉하고 있는 것이다. 지금 그는 이렇게 말하고 있다. "천국이 이곳에 임하게 하소서. 천국을 보내 주소서. 내 썩을 육신이 썩지 않을 것을 입게 하소서. 내 죽을 것이 죽지 않을 것을 입게 하소서. 그래서 내가 주와 함께 영원히 있게 하소서"(참조. 고전 15:53, 54).

로마서 15:13에서 바울은 이렇게 말한다. "소망의 하나님이 모든 기쁨과 평강을 믿음 안에서 너희에게 충만하게 하사 성령의 능력으로 소망이 넘치게 하시기를 원하노라." 확신은 그리스도인의 삶에 이와 같이 미래에 대한 새로운 관점을 안겨 준다. 그리하여 신자로 하여금 천국을 더 사모하며 이 땅에서 더 천국에 초점을 맞춰 살게 한다.

1858년에 대서양을 항해하던 증기선 오스트리아 호에서 발생한 화재와 침몰 사고로 승무원과 승객을 포함 사백 명에 달하는 인원이 사망했다. 극적으로 구출된 일부 생존자들의 증언에 따르면, 침몰하는 배에서 다른 사람들을 먼저 구명보트에 태우기 위해 기꺼이 희생한 몇몇 그리스도인들이 있었다고 한다. 화염에 휩싸인 배는 점점 기울고 눈 앞에는 검푸른 색의 대양이 죽음처럼 입을 벌리고 있었다. 차가운 대서양의 바닷물은 이미 허리까지 차올랐다. 다섯 명의 사람들이 동그랗게 원을 그리며 서로의 손을 붙잡았다. 그들은 천국의 기쁨에 대해 나누면서 서로를 격려했다. 그러고는 기울어진 갑판 끝에 서서 마지막 순간까지 그 자리를 지켰다. 잡은 손을 놓지 않은 채로 배와 함께 바다 속으로 잠겼다. 죽음이 앞과 뒤를 막아섰을 때에도 그들이 붙잡은 확신은 얼마나 견고한 것이었는가![53] 확신은 천국을 재촉한다.

새뮤얼 러더포드는 죽기 직전 마지막 말을 남겼다. "오, 모든 형제들은 내가 어떤 주인을 섬겼는지, 내가 지금 어떤 평안을 누리는지 알고 있습니다. 그리스도 안에서 잠들었다 깨어나면 그분과 닮아 있는 내 모습을 보고 나는 만족할 것입니다."

주께서 우리 모두에게 이 놀라운 확신을 주시기를! 더 많이 더 오래 주시기를! 그리고 이 확신이 우리의 삶을 변화시키기를![54]

---

53 Samuel Prime, *The Power of Prayer* (Edinburgh: Banner of Truth Trust, 1992), 160.
54 이 마지막 섹션에 있는 많은 생각은 나의 동료인 데이비드 머리(David Murray)가 확신의 축복에 대해 강연한 내용에서 가져왔다.

9장
확신의 상실과 회복

신실한 청교도 목회자들이었던 웨스트민스터 신학자들은 확신에 대한 장을 마무리하면서, 신자들이 일시적으로 믿음의 확신을 상실할 수 있지만 어떻게 확신을 회복할 수 있는지에 대한 간략하지만 포괄적인 문단(18.4)으로 결론 내린다.

참된 신자라도 구원의 확신이 다양한 이유로 흔들리거나 약해지거나 중단될 수 있다. 예를 들어, 확신을 보존하는 노력을 게을리한 경우, 양심을 상하게 하고 성령을 근심하게 하는 특별한 죄에 빠진 경우, 갑작스럽고 강력한 유혹이 찾아온 경우, 하나님이 자기 얼굴 빛을 거두심으로 하나님을 두려워하게 되어 어둠 속에서 빛을 보지 못하게 하시는 경우 등이다. 그러나 그렇다고 해서 그들이 하나님의 씨와 믿음의 생명과 그리스도와 형제들을 향한 사랑과 신실한 마음과 의무에 대한 양심을 완전히 잃어버리는 것은 아니다. 이 모든 것들로부터 성령의 역사를 통해 적절한 때에 확신이 되살아나고, 이 모든 것들에 의해 완전한 절망으로부터 건짐 받을 수 있을 것이다.

확신에 도달하지 못하는 이유

신자 안에 있는 이유: 죄와 타락

웨스트민스터 신앙고백에 나오는 이 부분은 개혁주의 신학과 청교도 경건을 이어주는 훌륭한 연결고리다. 여기서 신앙고백은 확신을 상실하는 원인이 주로 신자에게 있다고 말한다. 그 원인으로 훈련을 통해 확신을 지키는 일을 게을리하는 것과 특별한 죄에 빠져드는 것, 그리고 갑자기 찾아오는 유혹에 넘어가는 것 등이 제시되었다. 버지스는 이에 대해 다음과 같이 말했다. "욥이나 다윗과 같이 아주 부드럽고 엄격할 정도로 경건한 사람들도 평범한 우리처럼 하나님께 나아가는 일에 형식적이고 부주의할수록 의심과 두려움이 커지는 것을 경험한다.[1]

버지스는 신자들이 확신을 가지는 데 방해를 받거나 확신을 상실하게 되는 데에는 다양한 이유가 있다고 말했다. (1) 죄책감을 깊이 느낄 때 확신이 줄어들 수 있다. 그럴 때 하나님이 용서보다는 복수를 택하시는 분이라고 여기기 쉽기 때문이다. (2) 사탄은 확신을 미워하므로 우

---

[1] Burgess, *CXLV Expository Sermons*, 356.

리 안에 의심과 두려움을 일으키기 위해 무슨 짓이든 할 것이다. (3) 가장 흔한 이유인데, 우리의 마음에 있는 위선과 부주의한 삶이 확신을 방해한다.[2]

이런 여러 이유는 견인에 대해 다루는 신앙고백의 이전 장에서 설명하고 있다. 그 장에는 이렇게 기록되어 있다. "그럼에도 불구하고 성도들은 사탄과 세상의 유혹, 그들 안에 남아 있는 우세한 부패성, 견인을 위한 수단 활용을 게을리 함으로써 심각한 죄에 빠지며, 한동안 그 죄에 머물기도 한다. 그리하여 하나님을 노엽게 하고 성령을 근심하게 하며 그들에게 있던 은혜와 위로를 빼앗기고 마음이 굳어지며 양심에 상처를 입고 남을 해치고 넘어지게 하며 일시적인 심판을 자기 위에 불러온다"(17.3).

확신이 약해지고 줄어들 수 있다는 사실은 구원하는 믿음에 대한 장에도 제시되어 있다. "이 믿음의 정도는 다양하다. 강할 수도 있고 약할 수도 있다. 자주 다양한 방식으로 공격받아 약해질 수 있지만 이 믿음은 결국 승리한다. 이 믿음은 많은 사람 가운데서 우리 믿음의 주요 온전케 하시는 그리스도를 통하여 충만한 확신에 이르기까지 자라간다"(14.3).

요한일서 2:15, 16은 육신의 정욕과 안목의 정욕과 이생의 자랑과 함께 세상을 사랑하는 사람들은 회개하고 타락에서 돌이키지 않으면 세상과 함께 멸망할 것이라고 경고한다. 타락은 지독할 뿐 아니라 흔한

---

2 Faith Seeking Assurance, 67-9 (Spiritual Refining, 25-26).

죄로서 하나님을 멸시하고 그리스도를 거부하며 성령을 근심하게 하고 율법을 짓밟으며 복음을 오용한다. 타락은 시간의 흐름에 따라 서서히 진행되는 표류 과정이다. 타락은 대개 은밀한 기도에 대한 관심을 상실하고 그것을 누리지 못하게 되면서 시작되는 경우가 많다. 그리고 개인 성경공부와 묵상 등을 비롯해 영혼에 대한 관심이 시들고, 설교에 대한 관심이 줄어들며, 동료 신자들과 함께 나누는 교제와 사랑을 상실하고, 그리스도 고백하기를 게을리 하고, 불신자들을 향한 복음적 열정을 상실하며, 모든 영적인 훈련과 연단에 대해 냉담해지는 데 엄청난 영향을 미친다. 세상과 이 시대의 영, 곧 세속적인 여흥을 즐기는 장소와 유행과 전통과 사람들에게 점점 더 매력을 느끼는 것은 타락이라는 탄산음료를 흔들어 거품을 일으키는 것과 같이 영적인 건강에 심각한 해악을 끼친다. 단순히 게을러지는 것(히 6:12), 봉사보다는 이기심을 도모하는 것, 하나님의 부성애적이고 주권적인 섭리를 붙들지 못하는 것, 회개하지 않은 죄를 죽이지 않고 두는 것, 마음을 오염시키고 굳게 하는 오락을 사용하는 것, 유혹에 넘어가고 불순종의 생활방식에 지배당하는 것, 인간중심적인 소망을 품는 것, 성찬에 참여하지 않음으로서 그리스도를 부인하는 것, 거짓된 추정으로 참된 자기 점검을 대신하는 것, 자라나고 있는 내적인 부패에 대해 더 이상 진심으로 싸우지 않는 이중적인 삶을 영위하는 것, 오랫동안 이미 죽었고 무덤에 묻었다고 생각했던 은밀한 죄를 건들이거나 심지어 그것을 범하는 것 등은 신자가 확신을 가

지는 데 부정적인 영향을 미칠 수밖에 없다.[3]

웨스트민스터 신앙고백은 이에 대해 분명하게 말한다. "그리스도인이 하나님께 대하여 낮은 수준의 순종을 하면서 높은 수준의 확신을 누릴 수는 없다."[4] 버지스는 그때 "우리는 확신을 쫓아낸다"고 말했다. 그리고 계속해서 "흐리멍텅하고 게으르며 나태한 삶을 사는 것보다 영혼을 어둡게 하는 것은 없다"고 덧붙였다.[5] 청교도들에게 이는 정말 맞는 말이었다. 제대로 된 순종이 없는데도 높은 확신이 유지된다면, 신자는 자신의 양자 됨이라는 위대한 특권을 당연하게 여기고 영적으로 나태해질 것이다.[6] 타락이 확신을 감소시킨다는 사실을 알 때 성도들은 자신의 영혼을 적극적으로 살피게 된다. 확신이 추정으로 격하될 때, 의심과 두려움이 확신을 향한 새로운 열망을 자극하는 것은 좋은 일이다. 이는 회개와 믿음의 활동을 촉구해, 확신을 회복시킬 것이다. 토머스 풀러(Thomas Fuller)는 "넘어지는 데 대한 두려움과 설 것에 대한 확신은 두 자매"라고 말했다.[7]

불순종과 확신이 공존할 수 있다는 주장을 인정하고자 하지 않았

---

3 영적 침체의 재앙적인 결과에 대한 보다 광범위한 사항을 위해서는 내가 쓴 *Backsliding: Disease and Cure* (Sioux Center, Ia.: Netherlands Reformed Book and Publishing, 1982)와 *Getting Back in the Race: The Cure for Backsliding* (Adelphi, Md.: Cruciform Press, 2011), 『영적 침체에서 벗어나는 길』(부흥과개혁사)를 보라.
4 독일과 네덜란드 개혁파 라인에서 분명히 밝히듯 이것도 전형적인 개혁파 사상이다. Cf. 벨직 신앙고백 24조와 하이델베르크 요리문답 24번째 주일과 도르트 신조, 다섯째 교리.
5 *Faith Seeking Assurance*, 175 (*Spiritual Refining*, 672-673).
6 Rogers, *The Doctrine of Faith*, 388.
7 *More Gathered Gold*, compiled by John Blanchard (Hertfordshire, England: Evangelical Press, 1986), 12-13에서 인용.

던 청교도들은 펠라기안적 성향과 반율법적 성향 모두를 배격한다.[8] 먼저 이는 펠라기우스주의를 거부한다. 왜냐하면 하나님의 은혜가 제거된 인간의 의지는 확신에 도달하거나 확신을 붙들 능력이 없기 때문이다. 반율법주의자들에게 '도달할 수 없는' 혹은 '잃어버릴 수 있는' 확신이 의미하는 것은 죄가 하나님의 자녀에게 심각한 결과를 가져온다는 사실이다. 하나님의 성도들은 죄를 범하면 큰 대가를 치러야 한다. 죄는 주님과 가까이 동행하지 못하도록 지독하게 방해한다(사 59:2). 윌리엄 젠킨은 "죄는 보석과 같은 하나님의 은혜와 작별하게 하지는 못한다. 하지만 그 보석함의 열쇠인 확신은 훔쳐갈 수 있다"고 말했다.[9]

존 오웬은 회개하지 않은 채 살아 있는 죄를 "영혼의 얼굴 전체에 드리워 하나님의 사랑과 호의의 모든 빛을 가리는 두꺼운 구름"에 비유했다. "이 죄는 우리의 양자 됨이라는 특권에 대한 모든 감각을 무디게 만든다. 그래서 영혼이 위로의 생각을 쌓기 시작하면, 죄가 재빨리 와서 그것들을 흩어버린다."[10] 죄가 당신의 삶을 비집고 들어와 살도록 허락해 본 적이 있다면, 오웬이 말한 그 구름이 얼마나 끔찍한지 잘 알 것

---

[8] 펠라기우스에 따르면 인간의 행위에는 능력(posse), 의지(velle), 실현(esse) 등 세 가지 요소가 있다. 첫째는 오직 하나님에게서만 주어지지만 다른 두 가지는 인간에 속해 있다. Cf. R. F. Evans, *Pelagius: Inquiries and Reappraisals* (London, 1968), and *Four Letters of Pelagius* (London, 1968). 반펠라기우스 성향은 훗날 아르미니우스주의가 주장하는 주지주의적 믿음뿐만 아니라 로마 가톨릭 사상에서 표면으로 드러났다.
  반율법주의(antinomianism)는 그리스도인들이 십계명을 매일의 삶을 위한 규칙으로 사용하는 것은 본질적인 문제가 아니라고 가르친다. 이 용어는 루터가 자신의 제자였던 요한 아글리콜라(Johann Agricola)와 대립하면서 만들어낸 용어다. 아그리콜라는 율법이 회개를 촉진할 수 없고 오직 그리스도에 대한 믿음으로 말미암는 복음에 대한 설교를 통해서만 가능하다고 믿었다.

[9] Blanchard, *Gathered Gold*, 8에서 인용.

[10] Owen, *Of the Mortification of Sin*, in *Works*, 6:23.

이다. 결론적으로 퍼거슨은 오웬의 생각을 다음과 같이 요약한다. "성경적인 가르침에서 죄죽임은 빼놓을 수 없는 의무다. 왜냐하면 인간의 삶에서 내주하는 죄의 존재는 상존하는 원리이기 때문이다."[11] 그러므로 죄가 없는 완전한 상태가 확신의 근거인 것은 아니다. 대신 오웬은 죄에 대한 미움이야말로 믿음의 증거라고 했다(욥 42:6, 슥 12:10, 고후 7:11).

신앙고백 17장에서는 견인에 대한 균형 잡힌 견해를 제공한다. 참된 신자들이 "은혜의 상태에서 완전히 그리고 최종적으로 떨어져 나가는 경우는 없고, 그 안에서 마지막까지 견딜 것이며, 영원히 구원받을 것이 확실하다"(17.1). 그럼에도 불구하고, 죄는 다음과 같은 심각한 결과를 가져오게 된다. (1) 하나님을 노엽게 함. (2) 성령을 근심하게 함. (3) 일정량의 은혜와 위로를 영혼에서 박탈함. (4) 마음을 굳게 함. (5) 양심을 상하게 함. (6) 다른 이들에게 상처를 줌. (7) 일시적인 심판을 가져옴.[12]

결론은 분명하다. 타락의 결과로 주어지는 큰 상처에도 불구하고 하나님의 백성은 결국 견인할 것이라는 사실이다. 그들의 견인이 확실한 것은 바로 견인하시는 그들의 하나님 덕분이다. 하나님의 견인하심은 삼위일체적으로 드러난다. 즉, 그들을 향한 성부의 영원하고 선하신 즐거움의 견인하심, 친히 그들을 위해 고난당하시고 중보하시는 그리스도의 견인하심, 그리고 그들 안에서 역사하시는 성령의 견인하심이 있

---

11 Sinclair B. Ferguson, *John Owen on the Christian Life* (Edinburgh: Banner of Truth Trust, 1987), 72.
12 참조. 도르트 신조, 다섯 번째 교리, 5a장: "하지만 이런 엄청난 죄악으로 말미암아 그들은 하나님을 아주 노엽게 만들고, 치명적인 죄책을 유발하며, 성령을 근심케 하고, 믿음의 행사를 방해하며, 자신의 양심에 아주 심각한 상처를 입히고, 때로는 일시적으로 하나님의 호의에 대한 감각을 상실하게 된다."

다. 선택, 언약, 섭리, 만족, 인내 등은 서로 분리될 수 없고, 또 확신과도 떼려야 뗄 수 없다. 그러므로 신자에게 확신이 부족할 때 그 책임은 바로 자신에게 있다. 어떤 대적도 천국에서 그를 떼어놓을 수 없지만, 하나님께 죄를 범할 때 천국으로부터 마음이 멀어지게 된다. 버지스는 다음과 같이 결론 내린다. "그러므로 모든 의무와 실천에 부주의하고 열심을 다하지 않으면서, 하나님의 은혜와 확신의 상실에 대해 불평하는 것은 정당하지 않다."[13]

하나님 안에 있는 이유: 거두심과 시험

웨스트민스터 신앙고백은 여기서 멈추지 않고 신자가 확신을 잃는 데 하나님이 개입하셨을 가능성을 언급한다. 확신에 도달하지 못하거나 확신을 잃는 것은 "하나님이 자기 얼굴빛을 거두"셨거나 "갑작스럽고 강력한 유혹" 때문일 수 있다.

하나님이 어떤 신자들에게서 확신을 거두시는 이유가 있다고 말하는 웨스트민스터 신앙고백이 성경의 가르침을 넘어서는 것일까? 버지스는 그렇지 않다고 말한다. 하지만 그는 하나님이 신자들에게서 확신을 거두시는 것이 얼핏 무의미해 보인다는 것을 인정한다. 왜냐하면 확신은 "사람이 하나님을 섬기는 데 날개이자 다리 역할을 하기 때문이다. 그리고 확신은 하나님의 영광을 도모하고자 하는 열정의 불을 붙여준다." 버지스는 계속해서 "하나님은 얼마나 자주 자기 백성을 어둠 가운

---

13 *Faith Seeking Assurance*, 95 (*Spiritual Refining*, 34-5).

데 두시는가?"라고 질문한 후, 하나님이 자기 백성에게서 확신을 거두시는 다섯 가지 이유를 제시했다.

> 첫째, 죄가 얼마나 쓰라린지 맛보고 확인하게 하기 위해서. … 둘째, 우리를 낮추고 겸손하게 하기 위해서. … 셋째, 우리에게 확신이 있을 때, 그 확신을 더 소중히 여기고 상실하지 않도록 조심하게 하기 위해서. … 넷째, 하나님을 향한 우리의 순종을 드러내고 하나님께 더 큰 영광을 돌리게 하기 위해서. … 다섯째, 고난 가운데 있는 다른 사람들을 위로하게 하기 위해서.[14]

토머스 브룩스 역시 하나님이 확신을 거두시는 이유에 대해 비슷한 견해를 제시했다. 하지만 다음과 같은 중요한 이유를 추가했다. "그들이 확실하고 충분하게 그리스도로 말미암아 살게 하기 위해서. 그리고 그리스도께서 만유 가운데 만유로 보이게 하기 위해서." 이어서 브룩스는 다소 놀라운 이 이유에 대해 설명한다. "그리스도인들이여, 그대들이 항상 기억해야 할 것이 있다. 비록 확신을 누릴 때 우리는 위로를 얻겠지만, 확신이 없는 중에도 오직 그리스도만 의지해 살 때 그리스도를 가장 높일 수 있다. 보고 느낌으로 믿는 이들도 행복하다. 하지만 볼 수 없을 때도 믿으며, 사랑받고 있음을 모를 때도 사랑하며, 모든 위로와 확신이 부족할 때도 그리스도를 모든 것으로 여기고 살아가는 이들은 그

---

14 *Faith Seeking Assurance*, 97-101 (*Spiritual Refining*, 35-6). 더 많은 목록을 위해 *The Works of Thomas Brooks*, 2:330-4와 *The Works of Thomas Goodwin*, 3:298-9를 보라. Cf. Rutherford, *Christ Dying and Drawing Sinners to Himselfe*, 49-50; *Influences of the Life of Grace*, 265; *The Covenant of Life Opened*, 219.

보다 세 배는 더 행복하다."[15]

'하나님의 거두심'에 대해 버지스와 브룩스가 제시한 이유 가운데 어떤 것들은 미심쩍어 보일 수도 있다. 하지만 두 가지를 생각하라. 첫째, 버지스와 브룩스를 이해하기 위해 우리가 인정해야 할 사실이 있다. 청교도들은 하나님 편에서 확신을 거두실 때에는 우리의 이해를 뛰어넘는 거룩한 이유가 있을 것이라 믿었다는 것이다. 그들은 신자들이 믿음으로 하나님의 선한 의도를 신뢰해야 한다고 여겼다. 둘째, 하나님이 확신을 거두시는 이유를 나열하자면 끝이 없을 것이다. 각 이유들은 한 신자의 경험을 부분적으로 설명할 수 있을 뿐이다. 하나님이 확신을 거두시는 이유에 대한 완전한 목록을 제공하는 청교도는 아무도 없다. 그들은 그저 타락하지는 않았지만 확신이 부족하고 하나님으로부터 멀어졌다고 느끼는 교구민들과 함께 이러한 때를 이겨내기 위해 힘을 기울였을 뿐이다. 더 큰 확신을 얻기 위해 힘쓰지만 얻지 못했던 사람들을 동병상련의 마음으로 도우려 했던 것이다.

이를 더 잘 이해하기 위해 확신과 신앙고백에 나오는 몇 가지 교리가 어떤 관계에 있는지 살펴보자. 여기서 살펴볼 교리는 하나님의 영원한 작정(3장), 하나님의 섭리(5장), 그리고 우리의 죄(6장) 등이다. 신앙고백은 하나님의 작정과 섭리가 죄와 유기와 거두심을 비롯한 만물에 미친다고 가르친다. 그리고 이는 다음과 같은 세 가지 질문을 이끌어 낸다. 만물을 자기 영광을 위해 작정하시는 하나님은 또한 자기 자녀들을

---

15 Brooks, *Heaven on Earth*, 38.

이해할 수 없는 방식으로 거룩하게 하기 위해 자기 임재의 빛을 그들에게서 거두심으로 영광을 얻으실 수 있지 않은가(3.3)? 지극히 지혜롭고 거룩한 섭리에 따라 모든 피조물과 행위들과 일들을 지도하시고 처리하시고 통치하시며(5.1), 자기의 기뻐하심을 따라 수단 없이, 또는 수단을 초월하거나 수단에 상반되는 방식으로 자유로이 일하시는 하나님이 (5.3) 그들의 유익을 위해 거두심을 사용하실 수 없는가? 죄를 미워하나 용서하시는 하나님은 그들 안에 있는 죄에 대한 거룩한 미움을 유지하게 하기 위해 자신의 임재를 거두실 수 없는가(6.5)?

작정과 섭리와 죄에 대한 각각의 장에서 웨스트민스터 신학자들은 고결하고 거룩하신 하나님이 확신을 거두시고 주지 않으시는 복잡한 이유와 관련해 우리의 이해를 뛰어 넘으신다는 점을 확증한다. 이 점에 있어 하나님의 거룩하심이 가장 중요하다. 작정은 하나님의 뜻의 거룩한 계획과 연관된다(3.1). 죄는 하나님의 거룩한 계획에 따라 허락되었다 (6.1). 섭리는 가장 지혜롭고 거룩한 것으로 불리고(5.1), 거룩한 목적을 위해 만물 속에 정해졌다(5.4). 하나님의 거두심을 통해 나타나는 이 거룩하심의 절정은 5장 5항에 기록되어 있다.

지극히 지혜로우시고 의로우시며 은혜로우신 하나님은 때때로 잠시 동안 자기 자녀들을 여러 가지 시험과 그들 마음의 부패함에 내버려 두시는데, 이는 그들의 이전 죄로 말미암아 그들을 징계하시거나, 부패의 숨겨진 힘과 마음의 거짓됨을 그들에게 드러내셔서 그들을 겸손하게 만들거나, 그들이 도움을 바라며 더욱 친밀하고 지속적으로 하나님을 의존하게 하거나, 또 장래에 범할 수 있는 모든 죄에 더 경계하게 하거나, 그 외에 다른 의롭고 거룩한 목적을 위해서다.

여기서 핵심은 하나님이 우리 위에 계신다는 사실이다. 버려졌을 때, 거두실 때, 강력한 유혹이 밀려올 때, 심지어 확신이 지연될 때에도 하나님은 그에 대한 거룩한 이유를 갖고 계신다. 웨스트민스터 신학자들에 따르면, 하나님이 지금 하시는 일을 당장 이해하지 못할 때가 많지만, "이 후에는" 알게 될 것이다(요 13:7). 내일일 수도 있고, 영원한 나중일 수도 있다. 하지만 이 후는 반드시 올 것이다. 그저 하나님이 오시든 가시든 항상 두 가지 목적을 가지고 계신다는 사실을 아는 것만으로 충분하다. 두 가지 목적이란 바로 자신의 영광과 자신이 택한 백성의 참된 유익이다. 그러므로 윌리엄 거널(William Gurnall)이 썼듯 "그리스도인은 반드시 거두어 가시는 하나님을 신뢰해야 한다."[16]

"강력한 유혹"(18.4), 곧 외부로부터 주어지는 갑작스럽고 극한의 시련과 고난에 대해 웨스트민스터 신학자들은 다음과 같이 조언한다. 첫째, 고난 당하는 신자가 자신의 영혼에 비치는 아무런 빛을 발견하지 못할 때, 그리고 자기 삶 속에서 하나님의 구원하시는 역사의 증거가 뚜렷이 보이지 않을 때, 어떤 어려움에도 굴하지 말고 하나님의 약속에 자신을 맡겨야 한다.[17]

---

16 William Gurnall, *The Christian in Complete Armour* (reprint, Edinburgh: Banner of Truth Trust, 1974), 2:145. 『그리스도인의 전신갑주』(크리스천다이제스트).
17 *Faith Seeking Assurance*, 120 (*Spiritual Refining*, 43-4); cf. Sibbes, *Works*, 1:124.

둘째, 신자가 "여러 가지 시험"(벧전 1:6)을 당하게 하실 때에도 하나님은 자신의 영광과 그들의 유익을 그렇게 하신다. 하나님은 그들을 자신에게로 이끄실 것이며, 고난을 통해 그들을 보살피실 것이다. 그런 의미에서 윌리엄 트위스(William Twisse)는 고난이 "자녀를 낳는 고통과 같아서 영혼을 하나님의 아들들의 나라로 옮길 수 있다"고 말했다.[18]

셋째, 신자들은 고난을 거부하기보다는 감사해야 한다. 왜냐하면 고난은 확신을 증가시키는 약과 같기 때문이다. 고난은 신자로 하여금 이 세상의 젖을 떼게 하며, 영적 성장을 촉진시키고, 믿음에 대한 새로운 지평을 열어 주며, 하나님과 더욱 친밀하게 하고, 하나님의 속성에 더욱 순복하게 한다. 로버트 해리스는 이 치유 과정이 서서히 진행되는 까닭에 신자는 자신이 치유되었다는 사실을 나중에야 깨달을 수 있다고 말했다. "사람은 자신이 치유되었다는 사실은 안다. 하지만 언제 그리고 어떻게 [고난이] 자신을 치료했는지는 알지 못한다."[19] 그러니 성령의 거룩하게 하시는 은혜로 말미암아 신자는 고난 없이는 도달할 수 없는 영적 성숙과 확신의 높이에 도달한다.

요약하면, 하나님의 거두심과 시험 주심은 아버지로서의 연단에서 비롯되며 이는 우리에게 바른 행실을 가르친다. 또한 아버지로서의 주권에서 비롯되며 이는 의지할 것을 가르친다. 그리고 아버지로서의 지혜에서 비롯되며, 이는 하나님이 나에게 무엇이 최선인지 알고 행하신

---

18 Twisse, *The Riches of Gods Love Unto the Vessels of Mercy*, 287.
19 Robert Harris, *A Treatise of the New Covenant*, 1:44.

다는 사실을 가르친다.[20] 고난당하고 있는 사랑하는 신자들이여, 절망하지 말라. 곧 우리 하늘 아버지의 얼굴이 우리에게 비칠 것이다. 이렇게 믿을 수 있는 데에는 놀랍고 영광스러운 이유가 하나 있다. 바로 하나님이 창세 이후 처음으로 십자가에 달린 친아들에게서 자기 얼굴을 돌리셨다는 사실이다. 우리가 하나님에게 용납되고 버림받지 않도록 그리스도께서 대신 버림 받으셨다. 그리스도로 말미암아 하나님은 자기 얼굴을 우리에게 비추실 것이며, 자신의 영광과 우리의 유익을 위해 우리의 확신을 소생시키실 것이다.

확신의 회복

웨스트민스터 신앙고백에 따르면, 확신에 이르는 것이 어렵다고 해서 그리스도인에게 있는 믿음의 싹을 부정할 수 없다. 비록 하나님의 구원 사역을 알아채지 못한다 하더라도 신자는 결코 이 구원 사역을 소멸시킬 수 없다. 사실 은혜 가운데 진보하는 동안에도 하나님의 자녀는 확신을 얻지 못할 수 있다. 러더포드는 다음과 같이 말했다. "그리스도를 믿고 갈망하는 것과 같은 반사적 행위를 의식하지 못하는 침체된 영혼은 제대로 된 길을 가고 있음에도 불구하고 자신이 배교자라고 생각한다."[21]

신자가 믿음의 행위와 실천을 의식하지 못할 때라도 믿음의 은혜와 본질은 그와 함께 있다. 설령 믿음의 행위가 줄어들고 약해져 신자가 확

20　Rutherford, *The Trial and Triumph of Faith*, 326-9; Goodwin, *Works*, 3:231-6.
21　Rutherford, *The Trial and Triumph of Faith*, 139-40.

신을 누리지 못할 때라도 믿음은 결코 죽지 않는다. 존 머리는 다음과 같이 말했다.

> 확신의 씨앗은 신자가 믿음으로 소유하게 되는 구원에 내재되어 있다. 신자의 상황과 상태가 바뀌는 변화 속에도 확신의 씨앗은 내재되어 있다. 참된 신자의 믿음이 얼마나 연약하든 간에, 그가 얼마나 어려운 시험을 당하든 간에, 자기 상태로 인해 그의 마음이 얼마나 동요되든 간에 그의 의식은 믿음이 활동하기 전 상태로 돌아갈 수 없다. 신자의 의식은 불신자의 의식과 전혀 다르다. 믿음과 소망과 사랑이 가장 적은 상태에서도 신자의 의식은 불신자가 가질 수 있는 최고의 확신의 수준까지 결코 떨어지지 않는다.[22]

믿음의 본질은 확신의 회복에 대한 소망을 제공한다. 성령께서는 완전한 절망에서 신자를 구원하는 것 이상의 일을 감당하신다. 성령께서는 신자 안에 있는 믿음과 확신의 씨앗을 보전하는 것 이상의 일을 감당하신다. 성령의 역사는 "적절한 때에" 확신이 되살아날 것이라고 약속한다. 비록 신앙고백에서는 리처드 십스가 "정확한 행실"[23]이라 불렀던 수단들을 통해 확신을 다시 얻으라고 촉구하지만, 여기서 가장 중요한 것은 저항할 수 없는 성령의 역사다.

진실한 기도를 게을리 하고 성령께 의지하지 않을 때 타락이 시작

---

22 Murray, *Collected Writings*, 2:265.
23 Sibbes, *Works*, 5:393; Kendall, *Calvin and English Calvinism to 1649*, 109, 205에서 인용.

되듯, 기도와 신앙고백과 회개를 회복하며 성령을 우리에게서 거두지 마시고(시 51:11, 12) 성령께서 우리 영혼 속에 적극적으로 역사해 달라고 진심으로 간구할 때 확신의 회복이 시작된다. 윌리엄 쿠퍼는 이에 대하여 다음과 같이 표현한다.

오, 하나님과 가까이서 함께 걷고 싶어라
천국의 평온한 모습이구나
날 어린양에게 인도하는
길을 비추는 빛이로다!

내가 알았던 축복이 어디에 있는가,
내가 언제 처음 주를 보았던가,
영혼을 새롭게 하는 예수님과 그분의 말씀을
어디서 볼 수 있을까?

내가 한때 얼마나 평화로운 시간을 누렸던가!
그때의 기억이 지금도 너무 달콤해!
하지만 이제 내게 쓰라린 빈 공간을 남겼네,
세상이 결코 채울 수 없는.

오 거룩한 비둘기여, 돌아오소서!
안식을 알리는 달콤한 전달자여,

당신을 슬프게 하고, 내 가슴에서
당신을 쫓아낸 죄를 나는 미워하노라.

지금껏 알았던 가장 사랑스러운 우상
그 우상이 무엇이든지
당신의 보좌에서 떼어내고
오직 당신만을 경배하게 하소서.

그리하여 내가 하나님과 가까이서 함께 걸으리니
내 모습이 평화롭고 고요하구나.
이제 더 순결한 빛이
나를 어린양에게로 인도할 길을 밝히리라.[24]

확신은 처음 확신을 얻었을 때와 똑같은 방법으로 회복된다. 버지스는 어떻게 확신이 회복되어야 하는지 잘 알려준다. 신자들은 자신의 삶을 반추하고, 자신이 타락했음을 고백하며, 겸손하게 언약을 지키시는 하나님과 그리스도 안에 주어진 그분의 은혜로운 약속에 자신을 맡겨야 한다. 부지런히 은혜의 수단들을 활용하며, 거룩함을 추구하고, 예민하게 깨어 있으며, 성령을 근심하게 하거나 소멸하지 않도록 조심해야 한다. 다시 말해, 신자들은 다시 회개해야 한다. 이를 통해 더 큰 확

---

[24] '오, 하나님과 가까이서 함께 걷고 싶구나(O For A Closer Walk with God)' (http://www.hymntime.com/tch/htm/o/f/o/oforaclo.htm).

신과 경건과 복음에 대한 열정을 갖게 될 것이다.[25] 다시금 은혜의 수단을 부지런히 사용할 때에만 다시금 하나님을 위해 일하고 하나님의 영광을 갈망할 수 있다. 성령의 역사로 말미암은 회개는 자기를 죽이고 그리스도께 가까이 나아감으로 확신을 회복하는 평생의 과정이다. 토머스 쉐퍼드(Thomas Shephard)는 "언제나 회개하고 언제나 돌이키라. … 보다 겸손하고 죄에 민감하며 그리스도 예수께 가까이 나아가라. 그러면 확신을 가진 신자라도 더 큰 확신을 갖게 될 것"이라고 말했다.[26] 호크스는 이렇게 결론을 내린다.

> 확신은 지속적으로 반복되는 하나의 사이클이지만 점점 위를 향해 올라간다. 왜냐하면 신자를 자신에게로 일으켜 세우는 것이 하나님의 사역이기 때문이다. … 신뢰, 순종, 평가, 배움이라는 나선형의 과정을 통해 하나님은 그리스도 안에서 처음 구원의 길을 승인하셨던 상태로부터 신자의 삶과 의식의 모든 면에서 충만하고 평안한 확신을 누리는 데까지 끌고 가신다. … 바로 이것이 청교도들이 확신 교리에 대해 전한 소망의 메시지이다. 이것은 결코 자기 칭의나 자기 확신과 같은 무거운 짐이 아니다. 오히려 이것은 다른 이가 한 사역에 대한 믿음이라는 가벼운 멍에일 뿐이다.[27]

---

25 Burgess, *Spiritual Refining*, 34-5, 673-5; Joel R. Beeke, *A Tocha Dos Puritanos: Evangelição Biblica* (Sao Paulo: Publições Evangelicas Selecionadas, 1996), 42-68.
26 Thomas Shepard, *The Works of Thomas Shepard* (Ligonier, Pa.: Soli Deo Gloria, 1990), 2:632.
27 Hawkes, 'The Logic of Assurance in English Puritan Theology', 259-61.

요약하면, 확신을 일부 또는 완전히 잃어버린 신자라 하더라도 실망하지 말라. 죄를 벗어버리고 믿음의 주요 또 온전케 하시는 예수님을 바라보며 계속해서 당신 앞에 주어진 경주를 하라. 예수님은 성령을 보내 당신을 회복시키실 것이다. 지금 당장 확신이 없는 사람도 있을 것이다. 하지만 그렇다 하더라도 당신이 양자 됨을 잃거나 당신 안에서 계속해서 일하시는 성령의 헌신을 잃은 것은 아니다. 심지어 확신을 잃었다고 의식하는 것조차 당신 안에서 일하시는 하나님의 역사다! 잊지 말아야 할 사실이 있다. 잠시 이 세상의 행복을 잃어버린 사람이라 하더라도 영원한 행복을 잃지는 않았다는 것이다. 확신은 회복될 수 있다. 욥과 다윗도 잃어버린 확신을 되찾았는데 당신은 왜 못하겠는가(욥 19:25-27, 23:8, 9, 시 30:6, 7, 42:5-8, 51:12, 71:20,21)? 이 땅에서 확신을 잃은 것은 그저 잠시뿐임을 기억하라. 우리는 곧 영원한 하늘의 도성에서 영원토록 하나님을 완전히 누리고 완전히 확신하게 될 것이다. "너는 여호와를 기나릴지어다 강하고 담대하며 여호와를 기다릴지어다"(시 27:14).[28]

결론

확신에 관한 웨스트민스터 신앙고백의 모든 내용은 교회가 그리스도 안에서 성령이 적용하시는 은혜 가운데 이생과 내세에서 필요한 모든 것을 발견해 부르심과 택하심을 굳게 하도록 돕는 데 목적이 있다. 또

---

28 Cf. Brooks, *Heaven on Earth*, 311-4.

다른 목적도 있는데, 성령의 역사를 설명하고 신자가 은혜 안에서 성장하도록 동기를 부여함으로 매일의 구체적인 삶에서 하나님의 자녀들을 만나는 것이다. 이런 관점에서 보면 신앙고백 18장은 상당히 성공적이다. 19세기 후반에 로버트 대브니(Robert Dabney)는 다음과 같이 확증했다. "현재 칼빈주의자들은 웨스트민스터 회의의 교리에 서서히 정착하고 있다. 소망에 대한 확신이 구원하는 믿음의 본질은 아니다. 그렇기에 많은 신자들이 확신 없이 의롭게 되거나 확신 없이 오랜 시간을 보낼 수 있다. 하지만 자기 마음과 삶을 성경과 비교하고 성령의 가르침과 빛에 기초해 얻은 무오한 확신은 하나의 특권이기에, 모든 참된 성도들이 그것을 추구해야 한다."[29]

---

29 Robert L. Dabney, *Systematic Theology* (Edinburgh: Banner of Truth Trust, 1985), 702.

10장
확신을 위한 성령의 역할

이 책 전체에 걸쳐 나는 우리가 개인적으로 믿음의 확신을 가지는 데 성령의 역할이 얼마나 중요한지 강조했다. 성령께서 역사하지 않으시면, 확신이 필요할 때 확신을 갖지 못하거나 확신을 가질 권리가 없을 때 확신을 갖고 있다고 착각하게 될 것이다. 우리는 오직 성령의 역사를 통해서만 우리 자신이 참된 그리스도인이라 확신할 수 있다.

우리는 연약하고 항상 하나님의 도우심이 필요하기 때문에 성령께서는 삼위일체 하나님을 대표해 우리 안에 확신을 일으키신다. 로마서 8:16은 이것이 성령의 특별한 사역임을 분명히 한다. "성령이 친히 (Himself) 우리의 영과 더불어 우리가 하나님의 자녀인 것을 증언하시나니." 16절에 대한 헬라어 문장은 "친히"(Himself)라는 대명사로 시작하는데, 이는 우리 양심과 더불어 우리가 하나님의 자녀임을 확신하게 하는 사역이 성령에 의한 것임을 강조한다.

이번 장에서 나는 확신을 주는 이 위대한 사역을 행하시는 성령의 능력에 대해 간단하게 살펴보고, 이어서 로마서 8:12-17에서 바울이 설명하는 대로 성령이 이 사역을 향하는 데 대한 증거를 보다 폭넓게 살펴보고자 한다.

확신과 관련된 성령의 능력에 대한 증거들

성령께서는 하나님으로서 이 사역을 행하실 능력이 있다. 지혜로운 성령께서는 우리가 위로를 얻고 용기를 가지며 확신을 누리기 위해 무엇이 필요한지 정확하게 알고 계신다. 성령께서는 확신을 방해하기 위해 일어나는 모든 장애물을 극복하실 능력이 있다. 성령의 에너지는 상황에 따라 달라지거나 고갈되지 않으며, 인생에서 가장 힘겨운 때에도 성령께서는 우리의 양자 됨을 확증하신다.

하나님의 경륜 속에서 특정한 책무가 특정한 위격에게 주어진다. 무론 대부분의 영역에서 삼위 간에 공동으로 감당하는 일이 없는 것은 아니다. 하지만 한 위격이 특별히 책임지고 관여하는 일이 있다. 성령과 확신의 관계가 대표적이다. 우리 주님께서 자신의 죽으심과 부활과 승천을 위해 제자들을 준비시키실 때, 그들에게 하나님의 위로자가 오셔서 자신의 사역을 대신할 것이라고 말씀하셨다. "내가 아버지께 구하겠으니 그가 또 다른 보혜사를 너희에게 주사 영원토록 너희와 함께 있게 하리니 그는 진리의 영이라 세상은 능히 그를 받지 못하나니 이는 그를 보지도 못하고 알지도 못함이라 그러나 너희는 그를 아나니 그는 너희와 함께 거하심이요 또 너희 속에 계시겠음이라 내가 너희를 고아와 같이 버려두지 아니하고 너희에게로 오리라"(요 14:16-18). 부활 이후에 제자들이 경험했던 절망은 강력하고 내주하는 능력과 함께 성령께서 오시면서 사라졌다. 성령의 임재로 말미암아 가장 암울한 시기를 보내고 있던 제자들은 자신이 고아처럼 버려지지 않았다는 확신을 얻었다.

성령의 이 특별한 사역은 그분이 아들 됨 혹은 양자 됨을 확증하시는 방식에서 분명하게 드러난다. 갈라디아서 4:4-7은 로마서 8:16과 유사하나 더 자세히 서술한다. "때가 차매 하나님이 그 아들을 보내사 여자에게서 나게 하시고 율법 아래에 나게 하신 것은 율법 아래에 있는 자들을 속량하시고 우리로 아들의 명분을 얻게 하려 하심이라"(4, 5절). 여기 보면 그리스도를 통한 구속 사역이 법적인 용어를 넘어 "아들의 명분"이라는 가족이라는 현실로 나아간다. 그런데 우리가 하나님에게 입양되었다는 사실은 어떻게 알 수 있는가? 6절에서는 이어서 이렇게 말한다. "너희가 아들이므로 하나님이 그 아들의 영을 우리 마음 가운데 보내사 아빠 아버지라 부르게 하셨느니라." 직접적인 연결점이 무엇인지 알겠는가? 성부께서는 우리가 하나님의 참된 자녀인지 확신하지 못한 채 긴장하면서 살기를 원하지 않으신다. 성령께서는 바로 이 실재하는 관계에 대해 확증해 주셔서 우리가 "아빠 아버지"라고 외치도록 힘을 주신다.

확신과 관련된 성령의 증언에 대한 증거들

로마서 8:12-17 전체는 색색의 실로 짠 태피스트리처럼 확신을 주는 성령의 증언을 아름답게 묘사한다. 바울은 이 태피스트리를 이루는 주요한 여섯 가닥을 우리에게 제시한다. 성령께서는 이 모든 가닥이 함께 조화를 이루게 하셔서 우리가 하나님의 자녀라는 사실을 우리의 영과 함께 증언하신다.

첫째, 우리 안에서 '당위성'에 대한 감각을 발달시키시는 성령의 사역(12절) 성령께서는 우리의 욕망에 영향을 끼치거나 우리 안에 거룩한 '당위성'에 대한 감각을 일으키신다. 당위성(ought-ness)이란 바울이 12절에서 말하는 것처럼 우리가 육신에 빚을 진 것처럼 느끼고 육신을 따라 살지 않아야 한다는 의미다. 바울은 지금 이렇게 말하는 것이다. "육에 속한 것들에 대한 어떤 거부감이 있는데, 이는 우리의 영혼에 역사하는 성령의 결합시키는 사역에 의해 강조되고 확대된다." 성령, 그리고 죄에 대한 거룩한 거부감에 합당하게 살아야 한다는 이 거룩한 당위성에 성령께서 빛을 비추실 때, 그래서 성령께서 우리 안에 의를 사랑하고 육신의 사역을 미워하는 것 같은 은혜의 표지를 만드셨음을 이해할 때, 우리는 모든 죄가 육신을 따라 행하는 것이므로 그 모든 죄를 미워하게 되며, 우리가 하나님의 자녀임을 깨닫게 된다.[1]

---

1 이에 대해 더 구체적인 내용을 보려면 6장을 보라.

이와 같이 우리 안에 있는 '당위성'을 증언하는 성령의 사역은 다른 많은 긍정적인 것들도 포함한다.

- 성령께서는 우리의 영과 마음에 성경 전체가 참되다는 사실을 증언하며, 성경을 조명해 하나님의 말씀이 믿음과 실천에 대한 권위를 갖고 있음을 우리가 기꺼이 믿게 하신다.
- 성령께서는 우리가 어떻게 살아야 하는지 분명히 보여 주셔서 우리가 하나님의 율법을 사랑하고 그분의 모든 명령에 순종하며 선으로 악을 이기게 하신다.
- 성령께서는 그리스도의 아름다우심과 충만하심을 깨닫게 하시고 그리스도께서 우리의 전부 되심을 보여 주심으로 죄가 얼마나 지독하고 혐오스러운지 알아 우리가 자기 의존에서 벗어나게 하신다.
- 성령께서는 우리 안에 삼위일체 각 위격에 대한 부드럽고 존경하는 사랑을 일으키며, 각 위격과 교제하고 각 위격을 경험적으로 알며 각 위격을 누리고자 하는 불타는 열정을 우리 안에 주신다.
- 성령께서 우리가 성령으로 충만하기를 갈망하게 하시기에, 우리는 성령께 굴복하여 그분께서 우리의 모든 생애를 다스리시기를 열망하며, 또 복음적인 거룩함과 섬김을 추구하는 가운데 하나님을 기쁘게 하기를 원하게 된다.
- 성령께서는 영혼과 정서를 깨우셔서 우리 마음이 불타오르게 하신다. 이때 성령께서는 그리스도를 중심에 둔 평안과 성령께서 주시는 고요함을 우리 영혼에 허락하시는 증언 사역을 우리가 깨닫게 하

신다.

- 성령께서는 우리가 동료 신자들을 위해 기도하는 가운데 자유를 누리게 하시며, 그들을 사랑하게 하시고, 그들과 하나님과 그분의 놀라운 진리에 대해 나누며 교제하게 하신다. 이를 통해 성령은 우리가 혼자만의 신앙에 빠지지 않게 하신다. 우리는 성령의 증언하시는 사역을 통해 혼자가 될 수 없음을 배운다. 왜냐하면 우리가 하나님을 아버지로, 그리스도를 큰 형님으로, 성령을 거룩하게 하시는 분으로 두고 있다면 당연히 교회는 어머니가 되고, 동료 신자들은 형제, 자매가 되기 때문이다.

- 성령께서는 천국의 복됨에 대해 경험적으로 맛보아 알게 하신다. 바울은 이것을 일컬어 "성령의 처음 익은 열매"라고 했다. 이는 완전한 수확물이나 영광의 시작을 의미한다(롬 8:23). 성령께서는 영광 가운데 있기를 원하게 만드시고, 또 우리 구세주께서 계시는 곳이 우리의 진짜 집이므로 우리가 진정 그 영광에 속했음을 보여 주신다.

둘째, 몸의 행실을 죽이는 것에 대한 성령의 도우심(13절)

성령은 육신을 따라 살아서는 안 된다는 이 당위성을 사용하셔서 우리가 육신의 행실을 죽일 수 있게 인도하신다. 바울은 13절에서 이렇게 말한다. "너희가 육신대로 살면 반드시 죽을 것이로되 영으로써 몸의 행실을 죽이면 살리니." 그는 성령으로 몸의 행실을 죽이는 사람이야말로 하나님의 자녀라고 한다. 존 오웬은 "몸의 행실"이라는 표현으로 바울이 말하고자 한 것이 무엇인지 다음과 같이 설명했다. "여기서 몸은 우리의 본성의 부패와 타락성을 표현하는 말로 보아야 한다. 죄는 대부분 몸에 기거하며 몸을 도구로 삼는다. 그래서 몸의 지체들은 불의의 종이 된다. … 몸은 바로 부패한 육신이나 정욕, 즉 내주하는 죄를 말한다."[2]

하지만 왜 바울은 "몸의 행실을 죽인다"와 같은 강한 표현을 사용한 걸까? 오웬은 이에 대해 다시 설명한다. "어떤 사람이나 다른 생물을 죽이는 것은, 그의 모든 힘과 활력과 능력의 원천을 제거해 스스로 원하는 행동을 못하게 하는 것이다. 여기서도 그런 상태를 말하고 있다."[3] 십자가에서 죽임을 당하셨던 그리스도의 사역은 몸의 행실에 치명타를 날렸다. 하지만 이 역사는 그리스도와 연합된 사람들의 삶 전체에 걸쳐 점진적으로 적용된다. 오웬은 "죄를 죽이지 않으면 죄가 우리를 죽일 것"이라고 말했다. 이어서 다음과 같이 덧붙였다. "우리 영적 생명의 활력과 능력과 안위는 몸의 행실을 죽이는 일에 달려 있다."[4] 이 사역에 주로 관련되어 있는 분이 바로 성령이다. 그 이유는 이 일이 "영으로써", 즉 성령을 통해서만 가능하기 때문이다. 우리를 강하게 하시고, 또 하나님이 베푸시는 은혜가 우리의 도움이 되게 하시는 분이 바로 성령이기 때문이다. 이 과정에서 성령께서는 우리의 생각을 사로잡아 우리가 하나님의 자녀임을 확신하게 북돋우신다.

---

2 Owen, *Works*, 6:7.
3 Owen, *Works*, 6:8.
4 Owen, *Works*, 6:9.

그렇기에 바울은 "영으로써" 우리가 자신의 죄죽임을 진정한 역사로 인식하고 자신의 아들 됨을 확증한다고 말한 것이다. 몸을 죽이기 위해 오로지 자신의 의지와 육체의 학대를 통해 다른 모든 사람과 단절된 채 살아가는 금욕주의자들과 신비주의자들은 이 세상에 살지만 이 세상에 속하지 않은 하나님의 자녀들과 다르다. 성령께서는 신자를 도우셔서 세상이나 세상에 있는 것을 사랑하지 않으면서도 세상에서 소금과 빛이 되게 하신다. 성령께서는 다음과 같은 방식으로 이를 행하신다. (1) 죄, 불순종하는 패턴, 훈련이 부족한 영역, 노예로 만드는 태도, 서서히 목을 옥죄는 교만 등에 대해 경계하게 하신다. 이러한 영역을 깨닫고 경계하게 하심으로 (2) 우리 죄에 대해 슬퍼하게 된다. 죄에 대한 슬픔은 우리가 죄를 끔찍이 여기게 만든다. 이를 통해 불순종의 영역에 대해 부담감을 갖게 되는 것이다. (3) 이어서 성령께서는 십자가에서 그리스도께서 감당하신 죄죽임의 사역을 적용하시고, 어떤 죄가 우리를 둘러싸고 있든지 우리가 그 죄의 굴레에서 자유롭다는 사실을 보여 주심으로 우리를 다시 복음으로 인도하신다. (4) 성령께서는 우리가 믿음의 선한 싸움을 싸우게 하시며, 대적들의 맹공격에 저항할 수 있는 하나님의 전신갑주를 입게 하신다. (5) 그리고 우리의 싸움을 함께 감당하시는 성령의 힘을 통해 죄를 검으로 찌르게 하신다. 이 일이 일어날 때, 성령께서는 우리가 하나님의 자녀라는 사실을 우리의 영과 더불어 증언하신다.

셋째, 그리스도인의 삶에 대한 성령의 지도력(14절)

이와 같은 맥락에서 바울은 14절에서 이렇게 선언한다. "무릇 하나님의 영으로 인도함을 받는 사람은 곧 하나님의 아들이라." 이러한 인도하심은 지속적인 활동으로서 현재 시제와 수동태로 표현되어 있다. 갈라디아서 5:18에서도 같은 동사가 사용된다. "너희가 만일 성령의 인도하시는 바가 되면 율법 아래에 있지 아니하리라."

성령의 인도하심은 하나님의 아들 됨에 대한 가장 중요한 증거 가운데 하나다. B. B. 워필드는 로마서 8:14에 나오는 "이 말씀은 성령의 인도하심이라는 위대한 주제에 대한 신약 성경의 고전적인 구절"이라고 썼다.[5]

"하나님의 영으로 인도함을 받는"이라는 표현은 무엇을 의미할까? '성령의 인도하심'만큼 그리스도인의 삶과 밀접하게 관련된 주제는 거의 없다. 그리고 이 말이 어떤 의미인지 알려주는 주제도 찾기 어렵다. 어떤 사람들은 신비에 쌓여 있다는 이유로 이 주제를 완전히 무시하는 반면, 어떤 사람들은 이 주제를 가볍게 다루면서 자신이 늘 하나님의 인도를 받는다고 느낀다. 어떤 사람들은 '성령의 인도하심'이라는 표현에서 광신주의가 느껴진다고 생각하고, 또 어떤 사람들은 이 주제를 피하다 보니 자신에게 주어진 특권도 함께 놓치고 만다.

성령의 인도하심은 삼위일체 가운데 제삼위 하나님의 직무로서 이를 통해 성령께서는 일부 탁월한 성인들뿐 아니라 모든 신자들이 이생

---

[5] Benjamin B. Warfield, *The Power of God unto Salvation* (Grand Rapids: Eerdmans, 1930), 151.

의 광야를 거쳐 영광에 이르도록 인도하신다. 이러한 인도하심은 죄인의 마음과 삶에 역사하는 성령의 첫 사역은 아니다. 성령께서 하시는 첫 사역은 죄인들에게 새로운 생명을 주시는 것이다. 우리를 인도하기 전에 성령께서는 우리를 중생하게 하시고 소생시키신다.

하지만 성령께서는 이제 갓 태어난 신자를 내버려 두지 않으신다. 그분은 죄인을 거듭나게 하고 힘을 공급하실 뿐 아니라 그 순간부터 그를 지도하고 인도하셔서 그가 자신 안에 심겨진 새로운 본성과 조화를 이루며 살게 하신다. 사도는 말하기를 성령께서 우리 안에 행하시되 우리의 의지와 행실이 자기의 기쁘신 뜻과 일치하도록 역사하신다(빌 2:13). 성령께서는 하나님의 말씀에 기초를 두고 우리의 지성을 밝히시고 우리의 성향을 인도하셔서 하나님이 기뻐하시는 일을 할 수 있도록 우리의 행동을 인도하신다. 이렇듯 인도하시는 역사는 복된 믿음의 삶을 위해 반드시 필요하다. 성령께 인도하심을 받지 않는다면, 우리는 하나님의 자녀가 아니다.

인도하시는 성령의 사역은 조명하심과 지도하심으로 이루어진다. 둘 다 없어선 안 된다. 우리에게는 우리 마음을 밝혀 우리 의무가 무엇인지 밝히시는 성령의 사역이 필요하다. 뿐만 아니라 우리가 하나님의 교훈에 순종하며 살도록 힘을 주시는 사역도 필요하다. 인도라는 은유적 표현은 시각장애인과 약자들에게서 가져온 것이다. 앞을 볼 수 없는 시각장애인은 자신의 손을 잡고 데려다 주고 안내해 주며 인도해 줄 사람이 필요하다. 다리에 장애가 있는 사람도 똑바로 걷기 어려우므로 자신을 지지해 줄 다른 사람이 필요하다. 성령께서 감당하시는 이 직분

속에 바로 이 두 가지 요소가 다 포함되어 있다. 성령께서는 하나님의 백성을 안내하고 지지해 주신다. 그분은 그들의 마음을 밝히실 뿐만 아니라 천국으로 가는 길을 걸어갈 수 있게 힘을 주신다.

에릭 무어딕(Eric Moerdyk)은 이를 다음과 같이 설명한다.

성령께서 감당하시는 이 아름다운 사역을 보는가? 하나님이 주시는 영적 생명이 당신을 어떻게 살리는지 보는가? 누군가 우리 손을 잡고 인도할 때에도 우리는 여전히 발을 움직여 함께 걸어야 한다. 우리에게도 감당해야 할 일이 있다는 것이다. 우리는 여전히 행동해야만 한다. 하지만 그 행동도 다른 사람의 인도에 맞춰서 해야 하지 않겠는가? 성령의 인도도 바로 이와 같다. 성령께서는 하나님께 순종하라고 우리에게 강요하지 않으신다. 다만 달콤한 능력으로 임해 우리를 인도하신다. 우리가 그분의 인도하심을 거부할 때 그것을 죄라고 부른다. 이는 마치 자동차의 비상 브레이크를 작동시켜 놓고 움직이려 하는 것과 비슷하다. 지금 나아가고 있는 방향에 대해 거부감과 불쾌함을 느껴 속도를 늦추고 뭔가 잘못되고 있음을 깨닫게 만드는 내적인 힘이 있다. '나는 여기에 속하지 않았어', '내가 그렇게 해서는 안 돼'라고 생각하게 하는 것이다. 이것이 바로 하나님의 성령에 의해 인도하심을 받는다는 말의 의미다.[6]

성령께서는 우리를 하나님의 길로 안내하고 인도하신다. 이 때 언제나 당신의 말씀과 일치되게 진행하신다. 하나님의 말씀은 우리가 우리

---

6 Eric Moerdyk, sermon no. 41 on *Canons of Dort*, Fifth Head, art. 10 (part 5) - www.sermonaudio.com을 보라.

삶을 통제할 때 반드시 사용해야 할 기준이다. 다윗이 말한 바와 같이 "주의 말씀은 내 발에 등이요 내 길에 빛"이다(시 119:105). 성경은 우리가 천국으로 가는 길에서 반드시 들여다보아야 할 지도다. 여기에는 우리의 생각과 마음에 대한 성령의 직접적인 역사도 포함된다. 하지만 이 모든 것 역시 성경에 근거를 두어야 한다. 성령의 사역은 언제나 자신의 말씀과 조화를 이룬다.

성령은 하나님의 말씀에 기초를 두고 때로는 은밀하고 직접적으로 하나님의 백성에게 말씀하신다. 당신이 신자라면 내가 무슨 말을 하고 있는지 알 것이다. 때로 성령께서는 우리 마음에 성경을 적용해 죄악의 길을 가지 못하게 막고 거룩한 길을 가게 하신다. 예를 들어 우리가 죄에 대한 유혹을 받았을 때, 성령께서는 우리와 싸우셔서 이 죄가 우리에게 위험하고 하나님의 이름을 더럽히는 일이기에 이 유혹에 무릎 꿇어서는 안 되겠다고 생각하게 하신다. 우리가 정욕과 싸우도록 인도하시는 것이다.

하나님의 자녀들이 타락하지 않는다는 말은, 바울이 갈라디아서에서 말한 바와 같이(갈 4:19) 그들이 그들 안에서 끊임없이 그리스도를 이루시는 성령의 인도하심을 받고 있다는 의미다. 하나님의 말씀을 적용함으로 성령께서는 거룩의 길로 우리를 인도하신다. 성령께서는 결코 우리를 침체된 상태로 내버려 두지 않으신다. 영적 갈등 속에서도 우리를 하나님의 자녀로 입양하신 사실을 확증하심으로 우리 마음에 심어 놓으신 은혜를 불러일으키신다. 그리스도인의 삶 가운데 이런 은혜를 베푸는 과정에서 신자는 성령의 인도하심을 받아 그리스도를 닮기를 추구하게 된다. 뿐만 아니라 성령께서는 우리 영과 더불어 우리가 하나님의 자녀인 것을 증언하신다.

넷째, 우리를 양자 삼으시는 성령의 사역(15절)

15절에서 바울은 우리가 받은 것은 받지 않은 것과 반대된다고 설명하는데, 이 대조를 통해 우리는 우리가 주님께 속해 있음을 인식하게 된다. "너희는 다시 무서워하는 종의 영을 받지 아니하고 양자의 영을 받았으므로." 여기서 바울은 그리스도 안에서 우리에게 주어진 성령의 정확한 성격에 대해 알려 준다. 성령은 종의 영이 아니다. 그분은 우리를 율법 아래 속박하지 않으시며 처음 시작한 곳으로 다시 데려가지 않으신다. 우리에게 주어진 성령과 그리스도 안에서 양자 됨에 대한 깨달음은 서로 불가분의 관계에 있다. 왜냐하면 성령은 분명히 양자의 영이기 때문이다.

그러므로 양자의 영은 추가되거나 선택적인 것이 아니라 신자의 삶의 안녕을 위해 반드시 필요한 것이다. 신자의 올바른 삶은 성령 안에서 사는 삶이다. 하나님의 아들들을 부인하지 않으시는, 양자의 영이신 성령 안에서 사는 것이다. 그리고 이 성령께서도 하나님의 아들들이 자신의 아들 됨을 부인하지 않기를 원하신다!

나에게는 아들이 하나 있다. 나의 아들이기 때문에 나는 그 아이를 어떻게 양육해야 할지 많은 신경을 썼다. 다른 젊은이들보다 나의 아들에게 더 많이 인내하고 더 많이 참았다. 나의 아들이니까.

사랑하는 신자들이여, 우리가 하나님의 자녀라는 사실은 우리를 향한 하나님 아버지의 태도를 결정한다. 그리고 하나님 아버지를 향한 우리의 태도도 결정해야 마땅하다. 아들은 없어도 되는 존재가 아니다. 아들은 도움이 필요해서 채용했으므로 해고도 할 수 있는 그런 존재가 아니다. 아버지는 빈손으로 아들을 멀리 떠나보낼 수 없으며, 그렇게 하지도 않을 것이다. 아들은 식탁 밑에서 부스러기를 주워 먹는 개가 아니다.

그리스도인의 아들 됨 속에는 새로운 자유가 있다. 이 자유는 우리 삶 모든 영역에 영향을 끼친다. 하나님의 자녀들은 예배하고 기도하며 하나님의 약속을 붙들 때, 그리고 하나님을 자신의 아버지로 받아들일 때 자유를 누리는데, 그때 우리의 아들 됨이 확증된다. 바울은 이 본문에서 이 사실을 분명히 한다. "양자의 영을 받았으므로 우리가 아빠 아버지라 부르짖느니라." 마이클 바렛은 자주 오해되고 있는 용어인 "아빠(아바, abba)"에 대해 이렇게 설명한다.

> 이 단어의 압(ab)은 '아버지'를 의미하는 셈족 언어의 표준적인 용어이다. '바(ba)'는 한정사를 만드는 아람어 방식을 반영하고 있다. 다시 말해, 아바(abba)는 그냥 '아버지'를 의미하는 단어가 아니다. 이것은 '그 아버지(the father)'를 의미한다. ⋯ 이는 발음상 간단하고 영어권 어린이들이 쉽게 발음할 수 있어서 자신의 아버지를 처음 부를 때 사용하는 호칭인 '다다(dada)' 혹은 '대디(daddy)'와 동일한 의미를 가지는 단어로 취급되어선 안 된다. '아바(abba)'는 별명도 아니다. 그렇다고 다정다감한 마음이나 애정 어린 마음을 표현하는 어린 아이들의 용어도 아니다. 오히려 이것은 아버지에 합당한

최고의 존경과 존중을 표현하는 명예로운 호칭이다. 하늘에 계신 아버지를 가리킬 때는 더욱 더 그렇다. … 비록 애정을 표현하는 사소한 용어가 아니라고는 하나 "아바"는 아버지와 자녀 사이에 존재하는 친밀성을 표현하기도 한다.[7]

현대적 표현으로 하면, 엄청난 존경심을 가지고 "아바, 아버지"라고 부르짖는 신자는 "성부 하나님이 나의 아버지이다"라고 고백하는 것이다. 레온 모리스(Leon Morris)가 말하듯 '부르짖다'에 해당하는 헬라어 단어(krazomen)는 "경건한 신자가 열정을 다해 말하는 것"을 의미한다.[8] '크라조멘(krazomen)'이라는 단어는 급박한 상황에서 나오는 부르짖음뿐만 아니라, 기도하고 예배하며 하나님의 약속에 반응하는 가운데 자신의 아들 됨을 인식하는 하나님의 자녀에게서 나오는 부르짖음을 강조하는 말이다. 이런 인식은 성령의 역사를 통해 주어진다. 깊은 어두움 가운데서 긴급한 필요를 느낄 때, 때때로 성령께서는 우리 영혼 저 깊은 곳에서부터 하나님께 "아바 아버지"라고 부르짖을 수 있는 신적인 권리와 친밀한 특권을 주신다.

성령의 증언이 뜻하지 않게 우연히 주어지는 경우가 자주 있다. 내 친구인 데렉 토머스(Derek Thomas)는 언젠가 예루살렘에 방문했을 때 한 젊은 소년과 정통 유대교 복장을 한 그 소년의 아버지 모습을 통해 이에 대한 놀라운 예시를 접한 적이 있다고 말했다. 그 아버지는 아이보

7　Barrett, *Complete in Him*, 182-3.
8　Leon Morris, *The Epistle to the Romans* (Grand Rapids: Eerdmans, 1988), 315.

다 훨씬 빨리 걸었기 때문에 몇 걸음을 걸을 때마다 아이는 아버지를 따라가기 위해 달려야 했다. 결국 그 소년은 땅바닥에 넘어져 아주 서럽게 자신의 아버지를 향해 소리쳤다. "아바, 아바, 아바, 아바!" 그 소년의 아버지는 돌아보고는 몸을 굽혀 아이를 안아 자신의 어깨 위에 목마를 태워 데려갔다. 토머스 박사는 나에게 "아바"라는 단어가 얼마나 아름다운 말인지 그때처럼 확실하게 다가온 적이 없었다고 말했다. 창조의 하나님, 하늘과 땅의 하나님, 거룩하신 하나님, 시내산의 천둥이셨던 하나님, 죄인들을 지옥으로 보내실 하나님, 그 하나님이 그리스도 예수 안에서 양자의 영이신 성령을 통해 내 아버지가 되신다. 그리고 나를 자신의 가족으로 받아들이셔서 어려운 형편에 처한 내가 경외하는 마음으로 "아바, 아바"라고 부를 때 몸을 굽혀 나를 붙잡으시고 품에 안으신 후 데리고 가신다. 바로 이것이 새언약이 약속하는 특별한 축복이다. 성령을 통해 우리는 심오한 의미를 담아 하나님을 이렇게 부른다. "아바 아버지!"

예배 가운데 그리스도의 몸을 이룬 공동체에 합류할 때 우리는 성령의 증언을 가장 자주 경험한다. 이때 우리는 주님께 초점을 맞추고 우리의 마음은 새로운 사랑을 품고 높이 고양되어 하나님이 우리 주 그리스도로 말미암아 우리 아버지 되심을 인정하게 된다. 또한 그리스도께서 십자가에서 우리를 위해 하신 일들로 말미암아 하나님의 아들 됨을 강력하게 인식하고, 그 결과 하나님이 우리 아버지라는 사실을 기뻐한다. 다른 경우로 개인 경건의 시간을 갖거나 다른 신자와 교제하거나 아니면 그저 운전을 하고 있을 때 성령께서 우리 영과 함께 우리가 삼위일체 하나님의 구원을 받아 안전하다는 사실을 증언하실 수 있다. 이 때 우리는 도마와 같이 "나의 주 나의 하나님"이라고, 바울과 같이 "아바 아버지"라고 부르짖는다. 부드럽지만 강력한 이 단어들이 의미하는 모든 친밀함을 담아 소리치는 것이다. 이 부르짖음 속에 성령의 증거가 분명하게 드러나는데 그 이유는 그 증거가 자녀와 아버지 사이의 관계와 분리될 수 없기 때문이다. 결국 이와 같은 개인 경건의 시간이나 성도간의 교제나 특히 하나님의 집에서 예배 드릴 때 성령께서는 우리의 영과 더불어 우리가 하나님의 자녀임을 증언하신다.

하지만 이것이 끝이 아니다. 우리의 양자 됨에 대한 성령의 증언을 통해 우리는 완전히 새로운 삶으로 들어가게 된다. 로마서 8:15에 대해 설명하면서 C. E. B. 크랜필드(Cranfield)는 "이 간단한 표현 속에서 우리는 하나님의 뜻과 율법에 따라 살아가는 삶이 무엇인지에 대한 모든 것을 발견한다"라고 말했다.[9] 크랜필드는 우리가 하나님을 아버지리고 부르고 "아바 아버지"라고 외칠 수 있다면, 이는 우리가 완전히 다른 마음, 다른 태도, 인생의 새로운 기준과 가치관과 목적과 목표를 부여받았음을 의미한다고 말했다. 이제 그리스도께 속한 자로서의 역사가 시작된 것이다.

한 아버지가 나에게 들려준 이야기가 있다. 그는 자신이 입양하려는 아이와 살고 있는데, 그 아이가 이렇게 물었다고 한다. "내가 입양된다면 파양될 수도 있다는 의미인가요?" 이 아이는 곧바로 새로운 출생

---

9 C. E. B. Cranfield, *Romans, A Shorter Commentary* (Grand Rapids: Eerdmans, 1985), 189.

증명서를 발급받았고 결코 파양되지 않을 것이다.

하나님과 우리의 관계에 대해서도 마찬가지다. 하나님이 우리를 입양하셨다면, 그리고 하나님이 이미 우리를 자신의 자녀라고 선언하셨다면, 이는 취소될 수 없다. 우리는 영원토록 그의 자녀가 될 것이다. 이에 대해 한 번 생각해 보라. 이 특권을 누려라. 그리고 하나님께 입양되었다는 현실 속에서 큰 기쁨과 확신을 발견하라.

다섯째, 우리가 하나님의 자녀라는 사실에 대해 우리의 영과 더불어 증언하시는 성령의 사역(16절)

16절은 "성령이 친히 우리의 영과 더불어 우리가 하나님의 자녀인 것을 증언하시나니"라고 말한다. 6장과 7장에서 이미 성령의 증언에 대해 다루었으니 여기서는 간단히 언급만 하겠다. 다만 여기서는 확신과 분리될 수 없는 입양과 아들 됨에 대해 초점을 맞추겠다.

로마서 8장에는 하나님의 가족의 일부로서 그리스도인이 가지는 아들 됨과 가족 관계에 대해 반복해 언급한다. 여기서 하나님의 가족이 된다는 것은 "하나님의 아들"(14, 19절), "하나님의 자녀"(16, 21절), "하나님의 상속자요 그리스도와 함께 한 상속자"(17절)가 되게 하며, "그 아들의 형상을 본받게 하기 위하여 … 많은 형제 중에서 맏아들이 되게"(29절) 예정하신 것 등을 포함한다. 그러므로 양자 됨이라고 하는 주제는 로마서의 절정에 해당하는 이 부분의 기저에 흐르고 있다. 제임스 패커가 말했듯, 하나님의 자녀로 입양되는 것은 "복음이 우리에게 제공하는 최고의 특권"으로서 "칭의보다 더 고귀한 것"이다."[10] 칭의는 기본이다. 우리는 무엇보다 용서받고 하나님과 바른 관계에 들어가야 하기 때문이다. 하지만 양자 됨은 그보다 높은 수준의 일이다. 용서받은 사람이 이제 그 가족의 일원이 되기 때문이다. 바울은 칭의와 관련된 법정 언어에서 양자 됨과 관련된 가족의 사랑으로 옮겨가고 있다. 패커는 우리의 양자 됨과 아들 됨과 관련된 몇 가지 중요한 진리를 설명해 준다.

- 신자의 삶 전체는 바로 이 용어의 관점에서 이해해야 한다.
- 우리의 양자 됨은 성령의 사역을 이해하는 열쇠를 제공한다.
- 우리의 양자 됨은 '복음적인 경건'의 의미와 동기를 보여 준다. '복음적인 경건'이란 청교도들이 말하는 진정한 그리스도인의 삶을 축약한 용어이다. 이는 하나님에 대한 사랑과 감사에서 흘러나오는 것으로서 자기 사랑에서 비롯되는 외적 형식과 틀에 박힌 일상과 겉으로 드러나는 모습으로 이루어진 그럴싸한 "율법적 경건"과는 반대된다.
- 우리의 양자 됨은 확신의 문제를 통과해 나아가야 할 길을 보기 위해 필요한 단서를 제공해 준다. 즉, 종교개혁자들과 루터와 같이 우리도 틴데일이 참된 믿음과 이에 반대되는 의미로 '이야기 믿음(story faith)'이라 불렀던 것이 어떻게 다른지 인식하는 법을 배워야 한다. 루터는 "믿음은 하나님의 은혜에 대한 생생하고 신중한 확

10　J. I. Packer, *Knowing God* (Downers Grove, Ill.: InterVarsity Press, 1973), 186-9.

신이다. 그러므로 이를 얻기 위해 사람은 천 번이라도 죽을 수 있다. 또한 이런 확신은 우리를 기쁘게 하고, 용맹하게 만들며, 하나님과 모든 피조물에 대하여 즐겁고 발랄한 모습을 가지도록 한다"고 말했다.[11]

이처럼 우리가 하나님께 입양되어 그분의 가족이 되었다는 개인적인 깨달음을 갖게 되면 우리 삶 전체가 변화된다. 예수님처럼 우리 삶 전체의 목표가 하나님의 뜻을 이루는 것이 되는 것이다(요 5:30). 이제 하나님이 우리 아버지이며 우리는 그분의 자녀라는 확신을 가지고 생각과 말과 삶을 통제하기 위해 힘쓰게 된다. 로마서 8장을 요한일서 3장과 나란히 놓고 함께 읽어 보면, 우리의 영광스러운 양자 됨이 우리 모든 관계에 엄청난 영향을 끼친다는 것이 분명하게 드러난다. 여기에는 아래의 관계들이 포함된다.

(1) **삼위일체 하나님과의 관계.** 이제 우리는 성부와 성자 안에서 가장 위대한 사랑을 발견한다. 그래서 하나님의 입양된 자녀로서 성부께서 자신의 아들과 나누고 계신 그 사랑에 우리도 참여한다(요 17:23). 이제 우리는 하나님이 그리스도를 위한 자신의 영원한 계획에 따라 우리를 빚으시고 훈련시키신다는 것을 알기에 우리의 안전이 바로 하나님의 아버지 되심이라는 사실 속에 있다는 것을 발견한다. 또한 아버지의 뜻을 성취하고 불경건한 죄인이었던 우리를 위해 죽으심으로 이루신 임

---

11 Packer, *Knowing God*, 190-203.

마누엘의 속죄 사역을 통해 우리가 안전하다는 사실을 알게 된다. 뿐만 아니라 성령께서 결코 우리를 버리지 않으실 것임을 알기에, 우리 안에 계신 성령의 임재를 통해 우리가 안전하다는 사실을 발견한다.

나는 지금 신비의 영역으로 들어가고 있다. 사실 이것은 말하기보다는 느껴야 한다. 하지만 우리가 특히 침체에 빠져 고민 중에 있거나 연약해지고 소망을 잃었거나 문제와 시험 가운데 있을 때, 성령께서는 자신이 위로의 영으로 함께하고 계신다는 사실을 알게 하시며 우리에게 새 힘을 주셔서 은혜로 다시 일으키신다. 우리가 버림받았다고 느낄 때, 성령께서는 우리를 감동시켜 간절히 기도하게 하신다. 우리는 성령을 통해 성부와 성자와 만난다. 그럴 때 우리 마음은 열리고 말로 표현할 수 없는 자유를 느끼며 기도를 통해 우리 영혼을 전능하신 분께 쏟아 놓게 된다(참조. 롬 8:23-8). 성령의 임재로 말미암아 우리는 지존자께서 새롭게 우리에게 찾아오신 것을 경험하고, 삼위일체 하나님과의 달콤한 교제를 누린다. 그리하여 우리가 하나님의 입양된 자녀라는 사실을 깨닫는다.

우리가 이런 달콤한 교제를 누리게 하시는 분이 바로 성령이다. 성령께서 우리 안에 하나님이 우리 아버지이고, 하나님의 아들이 우리 맏형임을 받아들이게 하시는 것이 얼마나 큰 기쁨인지! 성령에 대해 예수님은 요한복음 4:14에서 이렇게 말씀하셨다. "내가 주는 물은 그 속에서 영생하도록 솟아나는 샘물이 되리라." 예수님은 그 후에 이렇게 말씀하셨다. "그 (속사람의) 배에서 생수의 강이 흘러나오리라." 그리고 이어서 요한은 "이는 … 성령을 가리켜 말씀하신 것이라"(요 7:38, 39)고 덧붙였다. 성령께서는 신자 안에 거하신다. 그리고 신자는 성령의 증언과 함께 그가 그 내주하심을 실제로 느끼고 있으며, 또 알고 있다는 양심의 소리를 들을 수 있다. 이때 확신은 삼위일체 하나님과 그분의 진리를 붙들게 한다. 그래서 성경의 진리는 이생의 어떤 것보다 실제적이고 생명력 있으며 귀중하게 된다. 양자 됨은 하나님과의 관계를 증가시켜 선을 이룬다.

(2) **고난에 대한 우리의 견해.** 하나님을 아버지로 여기는 이 관계 속에는 필연적으로 훈육이 포함된다. 왜냐하면 우리의 아버지는 우리를 향한 계획에 우리가 못 미치도록 내버려 두지 않으실 것이기 때문이다. 이는 우리가 역경과 고난과 어려움을 대하는 태도에 영향을 미친다. 왜냐하면 로마서 8:28은 하나님의 자녀를 향해 우리가 하나님의 자녀이므로 하나님이 이 모든 것이 합력해 선을 이루게 하실 것이라 말하기 때문이다.

(3) **우리 자신에 대한 관계.** 요한일서 3:3이 말하듯, "주를 향하여 이 소망을 가진 자마다 그의 깨끗하심과 같이 자기를 깨끗하게" 해야 한다. 모든 입양된 하나님의 자녀는 거룩이야말로 하나님의 가정 안에서 행복을 누리기 위해 하나님이 세우신 목적의 중요한 부분임을 알고 있다. 그러므로 모든 신자는 매일 자신의 삶을 정결하게 하기를 원해야 한다. 죄를 죽이고 옛사람의 본성을 벗어버리고 새 본성을 입기 위해 영적인 훈련에 임해야 한다(골 3:8-17). 그렇게 할 때 비로소 양자 됨에 대한 확신은 개인적인 거룩함과 연합되어 하나님이 염려와 두려움과 의심의 짐에서 자신을 건져 주실 것이라는 사실에 대한 확신으로 이어질 것

이다. 그는 자신이 새로운 사람이 된 것 같은 느낌을 받게 될 것이다. 그 사람은 자신의 양자 됨과 구원에 대한 확신이 주는 모든 유익을 누리게 될 것이다. 왜냐하면 확신은 "이 땅에 천국을 가져다주며, 인생의 변화를 달콤하게 만들어 주고, 마음이 세상을 갈망하지 않도록 지켜주며, 하나님과의 교제를 도와주고, 침체되지 않게 하며, 거룩한 용기를 공급해 주고, 사람이 죽음에 대비하게 하며, 자비를 자비로 느끼게 할 뿐만 아니라 신자의 섬김에 활력을 더해 주고, 영혼이 그리스도를 누리도록" 하기 때문이다.[12]

(4) **신자들과의 관계.** 하나님 가족의 일원이 되는 것은 우리 행동에 영향을 끼치는데, 우리가 아들로 살고, 맏형이신 예수 그리스도처럼 살고자 갈망하게 한다. 그리스도 안에서 입양된 하나님의 자녀로서 우리는 그분의 성령으로 말미암아 그리스도 안에서 인간의 본성으로는 도저히 할 수 없는 방식으로 형제와 자매를 사랑하는 법을 배운다. 이제 우리는 모든 그리스도인 동료들을 볼 때 성령께서 주신 선물로 본다. 우리는 은혜의 표지와 열매를 통해 각자의 영혼 속에서 성령의 구원 사역을 발견한다. 그리고 성령께서는 우리가 확신 가운데 경건한 교제를 통해 서로 격려하며 힘을 주게 하신다. 성령은 신자들을 사용해 천상의 도시를 향한 순례의 길을 가는 다른 신자들을 도우신다. 자신이 하나님께 받은 위로를 통해 다른 이들을 위로했던 바울처럼(고후 1:4), 신자들도 자신이 하나님을 통해 누리게 된 그 확신을 통해 다른 이들이 더

12　Brooks, *Heaven on Earth*, 129, 139-47.

큰 확신을 가지도록 그들을 움직인다. 입양된 아들로서 우리는 사랑하는 가족의 시선으로 사는 날 동안 일어나는 모든 일을 바라보는 법을 배운다. 하나님의 가족으로서 다른 형제와 자매들을 위해 우리의 생명까지 즐거이 포기할 정도까지 말이다(요일 3:14-18).

(5) **세상과의 관계.** 요한일서 3:1 하반절은 이 관계로 인해 어려움을 겪을 수 있다고 말한다. "세상이 우리를 알지 못함은 그를 알지 못함이라." 한편 우리는 하나님에 대한 말로 표현할 수 없는 사랑을 예수님과 공유한다. 하지만 다른 한편 세상으로부터 받는 적대감, 소외, 미움까지도 예수님과 공유한다. 세상이 우리를 멸시할 때 놀라서는 안 된다. 왜냐하면 세상은 우리의 맏형을 멸시한 것도 모자라 십자가에 못 박았기 때문이다.

(6) **미래의 소망과의 관계.** 아들 됨은 우리의 소망에 영향을 끼칠 수밖에 없다. 하나님의 자녀로서 우리 역시 "하나님의 상속자요 그리스도와 함께 한 상속자"로 선언될 것이기 때문이다(롬 8:17). "그가 나타나시면 우리가 그와 같을 줄을 아는 것은 그의 참모습 그대로 볼 것이기 때문이니"(요일 3:2). 우리는 무수한 천사들의 군대 가운데서 영원하신 아버지, 맏형, 그리고 셀 수 없이 많은 형제, 자매들과 함께 영광스럽고 죄가 없는 미래를 누리게 될 것이다. 에드워즈가 말했듯 천국은 죄가 없는 사랑의 세상이 될 것이다.[13]

하나님께 입양된 자녀들이 맞이할 미래가 얼마나 대단한지! 때때로

---

13 이런 변화된 관계에 대한 더 구체적인 내용을 원하면, Joel R. Beeke, *The Epistles of John* (Darlington, U.K.: Evangelical Press, 2006), 124-9을 보라.

성령께서는 하나님의 자녀들이 이 천국을 확신 가운데 맛보게 하신다. 특히 그들이 저 천상의 도시에 가까이 다가갈 때 그렇게 하신다. 미국 회중교회 목사였던 에드워드 페이슨(Edward Payson, 1783-1827)은 임종 직전 자신의 여동생에게 이렇게 편지를 썼다.

번연의 비유적인 표현을 빌리면, 나는 이 편지가 내가 몇 주 동안 행복한 주민으로 있었던 뿔라의 땅에서 온 것이라고 추정한다. 내 임종의 자리인 천상의 도시가 거의 내 앞에 임한 것 같다. 이 도시의 영광이 나에게 비추인다. 이 도시의 바람이 나에게 불어온다. 이 도시의 향기가 퍼져 나에게 온다. 이 도시의 소리가 내 귀에 울린다. 이 도시의 영혼이 내 마음에 들어온다. 그 어떤 것도 나를 천국으로부터 분리하지 못한다. 다만 작은 물줄기가 흘러가는 죽음의 강이 있는데, 이것은 하나님이 내가 본향으로 갈 수 있게 허락하기만 하시면 언제든 한 걸음에 건널 수 있는 강이다 의의 아들께서 점점 가까이 오시고, 그분이 접근해 올수록 더 크고 더 밝게 보인다. 이제 그분은 내가 그 위에 떠 있는 것 같은 영광의 홍수를 일으키시며, 내 인생의 전체 반구를 채우신다. 하나의 마음, 하나의 입술로는 나의 필요를 채우기에는 충분하지 않은 것 같다. 나를 통과해 흐르는 모든 분리된 감정을 느끼기 위해서는 전체 마음이 있어야 한다. 그 감정을 표현하기 위해서는 전체 입술이 필요하다. 오, 내 여동생아, 내 여동생아, 그리스도인을 기다리는 것이 무엇인지 알지 않니! 내가 알고 있는 것이 무엇인지 너도 알고 있지 않니! 내가 이 땅을 떠날 때 즐겁고 기뻐

하기를 억제하지 않으리라!¹⁴

누가 페이슨에게 이 사실을 가르쳐 줬는가? 분명 성령께서 하셨을 것이다. 성령께서 에드워드 페이슨을 위해 이를 열어 보여주셨으므로, 그의 양심이 성령과 더불어 그가 영광의 길을 가는 하나님의 자녀임을 증언했다는 사실을 굳이 말하지 않아도 될 것이다.

여섯째, 상속자의 지위와 고난과 연관된 성령의 확신(17절)

마지막으로 하나님의 상속자(17절 상반절)와 고난(17절 하반절)에 대해 언급함으로 성령께서 어떻게 구원을 확신시키는지 강조하는 이 놀라운 부분을 마무리하고자 한다. 이 둘은 모두 양자 됨의 표지이다. 성령에 의해 이끌림을 받고 입양된 사람들은 "상속자 곧 하나님의 상속자요 그리스도와 함께 한 상속자"이다.

양자의 가장 위대한 특권은 상속자로서의 지위다. 하나님께 입양된 자녀들은 모두 그리스도와 공동으로 상속받을 자들이다. 제러마이어 버로스는 "사람들에게 많은 자녀가 있지만 상속자의 지위를 받는 사람은 한 명뿐"이라고 썼다."¹⁵ 하지만 하나님의 "자녀이면 또한 상속자 곧 하나님의 상속자"다. 히브리서 12:23은 그들을 가리켜 "하늘에 기록된 장자들"라고 부른다.

---

14 Edward Payson, *Memoir: Select Thoughts and Sermons of the late Rev. Edward Payson*, 3 vols. (Portland: Hyde, Lord & Duren, 1846), 1:406-7.
15 Burroughs, *The Saints' Happiness*, 192.

상속자는 누군가 죽고 나면 그 사람에게 속한 모든 것을 소유한다. 상속자에게는 소유권에 대한 완전한 법적 권리가 있다. 이는 유산을 남기는 사람이 남긴 유언 때문이다. 그러므로 유산을 받는다는 것은 언제나 쓰면서도 달콤한 것이다. 한편 우리는 유산이라는 선물을 받는다. 다른 한편 우리가 사랑하는 이가 죽을 때에야 이 유산은 우리 것이 된다.

하나님의 자녀가 하나님의 상속자라는 바울의 말이 얼마나 놀라운지! 성부께서는 신인인 예수 그리스도를 십자가로 보내셔서 법적 권리를 사셨다. 즉, 예수 그리스도에 대한 믿음을 통해 죄인들을 입양하고 또한 그들을 하나님이 소유하신 모든 것에 대한 상속자로 만들기 위한 법적 권리를 사신 것이다. 그렇다. 히브리서 1:2에서는 그들이 모든 것을 상속받는다고 말한다.

하지만 이렇게 질문하는 독자들이 있을 것이다. "나는 지금 부족한 게 많은데요?" "그렇다면 나는 왜 이렇게 많은 위기를 맞이해야 하는 거죠?" 그 답은 우리가 받을 유산과 우리의 고난을 결합하시는 성령, 곧 우리에게 확신을 주시는 성령께 있다. 고난 역시 이 유산의 일부분이기 때문이다. 하나님은 자기 자녀들을 그리스도와 함께 할 공동상속인으로 정하셨다. 그리스도께서는 이 세상에서 고난당하심으로 이 유산을 얻기 위해 오셨다. 그렇기에 하나님은 자신의 아들들이 영광을 얻게 하기 위해 고난을 사용하신다. 이와 같은 이유로 로마서 8:17은 우리가 "그리스도와 함께 한 상속자니 우리가 그와 함께 영광을 받기 위하여 고난도 함께 받아야 할 것이니라"고 말씀한다. 아들들은 그들의 아버지가 주시는 훈육을 받아야 한다. 그렇지 않은가? 하나님은 자신의 자녀들과 상속자들을 훈육해 그들이 하나님의 의와 거룩에 참여하게 하신다(히 12:10, 11).

자신이 하나님의 아들이라고 인식하게 되면 예수 그리스도께서 받으신 고난에 자신도 참여한다고 생각하며 고난을 귀하게 여긴다. 로마서 8:17 하반절에서 말하고자 하는 것도 바로 이런 의미다. "우리가 그와 함께 영광을 받기 위하여 고난도 함께 받아야 할 것이니라." 고난 자체를 목적으로 보는 것이 아니다. 이 고난은 그리스도와 함께 받는 영광이라는 더 위대한 목표를 가리킨다. 성령께서는 그리스도께서 모든 것이 되신다는 사실을 알려주심으로써 고난 가운데서도 우리가 그분의 길을 따르고 있음을 기억하며 그분과 우리 자신을 동일시하게 하신다. 즉, 영광을 얻기 전에 고난당하는 길을 걷는 것이다. 그리고 이 과정에서 성령께서는 우리의 영과 더불어 우리가 하나님의 자녀라는 사실을 증언하신다.

하지만 영광이 올 것이다. 영광과 왕의 지위가 그리스도와 더불어 올 것이다. 이에 대하여 바울은 이렇게 말한다. "우리가 그와 함께 영광을 받기 위하여"(롬 8:17 하반절). 청교도들은 왕위의 관점에서 그리스도와 함께 하는 공동상속자의 직분을 강조했다. 그리스도와의 공동상속자로서 신자들은 그리스도의 왕위를 공동으로 가진다. 그러므로 그들은 유산으로 천국을 얻어 누린다. 토머스 그래인저(Thomas Granger)는 신자들이 하나님의 영적 나라에서 왕이 된다는 말은 세 가지 측면에서 생각해 볼 수 있다고 말했다. "1. 그들은 그들의 원수와 죄와 사탄과 세상과 죽음과 지옥에 대한 정복자이자 주인이다. 2. 그들은 그리스도의 왕국과 구원의 왕국에 참여하고 있는데, 이는 우리가 그리스도를 영접한 것은 은혜 위에 은혜요, 영광 중에 영광이기 때문이다. 3. 그들은 그리스도로 말미암아 만물에 대한 지분과 통치와 주권을 가지고 있다."[16] 헤르만 위트시우스(Herman Witsius)는 이 "만물"에 "모든 세상에 소유권"이 포함된다고 강조한다. 이는 본래 아담에게 주어졌으나 그가 상실해 버렸고, 다시 아브라함에게 약속되었으며(롬 4:13), 그리스도께서 자신과 자신의 형제들을 위해 다시 사신 것이다(시 8:6). 그러므로 이제 만물은 현재나 미래에나 모든 하나님의 백성의 것이다.[17] 궁극적으로 신자들은 만물의 주인이자 소유자인데, 그 이유는 그들이 하나님께 속해 있는 그리스도께 속해 있기 때문이다(고전 3:21-23).[18]

사랑하는 하나님의 자녀들이여, 하늘에 계신 우리 아버지, 곧 세상에 존재하는 모든 풀잎과 수많은 언덕에 있는 모든 소떼와 우주에 있는 모든 은하계의 소유자께서 이 모든 것을 우리를 위해 죽으신 그리스도의 손에 맡기시고 우리를 그리스도와 공동상속자로 삼으셨기에 만물이 그리스도 안에 있는 우리에게 속하게 되었다. 과연 누가 이를 이해할 수 있을까? 에릭 무어딕이 말했듯, "우리가 앉는 모든 통나무는 하나님의 의자다. 우리가 보는 모든 색은 하나님이 붓으로 칠하신 작품이다.

---

16 Thomas Granger, *A Looking Glasse for Christians, Or, The Comfortable Doctrine of Adoption* (London, 1620), [26].
17 Herman Witsius, *Economy of the Covenants* (Grand Rapids: Reformation Heritage Books, 2017), 1:452-3.
18 Perkins, *Works*, 1:82, 369.

이 세상은 우리 아버지의 것이다. 그리고 그분이 이 세상을 만드신 주요한 이유는 우리가 살 집을 마련하기 위해서였다. 하나님이 우리에게 감각을 주셨기에 우리는 이 하나님의 피조 세계 속에 살며 이 하나님의 즐거움을 함께 할 수 있었다. 그리스도 안에서 하나님은 우리를 이 모든 것에 대한 상속자로 삼으셨다. 그리고 언젠가 우리는 하나님 앞에 왕이자 제사장으로서 그분과 함께 살며 만물을 다스릴 것이다. 우리가 하나님의 상속자라는 말은 바로 이와 같은 의미이다."[19]

이 세상에 있는 그 어떤 것도 신자가 얻게 될 유산과 비교할 수 없다. 이 유산은 썩지 않는다(벧전 1:4). 이는 불이나 폭력 같은 외적 원리로 된 것도 아니고, 더럽게 하는 죄나 오염 같은 내적 원리로 된 것도 아니다(벧전 1:18 참조). 이 유산은 계승되지 않는다. 하늘에 계신 아버지와 그분의 자녀들은 항상 동일한 유산으로 살아간다. 그러므로 신자들의 유산은 그리스도의 제사장직과 같이 변하지 않는다(히 7:24). 이 유산은 나누어지지 않는다. 모든 상속자는 전체 유업을 누린다. 이는 하나님은 무한하시면서 나누어지지 않는 분이기 때문이다. 하나님은 자신의 모든 소유를 주신다. 절반이 아니라 자신의 모든 왕국을 주신다(창 25:5, 계 21:7 참조).[20]

---

19 Eric Moerdyk, sermon no. 42 on *Canons of Dort*, Fifth Head, art. 10 (part 5) - www.sermonaudio.com을 보라.
20 Drake, *Puritan Sermons*, 5:334; cf. Owen, *Works*, 2:218-21; Burroughs, *The Saints' Happiness*, 196.

결론

로마서 8:12-17은 성령의 증언이 신자의 삶과 확신에 중요한 부분을 차지한다는 사실을 분명하게 보여 준다. 이는 아버지께서 자기 자녀들이 진정으로 자신에게 속해 있음을 확신시키기 위해 그들에게 주시는 선물이다. 구원의 확신을 얻기 위한 진부한 방식에 만족하지 말라. 하나님이 우리에게 아들의 영을 주셔서 우리가 "아바 아버지"라고 부를 수 있게 하셨다는 사실을 바라보라.

하지만 하나님에 대한 사랑이 약해지고 기운을 잃으면 어떻게 해야 할까? 하나님을 나의 아버지라고 확신 있게 부를 자유가 없다면 어떻게 해야 할까? 무조건 그분에게로 가라. 하나님이 당신의 아버지라는 위로가 사라지는 재앙이 닥칠 때 당신의 창조주이며 당신을 존재하게 하시는 분인 하나님께 달려가라. 탕자가 겸손한 마음으로 아버지께 가듯 하나님께로 가라. 탕자처럼 "아버지, 내가 하늘과 아버지께 죄를 지었사오니 지금부터는 아버지의 아들이라 일컬음을 감당하지 못하겠나이다"(눅 15:21)라고 말하면서 그분께 가라. 이상적인 아버지이신 하나님께 달려가 "주님, 제가 믿습니다. 저의 믿음 없음을 도와주십시오. 정말 하나님의 자녀가 되고 싶습니다. 부디 주님께서 제 아버지가 되어 주십시오"라고 소리치라. 무엇보다 하나님의 완전한 아들의 이름으로 아버지께 달려가라. 주 예수 그리스도를 사용하라. 그분은 이와 같은 순간에 우리가 자신을 사용하기를 기뻐하신다. 하나님을 아버지로 인식하기 어렵다면, 유일하신 구세주이신 주 예수 그리스도의 하나님이자 아버지로 생각하며 그분에게 달려가라. 그리스도께서 당신을 하나님의 존전으로 데리고 가 아버지께 당신을 소개하시게 하라. 예수께서 "너희가 내 이름으로 무엇을 구하든지 내가 행하리니 이는 아버지로 하여금 아들로 말미암아 영광을 받으시게 하려 함이라"(요 14:13)고 말씀하신 것은 당신이 성자를 통해 성부께 나아가도록 격려하기 위해서다.

당신이 하나님의 자녀라는 사실에 의구심이 느껴질 때, 이런 생각들을 통해 하나님께로 나아갈 힘을 얻기를 바란다. 하늘에 계신 아버지를 홀로 두지 마라. 그분의 아들을 통해, 그 아들을 의지해 자유롭게 "아바 아버지"라고 소리칠 수 있을 때까지 하나님께로 끊임없이 나아가길 바란다.

11장
확신에 대한 최종 질문

모든 내용을 마무리하기 전에 사람들이 믿음의 확신 교리에 대해 고민할 때 떠올릴 법한 다섯 가지 질문을 다루려 한다.

첫째, 내가 하나님을 믿는다는 사실을 부인할 순 없지만, 하나님과 멀어진 것 같고 내가 구원받았는지 완전히 확신하지 못할 때에는 어떻게 해야 하는가?

1. 하나님이 당신에게 성령의 빛을 비추시고 당신이 하나님께 속하였으며 구원받았음을 보여 달라고 기도하라.

   2. 성경에 있는 몇 가지 약속을 읽으라. 특히 과거에 당신에게 소중했던 약속이면 더욱 좋다. 하지만 꼭 그런 것만 보아야 하는 것은 아니

다. 그 약속을 의지하라. 윌리엄 스퍼스토가 했던 말을 기억하라. 그는 하나님이 마치 동전을 지갑에 넣듯 자신의 모든 약속을 가방에 넣으신 후에 우리에게 갖고 오셔서 발 앞에 쏟아놓으시고는 "내 아들아, 가지고 싶은 대로 다 가지렴"이라고 말씀하신다고 했다.[1] 과거에는 별로 달콤하지 않았던 약속들을 포함해 성경의 모든 약속이 우리에게 속했음을 믿는 믿음을 달라고 기도하라.

3. 이러한 약속의 결과로 주어진 복음의 기초, 곧 예수 그리스도께서 우리와 같은 죄인을 구하러 오셨다는 복음과 그 복음이 동반하는 모든 귀중한 진리로 달려가 피하라. 하나님의 영원한 선택의 견고함, 우리에 대한 하나님의 변함없는 관심, 그리스도의 속죄 사역으로 말미암는 그리스도와의 연합, 우리에 대한 그리스도의 지속적이고 효과적인 간구와 같은 웅장한 진리에 대해 묵상하라. 그리고 믿음으로 그리스도 안에서 쉼을 누리라.

4. 성령에 의지해 다음과 같은 은혜에 대한 내적 증거를 기준으로 자신을 점검하라. 나는 죄에 대해 슬퍼할 줄 아는가? 그리스도의 의에 주리고 목마르다는 것이 무슨 뜻인지 알고 있는가? 이와 비슷한 은혜의 표지가 당신에게 있음을 부인할 수 없다면, 당신 자신이 하나님의 자녀일 수밖에 없다고 결론 내려라. 왜냐하면 이러한 경험은 우리 스스로는 물론이고 마귀가 가르친다고 되는 것이 아니기 때문이다. 이는 오직 우리 안에서 역사하시는 성령의 역사 때문이다.

---

1 Spurstowe, The Wells of Salvation Opened, 8.

5. 성령께서 말씀을 통해 우리 양심과 더불어 우리가 진정으로 참된 신자임을 증언해 달라고 간구하라.

6. 은혜의 수단을 부지런히 사용하라. 특히 말씀과 성례와 기도를 사용하라(웨스트민스터 대요리문답 154문).

7. 불경건한 불신에서 돌이켜 안목과 육신과 세상의 모든 정욕과 알려진 죄를 피하고 예수님을 바라보면서 당신 앞에 놓인 경주를 경주하겠다고 결심하라(히 12:1, 2).

8. 당신 자신이 죄에 대해서는 죽었고 그리스도에 대해서는 살았다고 생각할 때 당신의 진정한 정체성을 그리스도 안에서 찾을 수 있음을 기억하라(롬 6:10).

9. 청교도들이 "마지막 네 가지 것"이라고 불렀던 죽음, 심판, 천국, 그리고 지옥이 얼마나 엄숙한지 생각해 보라. 그리하여 유한한 시간을 위해 살지 말고 영원을 위해 살아가라.

10. 수년 혹은 수십 년 동안 당신의 삶에서 신실하셨던 하나님의 이력을 돌아보며 위로를 누려라.

11. 구원의 확신을 다시 얻기 위해 위에 기록된 모든 수고에 복을 달라고 다시 한 번 기도하라..

둘째, 10번에서 언급한 대로, 당신의 삶에서 신실하셨던 하나님의 이력으로 인해 확신이 성장한다는 것은 무슨 의미인가?

내 삶에서 하나님의 신실한 이력을 어떻게 사용하는지 설명하겠다. 수십 년 전에 귀한 아내와 결혼했을 때, 나는 아내가 나를 사랑한다고 확신했다. 내가 가진 확신은 우리가 함께 서명한 혼인증명서의 효력을 뛰어넘는 것이었다. 하지만 지금 나는 그때보다 더욱 나를 향한 아내의 사랑을 확신한다. 어떻게 그럴 수 있을까? 바로 아내가 나를 사랑한다고 반복해서 말해 주었기 때문이다. 그리고 수십 년 동안 아내가 나에게 자신의 사랑을 수천 가지 방법으로 보여 주었기 때문이다. 나를 향한 아내의 사랑에 대한 확신은 바로 아내의 이력을 보여 주는 매일의 관계라는 환경 속에서 자라난 것이다.

하나님의 이력은 아내의 이력보다 훨씬 완전하다. 하나님이 내가 가는 길을 멈추시고 처음 믿고 회개하게 하신 이후로 반세기 이상의 시간이 흘렀다. 지난 오십 년 동안 내게 말씀하시고 섭리 가운데 행하신 것을 통해 드러나는 하나님의 이력은 수없이 많은 방식으로 나를 설득했다. 하나님이 나를 사랑하신 것은 내 안에 있는 어떤 이유 때문이 아니라 예수 그리스도 안에 있는 나를 향한 하나님의 영원한 신실하심 때문이라고. 내가 절대적으로 확신하는 한 가지는 하나님이 내 삶에서 실수하지 않으셨다는 사실이다. 설령 하나님이 나에게 때론 아주 고통스럽고, 때론 그치지 않을 것 같은 고난 주기를 기뻐하셨다 하더라도 나는 내가 당한 고난 하나하나가 나에게 필요했다는 사실을 알고 있다. 나는 온전한 확신을 가지고 하나님에 대해 말할 수 있다. "하나님의 도는 완전하고 여호와의 말씀은 순수하니 그는 자기에게 피하는 모든 자의 방패시로다"(시 18:30).

하이델베르그 요리문답은 26문에 대한 답으로 이와 같은 확신에 대해 말한다. "예수 그리스도의 영원하신 아버지는 … 그의 아들 그리스도 때문에 나의 하나님과 나의 아버지가 되신다. 하나님을 신뢰하기에 하나님이 나의 몸과 영혼에 필요한 모든 것을 채워 주시며 이 슬픈 세상에서 당하게 하시는 어떠한 역경도 합력하여 선을 이루게 하실 것을 조금도 의심하지 않는다. 하나님은 전능하시기에 그리하실 수 있고, 신실하신 아버지이기에 그리하기를 원하신다."

그러니 하나님을 더욱 더 신뢰하자(사 26:3, 4). 요리문답 28문에 대한 대답을 일부 고백하며, 우리를 향한 하나님의 신실한 이력을 묵상함으로 확신을 성장시켜 나가자. "우리의 신실하신 하나님이자 아버지를 신뢰하기에 그 어떤 것도 우리를 그분의 사랑에서 떼어놓을 수 없다는 것을 확신한다."

도날드 맥클라우드는 확신을 주시는 하나님의 사랑을 매일 경험한다는 것이 어떤 의미인지 잘 표현한다.

일반적으로 확신은 매일매일의 일상적인 관계에서 얻는다. 안타깝게도 확신에 대한 많은 기독교적인 논의는 부모와 자녀 사이와 남편과 아내 사이, 무엇보다 신자와 구원자 사이에 있는 확신이 매일의 일상에서 지속되는 관계에 관한 문제라는 사실을 잊어버리고, 혼인관계증명서가 제대로 기록되어 있는지 계속해서 점검하는 행동과 상당히 비슷하다. 사실 확신을 길러주고 강화시키는 것은 사랑의 행위와 관용, 그리고 용서다. 실제로 결혼했는데도 불구하고 결혼에 대한 확신을 얻기 위해 권리증서를 찾아다니는 사람은 없다. 마찬가지로 하나님의 선하심을 매일매일 경험할 때 우리는 하나님의 사랑을 더 잘 느낄 수 있다. 우리는 하나님께 읍소하고, 하나님은 응답하신다. 우리는 필요한 것을 아뢰고, 하나님은 공급해 주신다. 하나님은 우리가 감히 생각지도 못한 것을 주신다. 하나님은 우리가 한 잘못을 간과하신다. 물론 하나님이 친절한 분이라는 것을 발견하기가 쉽지 않아서 우리는 의기소침해지기도 하고 겸손해지기도 한다. 완악한 우리는 때로 하나님이 차라리 그렇게 사랑이 많은 분이 아니었으면 하고 바라기도 한다. 그러면 일어나서 하나님과 쟁론하고 우리 자존심을 다시 세우기라고 할 수 있을 테니. 하지만 현실은 그렇지 않다. 선하시고 자비로우신 하나님의 행위가 끊임없이 흘러나와 우리의 확신에 연료를 공급한다. 이 부분에 있어 특별히 신비롭거나 극적인 것은 없다. 이는 마치 가정생활이 신비롭거나 극적이지 않은 것과 같다. 하지만 존재하는 것이 있다. 하나님은 우리 목소리를 듣고, 우리 음성에 귀를 기울이고, 우리 필요를 채우시되 인색하게 하시는 것이 아니라 그리스도 예수로 말미암아 영광의 풍성함을 따라 하신다.

그러니 하나님이 정말 나를 사랑하시는지 알기 위해 더 이상 혼인관계 증명서나 출생증명서로 계속해서 되돌아가지는 말자. 대신 하나님이 우리를 어떻게 다루시는지 보자.[2]

당신은 어떠한가? 자신의 삶을 되돌아보고 다음과 같이 말할 수 있는가? "하나님은 내 삶에서 전혀 실수하지 않으셨습니다. 하나님이 매일 나에게 신실하심을 보여 주셨기에 '하나님을 사랑하는 자 … 들에게는 모든 것이 합력하여 선을 이룬다는 것(롬 8:28)을 알고 있습니다. 그

---

2 Donald Macleod, *A Faith to Live By* (Ross-shire, Scotland: Christian Focus, 2002), 155-6.

리고 하나님의 은혜로 내가 하나님을 사랑한다는 사실도 알고 있습니다."

셋째, 나는 여전히 자주 의심하는데 어떻게 확신을 가질 수 있는가?
칼뱅은 신자들이 때때로 의심하는 것이 일반적인 현상이라고 말했다. 심지어 아브라함(창 15:8), 다윗(시 31:22), 예레미야(애 3:2-10, 18)와 같이 확신을 가진 신자들도 마찬가지였다. 천성을 향해 순례의 길을 가고 있는 거의 모든 순례자들은 의심이 일어나 믿음을 몰아내려는 것을 경험한다. 하지만 윌리엄 구지(William Gouge)가 지적하듯, 의심이 있다고 해서 믿음이 없는 것은 아니다. 이에 대해서는 다윗을 비롯한 여러 시편 기자들이 아주 풍성하고 분명하게 설명한다. 신자들이 믿음의 실재에 대해 의심할 때, 반드시 기억해야 할 것은 의심이 믿음에서 일어나는 것이 아니라 우리가 사는 동안 늘 남아 있는 육신의 연약함에서 일어난다는 사실이다(롬 7:14-25). 그러므로 이렇게 부르짖으라. "주님, 내가 믿나이다. 나의 믿음 없는 것을 도와주소서"(막 9:24).

하나님은 의심을 권장하지도, 칭찬하지도 않으신다. 왜냐하면 의심이란 불신이며 불신은 항상 죄악된 것이고 죄의 뿌리이기 때문이다. 하나님은 의심하는 자들에 대해 놀라운 인내심을 갖고 계시지만 그들의 의심에 대해서는 훈계하신다(눅 24:38, 39). 이는 의심이 하나님에게서 영광을 빼앗고, 세상 앞에서 기독교가 무력해 보이게 하기 때문이다. 의심은 믿음보다 느낌을 앞세우는 경향이 있기에 위험하다. 의심은 바른 생각과 믿음을 우선하면 바른 삶이 따라온다는 성경의 가르침과 반대된다. J. D. 그리어(Greear)는 "감정을 따라 믿음으로 가려고 하지 마라. 반대로 믿음을 따라 감정으로 나아가라"[3]고 강조했다. 의심이 위험한 이유는 또 있다. "우리가 예수님을 전심으로 섬기지 못하도록 방해하며," 우리의 "기도가 응답받지 못할 것이라 생각하게 하고," "우리에게서 구원의 즐거움을" 강탈하며, "구원이 믿음으로 말미암는다"는 기초적인 믿음에 도전하기 때문이다.[4] 의심은 믿음에 대해 전쟁을 선포한다. 육신을 정복하기 위해 노력해야 하듯, 믿음에 상처를 내지 않기 위해 의심을 떨쳐버리려고 최선을 다해야 한다. 이에 대해 구지(Gouge)는 다음과 같이 결론 내린다. "믿음과 의심은 서로 화합할 수 없는 완강한 대적으로 함께 서 있다. 둘 중 하나가 없어져야 이 싸움이 끝날 것이다."[5]

의심은 많은 그리스도인이 맞닥뜨리는 보이지 않은 싸움이다(마 16:22; 약 1:6). 신자들이 의심하기 쉬운 한 가지 이유는 그들의 믿음은 작은 반면 불신앙은 강하기 때문이다(막 9:24). 연약하고 작더라도 참된 믿음은 진짜 믿음이자 구원에 이르는 믿음이라는 사실을 쉽게 잊어버리는 경향이 있다. 에릭 무어딕은 이렇게 말한다. "이제 막 땅을 뚫고 싹을 틔운 콩 나무가 있다고 생각해 보자. 그 나무가 당장 콩을 수확할 수 없다는 이유로 진짜 콩 나무일리 없다고 결론 내리는 사람이 있겠는가? 우리가 볼 수 있는 은혜의 표지는 오직 하나님만 생산하실 수 있는 영

---

3 J. D. Greear, *Stop Asking Jesus Into Your Heart: How to Know for Sure You are Saved* (Nashville: B&H, 2013), 108.
4 John Stevens, *How can I be sure? And other questions about doubt, assurance and the Bible* (Croydon, U.K.: The Good Book Co., 2014), 24-30.
5 William Gouge, *Whole Armour of God* (London: John Beale, 1619), 237.

적 역사와 관련되어 있다. 우리 마음에 이런 증거들이 막 나타나기 시작할 때라도 그것은 성령의 사역에 대한 증거이다. 당신이 아직 원하는 만큼 성령의 은사와 은혜를 갖지 못했다는 이유로 자책하지 말라. 무엇보다 은사와 은혜가 있다는 사실에 하나님께 감사하라."[6]

신자들이 의심하는 데는 다른 많은 이유가 있다. 그 중에 일부는 육체적이다. 타고난 기질, 연이은 시험의 결과 주어진 침체, 지치고 탈진한 상태, 그리고 심각하고 고통스러운 질병 등이 그것이다. 또 지적인 이유도 있다. 우리는 성경의 영감과 무오성 등과 같은 문제와 관련해 성경과 역사 사이에서 일어나는 충돌을 조화시키고자 노력한다. 지구의 기원, 창조, 진화 등의 주제를 놓고 성경과 현대 과학이 갈등하는 것처럼 보여 의심할 수도 있다. 때때로 우리는 전 세계에서 실제로 발생하고 있는 고난을 보며 성경과 고난에 대해 이해하기 위해 씨름한다. 또 성경의 범위를 넘어선 철학과 신학과 관련된 문제와 성경을 조화시키려 할 때 의심이 들기도 한다. 그 답이 하나님의 비밀스런 뜻 안에 숨겨져 있어 우리가 이해하고 설명하도록 의도되지 않은 수수께끼 같은 문제들이 이에 해당한다(신 29:29). 예를 들어 "악은 어디서 왔는가?", "하나님의 주권과 인간의 책임을 어떻게 일치시킬 것인가?", "그리스도라는 한 인격에 속한 두 본성을 어떻게 이해할 것인가?", 혹은 "삼위께서는 어떻게 한 분 하나님으로 공존하시는가?"와 같은 질문이다. 하지만 신자들은 대개 영적인 이유로 의심한다. 여전히 계속되는 원죄라는 짐, 아직 남아 있는

---

6 Eric Moerdyk, sermon no. 39 on *Canons of Dort*, Fifth Head, art. 10 (part 2) – ww.sermonaudio.com을 보라.

내주하는 죄의 능력, 믿음을 강력하게 사용하지 못하고 하나님에 대한 사랑을 온전히 느끼지 못하는 것, 개인적인 삶과 섬김에 있어 은혜의 열매가 거의 나타나지 않는 데 대한 실망, 적대적인 세상의 유혹, 호의적이신 하나님의 임재가 알 수 없는 이유로 사라져 버리는 현실, 그리고 의심의 아버지인 사탄의 공격과 같은 것이다. 사탄은 항상 우리가 그리스도의 무한하신 사랑과 능력과 지혜를 의심하게 만들려고 수작을 부린다. 우리의 옛사람은 이런 그의 증언을 너무나 쉽게 믿어버린다.

의심을 치료하는 두 가지 치유책이 있다. 첫째, 의심이 당신의 믿음에 돌이킬 수 없는 상처를 입히기 전에 의심의 문제를 다루라. 앞서 언급했듯 의심이 얼마나 위험한지 인정해야 한다. 하나님뿐만 아니라 믿을 만하고 지혜로운 친구 한두 명에게 당신이 특정한 문제들과 싸우고 있다고 고백하라. 그리고 이 친구들, 성경, 신앙 서적 등에게서 지혜로운 조언을 구하라. 의심이 당신 안에서 곪아 터지도록 방치하지 말라. 시편 기자처럼 당신의 영혼이 침체에 빠졌음을 고백하고 당신의 영혼을 향해 하나님 안에서 소망을 품으라고 명령하라. "내 영혼아 네가 어찌하여 낙심하며 어찌하여 내 속에서 불안해 하는가 너는 하나님께 소망을 두라 나는 그가 나타나 도우심으로 말미암아 내 하나님을 여전히 찬송하리로다"(시 42:11, 참조. 43:5). 청교도들은 이를 가리켜 자신의 영혼과 더불어 나누는 독백이라 불렀다. 곧 조언을 구하기 위해 다른 사람이나 자료를 찾을 뿐 아니라 스스로 자기 영혼에 대한 상담자가 되어 말씀에 근거해 무엇을 해야 할지 자기 영혼에게 말하는 것이다.

둘째, 삼위일체 하나님의 사역이 사탄의 사역을 덮어 버리게 하라.

이를 위한 방법 몇 가지를 제시하자면 다음과 같다.

- 예수님의 대제사장적 사역을 신뢰하라. 그분은 "우리의 연약함을 동정하지 못하실 이가 아니요 모든 일에 똑같이 시험을 받으신 이로되 죄는 없으시기" 때문이다(히 4:15). 우리 마음을 동정하시는 대제사장은 전능하셔서 의심이라는 영적 족쇄에서 우리를 구하실 능력이 있다. 존 스티븐스(John Stevens)는 이에 대해 다음과 같이 말했다. "당신은 그분의 완전한 의로 옷 입었다. 이 의의 옷은 그분이 완전한 순종과 믿음의 삶을 사신 결과 얻은 것이다. 그분이 불신의 죄에 빠지지 않으신 덕분에 당신의 모든 의심은 그분의 완전한 믿음으로 덮였다. 이제 그 믿음은 당신 것이다."[7]
- 예수님이 도마에게 하신 말씀에 순종할 수 있게 성령께 은혜를 구하라. "믿음 없는 자가 되지 말고 믿는 자가 되라"(요 20:27). 결국 그분은 믿음과 은혜와 간구의 성령이다(슥 12:10). 오직 믿음으로 의롭게 된다는 귀중한 교리를 믿을 뿐만 아니라 지친 영혼을 이 교리에 의지하게 해달라고 성령께 구하라.
- 성부 하나님과 그분의 약속에 당신 자신을 맡기라. 왜냐하면 모든 위로의 아버지께서는 모든 의심의 사탄보다 더 강력하시기 때문이다. 하나님의 무한한 사랑에 대한 말씀, 곧 "우리가 알거니와 하나님을 사랑하는 자 곧 그의 뜻대로 부르심을 입은 자들에게는 모든 것

---

[7] Stevens, How can I be sure?, 61.

이 합력하여 선을 이루느니라"(롬 8:28) 같은 말씀은 사탄이 던지는 수백만 마디의 말과 속임수를 잠재울 수 있다. 이 사실로 인해 삼위일체 하나님을 찬양하라. 그리고 계속해서 하나님과 그분의 말씀을 의심 없이 신뢰하라.

- 하나님과 친밀한 인격적 교제를 유지하라. 이를 위해 몇 가지 중요한 요소가 있다. 하나님의 말씀을 매일 살피라. 복음과 율법 모두에서 기쁨을 찾으라. 말씀을 암기하고 묵상하며 노래하고 사랑하며 살아내라(참조. 시편 119편). 버팀목이 되는 교회에 속하라. 성경에 근거하며, 하나님을 영화롭게 하고, 그리스도 중심적인 설교를 들으라(히 10:22-25). 그리고 교회를 그리스도의 신부로 여기며 사랑하라. 특히 당신이 알고 있는 가장 경건한 사람들과 교제를 나누되, 토머스 왓슨이 했던 말을 기억하라. "교제(association)는 동화(assimilation)를 낳는다."[8] 당신의 영혼을 풍성하게 먹일 수 있는 경건 서적을 꾸준히 섭취하라. 이를 위해 나는 청교도들의 작품을 읽을 것을 강력하게 추천한다. 다른 어떤 저자들보다 하나님께로 가까이 데려가 죄를 깨닫게 하고 도전을 주며 당신을 계몽시켜 결국 위로를 줄 것이다. 당신과 주위 사람들의 인생에서 일해 오신 하나님의 신실하심에서 큰 용기를 얻으라(참조. 시 78:1-8). 주권적인 주님의 뜻에 순응함으로써 고난을 통해 성숙해지라(히 12:5-14). 자기를 부인하고 죄를 죽이며 십자가를 질 뿐만 아니라 다른 이들을 환

---

8 Thomas Watson, *A Body of Divinity* (London: Banner of Truth Trust, 1960), 87.

대하며 복음을 전함으로 믿음을 실천에 옮기라. 자신에게서 눈을 돌려 하나님의 영광을 위해 주위 사람들의 필요를 채울 때, 자신이 확신 가운데 얼마나 많이 성장했는지 깨닫고 놀라게 될 것이다.[9]

하지만 방금 한 조언을 비롯해 이 책 전체에 걸친 조언을 따른 후에도 의심이 악화되고 만성화되며 줄어들지 않는다면 현명하고 성경적인 목사에게 목양적인 도움을 받으라. 하나님이 당신에게 좋은 상담자를 주셔서 당신의 영혼이 위로와 자유와 확신을 누리게 되기를 기도한다.

요약하면, 의심과 시험 너머로 확신을 주시는 삼위일체 하나님을 바라보라. 비록 환경은 우리를 가로막을지 몰라도 하나님은 결코 그렇게 하지 않으신다. 하나님이 모든 시험 속에서도 아브라함과 욥과 다윗과 베드로를 실패자로 만들지 않으셨는데, 왜 우리는 실패자로 만드시겠는가? 하나님은 의심의 아비인 사탄과 그의 모든 추종자에게 지옥을 약속하셨지만, 그분의 아들을 믿는 우리, 곧 이 땅에서 분투하고 있는 이들에게는 은혜를, 저 천성에 있는 승리자들에게는 영광을 약속하셨다.[10]

넷째, 믿음은 은혜 언약의 조건인가?

청교도 저자들은 확신이 은혜 언약과 그리스도의 구원 사역에 근거한

---

9 Cf. Stevens, *How can I be sure?*, 77-88.
10 의심에 대해 다루는 책을 원하면, Obadiah Sedgwick, *The Doubting Believer* (Morgan, Pa.: Soli Deo Gloria, 1993); Lynn Anderson, *If I Really Believe, Why Do I Have These Doubts?* (West Monroe, Louisiana: Howard Publishing, 2000)을 보라.

다고 말했다. 반면 언약과 구속은 영원한 선택 안에 존재하는 하나님의 주권적이고 선하신 기쁨과 사랑에 기초한다.[11] 확신은 하나님이 결코 입양한 자녀들을 잃지 않으실 것이라는 확실성에서 나온다. 하나님의 언약은 결코 깨지는 법이 없다. 그 이유는 언약이 하나님의 영원한 작정과 약속 안에서 이미 확정되었기 때문이다. 하나님의 언약은 믿음을 조건으로 한다는 점에서 조건적 언약이지만 그와 동시에 주권적인 은혜로 주어진다는 점에서 무조건적 언약이기도 하다.

한편 청교도들은 믿음을 언약의 조건으로 강조하기도 했다. 그들은 하나님의 약속, 곧 "이는 그를 믿는 자마다 멸망하지 않고 영생을 얻게 하려 하심이라"와 "아들을 믿는 자에게는 영생이 있고"(요 3:16, 36)라는 약속을 인용한다. 그러므로 믿음은 언약의 조건이다. 그리고 확신은 이 믿음이라는 현실에 달려 있다. 에임스는 "(은혜) 언약을 바르게 이해하는 사람은 자신에게 참된 믿음과 회개가 있는 것을 인식하지 못하는 한 자신의 구원을 확신할 수 없다"고 말했다.[12]

반면 청교도들은 이 언약의 무조건적인 면을 강조하기도 했다. 이것은 모순이 아니다. 왜냐하면 이 언약에는 하나님이 이 언약의 조건도 함께 주실 것이라는 약속도 포함되어 있기 때문이다. 하나님은 이렇게 말씀하신다. "또 새 영을 너희 속에 두고 새 마음을 너희에게 주되 너희

---

11 Jeremiah Burroughs, *An Exposition of the Prophecy of Hosea* (reprint, Morgan, Pa.: Soli Deo Gloria, 1988), 590. Cf. Peter Lake, *Moderate Puritans and the Elizabethan Church* (Cambridge: University of Cambridge Press, 1982), 99-104.

12 John von Rohr, 'Covenant and Assurance in Early English Puritanism', *Church History* 34, no. 2 (1965):197에서 인용.

육신에서 굳은 마음을 제거하고 부드러운 마음을 줄 것이며"(겔 36:26).

윌리엄 브릿지(Willam Bridge, 1600-1671)는 다음과 같이 재치 있는 말을 남겼다. "한 약속의 조건이 다른 약속 안에 약속되어 있으면 어떻게 되는 것인가? … 즉, 약속의 조건이 다른 약속 안에 약속된 것이다. 예를 들어, 한 가지 약속 안에서 회개는 그 약속의 조건이다(대하 6:37, 38; 요엘 2:15-19). 하지만 다른 약속 안에서 회개는 약속으로 주어진다(겔 36:6). … 주 예수 그리스도께서는 당신을 위해 당신이 그 조건을 성취할 때보다 더 탁월하게 이미 그 조건을 성취하셨다."[13]

조건적이면서도 무조건적인 언약의 본성은 확신에 대한 청교도들의 가르침 전체에 걸쳐 상당히 다른 강조점을 낳는다. 존 폰 로어(John von Rohr)는 언약의 궁극적인 안정성에 대한 청교도들의 가르침은 하나님의 주권적인 은혜의 일방적인 활동에 근거한다고 지적했다. 폰 로어의 설명을 들어보겠다.

은혜 언약은 조건적이면서 동시에 절대적이다. 믿음은 구원을 받기 이전에 요구되는 조건이다. 하지만 이 믿음은 이미 선택의 선물로 주어진다. 에임스의 기록에 따르면, "언약의 조건 역시 그 언약 속에 약속되어 있다." 에임스에게 언약의 조건을 성취시켜 주겠다는 약속은 그 자체로 언약의 약속이었다. 프레스톤(Preston)은 이를 가리켜 '이중 언약'이라고 불렀다. 이 언약 안에서 "하나님은 자기 역할만을 약속하신 것이 아니라 우리가 감당해야 하는 조건도

---

13 William Bridge, *The Works of William Bridge* (1649; Morgan, Pa.: Soli Deo Gloria, 1989), 2:132-3.

우리가 실행하게 하겠다는 언약을 세우신 것"이다.

마지막으로 이 언약 안에서 은혜가 모든 것을 감당하기에 우리는 이 약속에 의지해야 한다. 전적 부패의 교리와 하나님의 전적인 은혜 교리는 포기될 수 없다. 하나님의 언약이 택자들에게 주어지는 하나님의 선물인 것과 마찬가지로, 확신 역시 그분의 약속들이 가진 절대적인 특성이자 만물이 의존하는 하나님의 선하고 기뻐하시는 뜻으로 여겨야 한다.[14]

청교도들은 선택과 언약이 서로를 강화한다고 가르쳤다. 윌리엄 스투버(William Stoever)는 이에 대해 다음과 같이 말했다. "고난 가운데 살아가는 성도들에게 청교도 언약 신학은 확신을 제공하는 이중 원천이 된다. 언약 신학으로 인해 그들은 하나님이 약속하신 바를 제시하면서 하나님의 몫을 감당해 달라고 끈질기게 조를 수 있다. 뿐만 아니라 언약 신학은 언약 자체와 언약에 대한 참여 아래 기저를 이루는 은혜의 충족성과 택하시는 하나님의 뜻의 불변성에서 위안을 찾도록 격려한다."[15]

택하심과 은혜 언약 안에 있는 하나님의 절대적인 약속은 신자들로 하여금 비록 믿음의 행위가 부족한 때에도 결코 믿음의 원리를 완전히 상실할 수 없음을 확신시켜 준다. 왜냐하면 믿음은 선택하시고 언

---

14 Von Rohr, 'Covenant and Assurance in Early English Puritanism', 199-202.
15 William Stoever, 'A Faire and Easie Way to Heaven': Covenant Theology and Antinomianism in Early Massachusetts (Middleton, Conn.: Wesleyan University Press, c. 1978), 147-8. Cf. David C. Lachman, The Marrow Controversy, 1718-1723 (Edinburgh: Rutherford House, 1988), 53-4.

약하시는 하나님에게 뿌리 내리고 있기 때문이다.[16] 심지어 죄도 이 언약을 깨뜨릴 수 없다.[17] 그럼에도 불구하고, 언약이 가진 조건적인 측면은 확신에 영향을 미친다. 피터 벌클리(Peter Bulkeley, 1583-1659)는 이렇게 말했다. "우리 앞에는 우리 구원의 기초로서 절대적인 약속이 주어져 있다. 그리고 조건적인 약속 역시 우리 확신의 기초다.[18] 조건적인 약속들은 기도, 말씀 묵상, 예배, 성례 등의 수단을 통해 신자들이 매일 언약을 갱신하는 것과 불가분의 관계에 있다.[19] 토머스 블레이크(Thomas Blake, 1597-1657)는 다음과 같이 말했다. "(은혜) 언약의 조건에서 확신을 쌓아 올리는 것이야말로 기독교의 절정이다."[20]

하지만 제 아무리 최상의 수준에 이른 신자라도 하나님의 절대적인 약속으로 돌아가야 한다. 왜냐하면 윌리엄 퍼킨스가 말했듯, "소망의 닻은 하나님의 변하지 않는 선한 즐거움이라는 진리와 그 진리의 안정성에 고정되어야 하기 때문이다."[21] 이 "선한 즐거움"은 임의대로 활동하지 않으며, 자기 언약에 대한 하나님의 신실하심을 증언한다. 선택의 하나

16　Peter Bulkeley, *The Gospel-Covenant; or the Covenant of Grace Opened*, 2nd ed. (London: Matthew Simmons, 1651), 276.
17　Richard Sibbes, *The Complete Works of Richard Sibbes*, ed. with memoir by A. B. Grosart (Edinburgh: James Nichol, 1862), 1:220.
18　Bulkeley, *The Gospel-Covenant; or the Covenant of Grace Opened*, 323-4.
19　청교도들이 확신을 증진시키는 수단으로서 성례를 어떻게 보았는지 더 알기를 원한다면 John von Rohr, *The Covenant of Grace in Puritan Thought* (Atlanta: Scholars Press, 1986), 186. See E. Brooks Holifield, *The Covenant Sealed: The Development of Puritan Sacramental Theology in Old and New England, 1570-1720* (New Haven: Yale University Press, 1974), 38-61을 보라.
20　Thomas Blake, *Vindiciae Foederis, or a Treatise of the Covenant of God entered with man-kinde, in the several Kindes and Degrees of it* (London: A. Roper, 1653), 5.
21　Perkins, *Works*, 1:114.

님, 언약의 하나님, 절대적 약속의 하나님은 조건적인 약속들을 이행할 은혜마저 주신다. 그래서 폰 로어는 이렇게 결론을 내린다. "확신의 근거가 조건적인 언약에 있다고는 하나 그 근거들은 절대적인 언약에서 제거되지 않았다. 그러므로 조건적인 약속의 조건에 의지하려면, 어떻게든 절대적인 언약의 약속에 먼저 의지해야만 한다."[22]

마지막으로 견인과 확신은 서로 어떤 관계에 있는가? 우리는 그리스도인이 되는 것과 그리스도인으로서 인내하는 것, 그리고 우리가 참된 신자라는 사실을 확신하는 것이 서로 구분된다는 사실을 관찰했다. 적어도 우리 모두는 우리가 믿음 안에서 인내하지 못한다면 신자의 삶을 사는 동안 믿음의 확신을 지속할 수 없다는 사실을 희미하게나마 인식하고 있다. 우리는 직관적으로 확신과 견인이 그리 유사하진 않아도 완전히 동떨어지지도 않았음을 느낄 수 있다. 그렇다면 신자의 삶에서 확신과 견인은 어떻게 서로를 돕는가?

첫째, 우리가 사용하는 용어를 정의하자. 우리는 이미 믿음의 확신이란 하나님의 은혜로 누군가 그리스도께 속했으며, 모든 죄에 대한 완전한 사함을 받았고, 영원한 생명을 얻게 될 것에 대한 신념임을 살펴보았다. 참된 확신을 가진 사람은 단순히 구원을 위해 그리스도를 믿을 뿐만 아니라 자신이 믿는다는 사실도 알고 있다.

성도의 견인에 관해 살펴보자면 먼저 성도가 누구인지 알아야 한

---

22 Von Rohr, *The Covenant of Grace in Puritan Thought*, 190.

다. '영원한 안전'이 세례를 받은 모든 사람이나 전도 집회에 참석해 예수님을 믿기로 결심한 모든 사람에게 해당되는 것이라고 확대해석하는 사람이 많다. 하지만 성경과 개혁주의 신앙고백에서는 성도, 즉 "하나님이 자기 목적에 따라 독생자 주 예수 그리스도와 교제하도록 부르시고 성령으로 거듭나게 한 사람들"(도르트 신조, 다섯 번째 교리 1항)이자 "하나님이 자신의 사랑하는 이 안에서 받으셨고 효과적으로 부르셨으며 성령으로 거룩하게 하신 사람들"(웨스트민스터 신앙고백 17.1)의 견인에 대해서만 말한다. 삼위일체 하나님의 보존하시는 사역(고전 1:8, 9)을 통해 이들은 이 세상에 있는 동안 참된 믿음과 이 믿음에서 나오는 역사로 말미암아 인내할 것이다.

어떤 신학자들은 성도의 견인보다는 성도의 보존에 대해 말하고 싶어 한다. 이 두 개념은 서로 긴밀히 관련되어 있지만 동일한 것은 아니다. 하나님의 보존하시는 활동은 성도들의 인내를 뒷받침한다. 하나님은 성도들을 믿음 안에서 지키시고, 그들이 길을 벗어나지 않도록 보호하시며, 궁극적으로 그들을 완전하게 하신다(벧전 1:5, 유 24). 하나님이 우리 안에 시작하신 은혜의 역사를 완성하실 것임을 우리는 확신할 수 있다(시 138:8, 빌 1:6, 히 12:2). 신자들은 그리스도의 중보 사역(눅 22:32, 요 17:5)과 성령의 사역(요14:16, 요일2:27)을 통해 보존된다.

그러나 견인 그 자체는 성도들이 평생에 걸쳐 하는 활동이다. 그들은 은혜의 열매를 맺는 가운데(요 15:16) 믿음으로 그리스도께서 구세주라고 고백하며(롬 10:9), 마지막까지 인내한다(마 10:22, 히 10:28, 29). 참 신자들은 활동하는 믿음을 통해 "구원에 속한 것" 안에서 인내한다(히

6:9). A. W. 핑크는 하나님이 그들을 "책임 없는 로봇으로 취급하지 않으시고 도덕적인 존재로 다루신다"고 말했다.[23] 신자들은 성화에 적극적으로 참여한다(빌 2:12). 그들은 자신을 죄로부터 멀리하는 반면(요일 5:18) 하나님의 사랑으로 가까이 나아간다(유 21). 그들은 인내로써 그들 앞에 놓인 경주를 한다(히 12:1). 바로 이것이 성도들이 믿음으로 인내하는 방식이다. 자신이 그리스도께 속했다고 말하면서도 자신을 정결하게 하기 위해 수고하지 않는 그리스도인들은 속고 있는 것이다. 신자의 삶은 필연적으로 옛 삶의 방식을 벗어버리고 새로운 삶의 방식을 입는 것을 포함한다(골 3:8-12).

성도들은 그들 안에서 역사하시는 성령 하나님의 보존하시는 활동으로 이 일을 한다(빌 2:13). 그렇다 할지라도 견인은 보존을 포함하면서 그것을 넘어선다. 하나님에 대한 믿음과 그분의 보존하심이 성도 안에 견인을 만들어 낸다. 게다가 하나님은 친히 자기 성도들의 믿음을 강하게 하심으로 그들이 자신에게 주어지는 모든 고난 가운데서도 인내하게 하신다.[24]

확신에 따른 견인

확신의 열매는 견인을 촉진한다. "(하나님이) 택하신 자들을 구원에 이르기까지 보존하시고 그들이 믿음 안에서 인내할 것을 신자들은 확신할

---

23 A. W. Pink, *The Saint's Perseverance* (MacDill, Fla.: Tyndale Bible Society, n.d.), 11.
24 Goodwin, *Works*, 9:233.

수 있고, 믿음의 분량을 따라 실제로 확신한다. 그리고 이 믿음으로 그들은 자신이 교회의 참되고 살아 있는 지체로 남을 것과 죄 사함과 영생을 갖고 있음을 굳게 믿는다"(도르트 신조 다섯 번째 교리 9항).

도로트 신조는 신자들이 그들의 견인에 대한 확신을 얻을 수 있고 또 얻는다고 확증한다. 하지만 이 확신은 "택하신 자들을 구원에 이르기까지 보존"하신다는 사실에 기초하고 있다. 이 믿음이 없다면 양심적인 모든 신자들은 절망에 빠지고 말 것이다. 의무 이행의 실패는 우리가 어떤 열매를 발견하든 그 모든 것을 압도하고 우리의 확신을 파괴할 것이다. 먼저 하나님의 선택과 보존하심에 대해 언급함으로써 도르트 신조는 확신이 하나님의 주권적인 은혜와 약속에 뿌리 내리고 있음을 보여 준다. 그렇다. 바로 하나님 그분에게 뿌리 내리고 있는 것이다.

확신은 신자가 인내하도록 돕는데, 먼저 그가 그리스도 안에 있는 하나님의 은혜와 복음 안에 있는 하나님의 약속에 의지하도록 격려함으로 돕는다. 둘째, 이 약속들을 그리스도인의 삶을 위한 강력한 동기로 제시함으로 돕는다. 청교도 토머스 굿윈이 말했듯, 확신은 "사람으로 하여금 그 전보다 열 배는 더 열심히 하나님을 위해 일하도록 한다." 확신은 "더욱 더 감사한 마음을 품게 하고 보다 더 활기차게 순종하도록 이끈다. 이것은 사랑을 완전하게 하며, 경건한 슬픔이 흘러나오는 새로운 통로를 제공하고, 새로운 동기를 부여하며, 기도 가운데 마음을 격려해 더욱 넓게 만든다. 뿐만 아니라 모든 은혜를 새롭고 더 높은 수준으로 끌어올려 모든 것을 가장 고조된 상태로 만든다."[25]

견인에 따른 확신

웨스트민스터 신앙고백 역시 확신과 견인이 서로 밀접한 관계에 있음을 분명히 한다. 하지만 신앙고백은 성도의 견인(17장)을 먼저 다루고 은혜와 구원의 확신(18장)을 다룬다. 이 순서가 의미하는 바는 다음과 같다.

첫째, 견인은 확신을 위한 길을 만들어 준다. 누군가 성도의 견인을 믿지 않는다면, 자신이 천국에 갈 것이라고 확신할 수 없을 것이다. 그는 자신이 은혜의 상태에 있음을 알면서도, 앞으로도 그 상태에 계속 머물지 알 길이 없다. 그러므로 확신은 견인 교리와 연결되어 있다.

둘째, 견인은 확신을 확증하고 증가시킨다. 지속적으로 믿음에서 나오는 행위를 하는 사람들은 높은 수준의 확신에 도달할 것이다(참조. 웨스트민스터 신앙고백 17.2과 18.2, 17.3과 18.4).

셋째, 견인은 신자가 소망 가운데 살 수 있게 한다. 신자가 인내할 때, 자신이 그리스도 안에서 승리할 것과 미래에 영광 가운데 그분과 함께 있을 것에 대한 확신이 커진다(롬 5:1-11). G. C. 베르카우어(Berkouwer)가 말했듯, "성도의 견인은 믿음의 확신과 끊어질 수 없는 관계로 이어져 있다. 그 안에서 신자들은 다음과 같은 확신을 갖고 미래를 대면하게 된다. 모든 위험과 위협이 제거되었다는 생각 정도라 아니라 그것들이 정말로 정복당할 것이라는 확신 말이다."[26]

---

25 Goodwin, *Works*, 1:251.
26 G. C. Berkouwer, *Faith and Perseverance* (Grand Rapids: Eerdmans, 1973), 257.

둘 중에 어떤 것이든 모든 것은 하나님의 은혜다

견인과 확신은 동전의 양면이다. 믿음의 확신이 성장하지 않으면서 은혜 안에서 인내할 수 없다. 또한 인내하지 못하면서 믿음의 확신이 성장할 수도 없다.

이 성장은 쉽게 이루어지는 것이 아니라 하나님의 은혜로 가능한 것이다. "한편 성경은 신자들이 이 세상에서 다양한 육신적인 의심과 맞서 싸우고 큰 유혹에 시달리기에 믿음의 충만한 확신과 견인의 확실성을 늘 인식하지는 못한다고 증언한다. 하지만 모든 위로의 아버지이신 하나님은 그들이 감당하지 못할 시험 당함을 허락하지 아니하시고 시험 당할 즈음에 피할 길을 내실 것이다(고전 10:13). 그리고 성령을 통해 다시 견인에 대한 위로의 확신을 불어넣어 주신다(도르트 신조, 다섯 번째 교리 11항).

'견인에 대한 위로의 확신'과 함께 우리는 존 뉴튼(John Newton)과 더불어 하나님의 "놀라운 은혜"를 찬양할 수 있다.

온갖 위험과 역경과 유혹을 넘어
나 여기까지 왔네;
나를 지금까지 무사히 데려온 은혜가
본향까지 안전하게 인도하리.

12장
결론

오늘날 많은 사람들이 그리스도께서 자신의 구세주임을 확신한다고 말한다. 하지만 자신이 영적으로 죽었다가 살아났다는 증거를 거의 혹은 전혀 제시하지 못하는 것이 현실이다. 그들은 예수님을 살아 계신 구세주와 주님으로 받아들일 필요를 느끼지 못한다. 그래서 예수님의 영적인 아름다우심과 영광에 대해 반응하지 않는 상태로 남아 있다. 바울과 달리 그들은 그리스도 예수를 모든 면에서 사랑스러운 신랑이자 주님으로 아는 지식의 탁월한 가치를 위해 모든 것을 해로 여기지 않는다 (빌 3:8). 존 파이퍼는 이 문제를 청교도적 방식으로 잘 설명한다.

'그리스도를 영접한다'고 말할 때, 그들은 그분을 가장 존귀하신 분으로 받아들이지 않는다. (죄책감을 덜어주길 원하기에) 죄를 용서하시는 분으로, (고통이 없어지길 원하기에) 지옥에서 구원하시는 분으로, (안전하길 원하기에) 보호자로, (부요해지길 원하기에) 형통케 하시는 분으로, (개인적인 우주를 원하기에) 창조주로, (질서와 목적을 원하기에) 역사의 주인으로 받아들일 뿐이다. 하지만 개인적으로 최고의 가치를 가진 분으로는 받아들이지 않는다.

연이어 존 파이퍼는 엄숙하게 권면한다.

그들은 그분을 있는 모습 그대로 받아들이지 않는다. 온 우주에 있는 그 어떤 것보다 더 영광스럽고 아름다우며 놀랍고 만족스러운 분으로 받아들이지 않는다. 그들은 그분을 소중하게 여기거나 귀하게 여기거나 마음에 품고 아끼거나 기뻐하지 않는다. 달리 말하면, 그들은 그들의 본성에 아무 변화도 일으키지 않는 방식으로 그리스도를 받아들인다. 죄책감이 없어지길, 고통이 없어지길, 질병이 없어지길, 안전하길, 부유하길 원하기 위해서는 거듭날 필요가 없다. 어떤 영적 생명도 없는 모든 자연인이 이 모든 것을 원한다. 하지만 예수님을 우리 최고의 보물로 받아들이기 위해서는 새로운 본성이 주어져야 한다. 누구도 이것을 자연적으로 할 수는 없다. 우리는 반드시 거듭나야 한다(요 3:3). 우리는 그리스도 안에서 새로운 피조물이 되어야 한다(고후 5:17, 갈 6:15). 우리는 영적으로 살아나야 한다(엡 2:1-4).[1]

---

1 John Piper, *Think: The Life of the Mind and the Love of God* (Wheaton, Ill.: Crossway, 2010), 71. 『THINK 존 파이퍼의 생각하라』(IVP).

앤서니 버지스와 웨스트민스터 신학자들은 거짓 믿음을 고백하는 자들에게 진실을 알게 하고, 구원받지 못한 사람들을 깨우며, 연약한 사람들을 성숙시키고, 성숙한 사람들을 위로하기 위해 확신에 대한 교리를 정확하게 제시했다. 그들이 발전시킨 용어와 확신에 대한 논문, 믿음이 연약한 자들을 향한 연민이 담긴 목양적 어조, 그리고 믿음의 성장을 돕기 위한 훈계와 초청 등은 그들이 그리스도와의 연합과 교제를 얼마나 중요하게 생각했는지 보여 준다. 17세기 청교도들이 병적일 정도로 자기를 성찰했고 인간 중심적이었다고 주장하는 학자들은 핵심을 잘못 짚었다. 대부분의 청교도 신학자들은 영적인 체험을 세밀하게 살폈다. 이는 자기 삶에서 하나님의 신실하신 이력을 추적하는 일에 열심을 낼 때, 선택하고 공급하시는 성부, 구속하고 중보하시는 성자, 그리고 적용하고 거룩하게 하시는 성령께 영광 돌릴 수 있기 때문이었다.[2]

어떤 청교도들은 비록 확신이 부드러운 속삭임에 불과할 때도 있지만 보통은 바다에서 불어오는 미풍 같다고 말했다. 다른 청교도들은 확신이라는 용어를 사용해 그것이 짐을 가득 실은 범선을 전진시키는 강력한 바람 같다고 설명했다. 어떤 경우든 청교도들은 성령께서 자신이 원하는 곳에서 바람을 일으키시며 우리는 그분을 이해할 수도 없고 담을 수도 없다고 분명하게 확증한다(요 3:8).

때때로 청교도들은 확신에 대해 성령 안에서 그리스도를 통해 하나님의 사랑을 기뻐하는 것이라는 신비로운 개념으로 설명하기도 했다.

---

2 참조. J. I. Packer, 'The Puritan Idea of Communion with God', in *Press Toward the Mark* (London: n.p., 1962), 7.

하지만 이와 달리 확신을 신중한 자기 점검의 결과로 묘사하는 경우도 있다. 대부분의 청교도들은 이 사이에서 균형을 유지하려 애썼지만, 각각의 저자마다 독특한 방식으로 이를 표현했다. 이러한 다양성들은 예수 그리스도 안에서 성취된 성경의 약속으로 돌아가는 것, 그리고 확신을 얻기 위해 말씀과 성령에 의지하는 것으로 결합되었다. 각자 어떻게 확신에 이르게 되었는지와 상관없이 모든 청교도들은 자신의 삶을 향해 하나님이 미소 짓고 계신다는 사실에 대한 더 깊고, 충만하고, 만족스럽고, 거룩한 확신을 추구하라고 신자들에게 권면했다.

당신이 신자가 아니라면, 이 책을 통해 당신이 신자가 되는 것이 얼마나 중요한지 깨닫게 되길 기도한다. 당신이 그리스도 안에 있는지 없는지를 알지 못한 채 임박한 죽음과 영원을 어떻게 맞이할 수 있겠는가? 오늘 밤에 지옥에 있게 될지 모른다. 나태함을 벗어버리고, 하나님께 자비를 달라고 부르짖으라. 그리고 당신이 주님께 속했고 주님은 당신께 속했다고 고백할 수 있을 때까지 멈추지 말라.

하지만 확신을 먼저 구한다고 해서 신자가 되는 것이 아님을 기억하라. 신자가 되려면 1) 당신이 죄인이며 그리스도가 필요하다는 사실을 깨닫고 그분께 자비를 구해야 한다(눅 18:13). 또한 2) 그리스도께서 죄인을 용납하고 구원하기를 기뻐하시는 분이기에 그리스도께로 나아가는 길이 활짝 열려 있음을 인식해야 한다. 마지막으로 3) 당신의 모든 죄를 그분 앞에 내려놓고 구원을 위해 그분을 믿고 신뢰해야 한다(행 16:31, 34). 조셉 하트의 "예수 그리스도께로 어서 오시오"(Come and Welcome to Jesus Christ)라는 찬송의 아름다운 가사를 기도하는 마음으로 읽어 보고 당신을 초청하시는 그 은혜에 의지해 있는 모습 그대로 예수께로 나아오라.

죄인이여, 오시오. 불쌍하고 비참한 자여,
연약하고 상처 입은 자여, 아프고 상한 자여,
연민과 능력으로 가득 찬 분이
당신을 구원할 준비가 되셨도다.
그분은 능하시며, 간절히 원하시니
더 이상 의심하지 말고 오시오.

양심의 가책으로 주저하지 마시오.
스스로 자격을 갖췄다는 헛된 망상은 버리시오.
그분이 요구하시는 자격은
그분을 향한 필요뿐.
그분이 이를 당신에게 주시니
성령의 솟아오르는 광선이로다.

수고하고 무거운 짐진 자여, 오시오
타락으로 길을 잃고 망가진 자도 오시오.
더 나아지기를 기다린다면
결코 오지 못할 것이니
예수님이 부르는 이는

의인이 아니라 죄인이로다[3]

당신도 이렇게 예수님께 나아오기를 갈망하는가? 이 길은 활짝 열려 있다. 아무런 장애물이 없다. 주님이 요구하시는 것은 "그분을 향한 필요"를 깨닫는 것뿐이다. 지체하지 말라. 영원한 안녕을 주님의 돌보심에서 찾으라. 주님은 당신을 받아들이기 위해 두 팔을 활짝 벌리고 계신다. 이 사실을 믿는가? 이것이 바로 복음이다. "주님은 당신을 구원할 준비가 되셨다." 주님께서 당신을 향해 돌아오라고 수없이 호소하셨지만 그때마다 번번이 퇴짜를 놓진 않았는가? 아직 준비가 되지 않았다는 핑계로, 호소하시는 구세주에게서 등을 돌리진 않았는가? 그런 태도로는 결코 그분께 갈 수 없다. 충만하고 값없는 구원을 얻으려면 자신을 구세주께 맡긴 채 전적으로 의지하는 마음으로, 호소하시는 그분께로 지금 있는 모습 그대로 가라. 그분은 당신을 거절하지 않으실 것이다. 당신이 이렇게 할 때 비로소 믿음이 하나님의 선물임을 경험적으로 알게 될 것이다.

아마 이렇게 반응하는 사람도 있을 것이다. "하지만 혹시라도 하나님이 나를 하나님의 자녀가 아니라 구도자로만 작정해 놓으셨으면 어쩌죠? 나에게 주님이 필요하다는 걸 압니다. 오직 믿음으로 구원을 얻는다는 교리에 대해서도 전혀 의심하지 않습니다. 치료책이 무엇인지 알고 있고, 그 효력도 믿어요. 하지만 이 구원이 나에게 개인적으로 적용

---

[3] Joseph Hart, 'Come and Welcome to Jesus Christ', https://www.opc.org/hymn.html?hymn_id=143

되었는지 몰라서 씨름하고 있습니다. 내가 진정으로 구원받을 수 있을까요? 나도 씻음 받아 깨끗한 사람이 될 수 있을까요? 내가 선택받지 못했다면 어쩌죠?"

형제여, 하나님께서는 죄인의 적이 아니라 친구가 되기로 선택하셨다. 하나님의 택하심이 없다면 죄인인 우리 중에 소망을 가질 사람은 아무도 없다. 하지만 택하심을 통해 하나님은 죄인들과 구도자들을 받아주신다. 우리가 모든 죄를 하나님의 발 앞에 내려놓고 그분의 아들을 전적으로 신뢰함에도 불구하고 하나님이 우리를 받아주지 않으실 것이라고 말하는 성경은 단 한 구절도 없다. 성경의 마지막 초청은 다음과 같다. "원하는 자는 값없이 생명수를 받으라 하시더라"(계 22:17). 찰스 스펄전은 이 본문을 인용하면서 이렇게 강조한다.

이 말씀에서 당신은 제외되었는가? 이런 말씀도 있다. 여호와의 이름을 부르는 자마다 구원을 얻으리라. 이 말씀에서 당신은 쫓겨났는가? 그렇지 않다. 당신도 포함된다. 이 말씀은 당신을 초청하고 격려한다. 하나님의 말씀 중에 하나님께 나아오는 자를 쫓아내신다고 말하는 구절은 없다. 그리스도의 발 앞에 죄의 짐을 내려놓는 자에게서 죄의 짐을 없애 주지 않으실 거라고 말하는 구절도 없다. 수천 개의 성경 말씀이 당신을 환영하고 있다. 당신이 생명나무로 접근하지 못하게 하려고 칼을 빼들고 서 있는 이는 아무도 없다. 우리의 하늘 아버지께서는 하늘의 집을 찾아오는 모든 사람을 환영하기 위해 모든 문

앞에 천사들을 세워놓으셨다.[4]

선택 교리로 인해 위로를 잃지 마라. 선택 교리를 통해 부디 소망을 누리라. 스펄전의 말에 귀를 기울이라. 그는 한 설교에서 이러한 주장에 대해 소망 넘치는 반대의 대답을 했다.

구도자여, 당신이 하나님의 가족이 모인 정원에 들어와 있다면 침략자로 들어온 것이 아닙니다. 왜냐하면 그 문은 열려 있으며 당신이 들어오는 것이 하나님의 뜻이기 때문입니다. 그리스도를 마음에 받아들인다 해도 훔친 보물을 손에 넣는 게 아닙니다. 당신이 그리스도를 영접하는 것은 하나님의 뜻입니다. 상한 마음으로 나아와 그리스도의 완성된 희생 사역에 의지할 때, 하나님의 영원한 목적을 거스르거나 하나님의 작정과 충돌하는 건 아닐까 하고 두려워할 필요가 없습니다. 우리를 그 상태로 인도한 것은 바로 하나님의 뜻입니다. 바로 이런 이유 때문에 죄를 깨닫는 것이 중요한 것입니다. 당신이 죄인임을 깨닫게 된 것은 하나님이 하신 일입니다. 당신 스스로 알 수 없습니다. 바로 성령께서 하신 사역이죠. 창세전에 이미 당신의 삶 가운데 하나님이 미리 정하신 영원한 경륜에 속한 것입니다. 사람이 가질 수 있는 가장 근거 없는 두려움 가운데 하나는 성부 하나님이 용서하기를 원하지 않으실 것이라는 두려움입니다. 당신이 용서받길 원한다면, 하나님이 오래 전에 그렇게 되도록 원하신 것입니다. 당신이 마음속으로 하나님을 찾겠다고 결정했다면, 하나님이 오

---

4 Charles Spurgeon, *Advice for Seekers* (Edinburgh: Banner of Truth Trust, 2016), 25-6.

래 전에 당신을 향해 그렇게 되도록 결정하신 것입니다. 예정 교리 때문에 고민할 필요가 전혀 없습니다. 그리스도께 나아가 그분께 의지한다면, 하나님의 뜻을 어기고 있다는 두려움을 품을 이유가 없다는 말이다. 왜냐하면 구원은 하나님의 뜻이며, 예수 그리스도는 이 구원을 이루기 위해 오셨기 때문입니다.[5]

당신이 이미 신자라면, 확신에 대한 웨스트민스터 신앙고백의 진술, 특히 앤서니 버지스가 표현한 그 진술을 통해 부르심과 택하심을 굳게 하는 데 도움을 얻기를 바란다. 이는 예수 그리스도 안에서 성령이 적용하시는 하나님의 은혜 안에 있는 이생에서의 구원과 영생을 위해 필요한 모든 것을 발견할 때 가능하다. 버지스는 그것이 가치 있는 목표라고 생각했다. 확신은 탁월한 특권이다. 왜냐하면 하나님 가까이 동행하는 데 도움이 되는 수많은 은혜가 확신을 통해 제공되기 때문이다. 예를 들어, 복음적인 사고방식, 시험과 환난 속에서의 순종과 도움, 기도의 확장, 죄에 대항하는 양심의 부드러움, 하나님의 사랑하는 아들 안에서 매일 누리는 쉼, 그리스도의 재림을 향해 느긋해하면서도 조급해하는 갈망 등이 있다.[6] 버로스는 하나님의 사랑에 대한 확신을 얻기 위해 애쓰는 것이 우리 의무라고 했는데, 이는 참으로 적절한 말이다. 왜냐하면 "확신은 우리가 모든 의무를 감당하는 데 도움을 주며, 모든 환

---

5 Charles Spurgeon, *Sunlight for Cloudy Days* (London: Wakeman Trust, 2014), 8-9.
6 *Spiritual Refining*, 26.

난에 저항하도록 우리를 무장시키고, 영혼의 평안을 해치기 위해 사용되는 온갖 반대에 답이 되며, 우리가 가장 애통한 상태에 처해 있을 때도 우리를 지탱해 줄 것이기 때문이다."[7]

믿음의 온전한 확신을 아는 것은 인생의 가장 큰 즐거움 가운데 하나이다. 브룩스는 이렇게 썼다. "확신은 꽃봉오리 속에 있는 영광이자, 낙원의 주변이며, 약속의 땅의 모임이고, 하나님의 불꽃이며, 그리스도인의 기쁨과 면류관이다."[8] 위대한 19세기 찬송가 작사가였던 화니 크로스비는 육신적으로는 시각장애가 있었지만, 영적으로는 가장 한결같은 사랑, 즉 삼위일체 하나님의 사랑에 둘러싸여 있었다. 그녀가 이 주제로 쓴 시는 '복된 확신'(Blessed Assurance)이라는 제목의 찬송가가 되었다(편집자 주-한글 제목은 "예수로 나의 구주 삼고"이다).

얼마나 복된 확신인가, 예수님이 나의 것이라니!
하나님의 영광을 미리 맛보는 것이로다!
구원의 상속자, 하나님의 소유,
성령으로 거듭난 자, 피로 씻긴 자.

완전한 순종, 모든 것이 평안하도다,
구세주 안에서 나는 행복하고 복되도다.

---

[7] Burroughs, *An Exposition of the Prophecy of Hosea*, 654. Cf. Gillespie, *A Treatise of Miscellany Questions*, 57.
[8] Brooks, *Heaven on Earth*, 30.

바라보고 기다리며 하늘을 쳐다보니,

그분의 선하심으로 충만하고, 그분의 사랑에 빠져들었네.

이것은 나의 이야기요, 나의 노래라,

온 종일 내 구세주를 찬양하리.

이것은 나의 이야기요, 나의 노래라,

온 종일 내 구세주를 찬양하리[9]

당신은 어떠한가? 이 복된 확신의 기쁨이 있는가? 여러 어려움에도 불구하고, 이 확신이 당신 삶의 목표인가? 구원하는 믿음에 대해 개인적으로 잘 알고 있는가? 칼뱅이 말했듯 "불신이 무릎 꿇지 않는다 하더라도" 그리스도에 대한 복된 확신이 커지도록 기도하고 있는가?[10]

지금 누리고 있는 확신에 대해 감사하라. 더 이상 아버지의 사랑에 의문을 품지 말라. 두려움으로 물러나는 것을 단호히 거절하라. 의복을 순결하게 유지하라.[11] 확신의 분량이 매일의 삶 속에 반영되도록 하라.

버지스를 비롯한 청교도들이 우리에게 가르치는 교훈들을 매일 살아내자. 우리 확신의 주된 근거는 그리스도 안에 있는 하나님의 약속들 안에 있다. 이 약속들은 우리의 마음에 적용되고 우리 삶에서 열매 맺으며 우리가 진실로 하나님의 자녀임을 증언하시는 성령을 경험하도록

---

9 Fanny Crosby, 'Blessed Assurance', https://www.google.com/search?q=Lyrics+of+Blessed+Assurance. 이 곡의 한글 제목은 '예수로 나의 구주 삼고'이다.
10 Calvin, *Institutes of the Christian Religion*, 3.2.15.
11 Cf. Brooks, *Heaven on Earth*, 317-20.

도와야 한다. 우리의 부르심은 매일매일 열매 맺는 삶을 살고, 확신을 주시는 위대한 하나님을 찬양하며, 이 땅에서 소금으로 사는 것이다.

참된 그리스도인을 위한 실천적인 메시지는 간단하다. 바로 믿음이 궁극적으로 승리할 것이라는 사실이다. 왜냐하면 믿음은 삼위일체 하나님에게서 오며, 그분의 말씀에 기초해 있기 때문이다. 그러므로 잠시 승리를 경험하지 못한다고 해서 절망하지 말라. 객관적으로든 주관적으로든 우리의 확실성이 그리스도 안에 있음을 인정하며 그리스도 안에 있는 하나님의 약속을 충만히 받아들이자.

그리스도께서는 신자들 안에서 궁극적으로 승리를 이루실 것이다. 왜냐하면 칼뱅이 말했듯 "우리 안에 있는 불신의 질병을 치료하기를 바라는 분은 그리스도이기 때문이다. 이는 그분이 우리 가운데서 그분의 약속들에 대한 온전한 믿음을 얻기 위한 것이다."[12] 그리스도께 영광을 돌리고, 그리스도를 통해 삼위일체 하나님께 영광을 돌리기 위해 용기를 가지고 은혜를 구하자. 궁극적으로 우리의 확신은 자기에 대한 신념이 아니라 성부와 성자와 성령에 대한 신념을 의미한다. 예수 그리스도를 통해 삼위일체 하나님께 영광 돌리는 것이야말로 성경, 믿음, 확신, 칼뱅과 개혁신학, 버지스와 청교도주의, 그리고 인생 그 자체가 말하고자 하는 것이다. "이는 만물이 주에게서 나오고 주로 말미암고 주에게로 돌아감이라 그에게 영광이 세세에 있을지어다 아멘"(롬 11:36).

---

12 Calvin, *Institutes of the Christian Religion*, 3.2.15.

부록 1
웨스트민스터 신앙고백 18장

1항. 위선자들과 중생하지 못한 사람들은 거짓된 소망과 육적인 추정으로 스스로가 구원 받아 하나님의 은혜를 누리는 상태에 있다고 착각할 수 있지만 그들의 소망은 사라지고 말 것이다. 그러나 주 예수님을 참되게 믿고 신실하게 사랑하며 그분 앞에서 선한 양심을 따라 살기 위해 노력하는 사람들은 자신이 은혜의 상태에 있다는 것을 현세에서 확신하며, 하나님의 영광을 소망하며 즐거워할 수 있는데, 이 소망은 결코 그들을 부끄럽게 하지 않을 것이다.

2항. 이 확실성은 거짓된 소망에 근거한 억측이나 그럴 듯한 신념이 아니라, 틀림없는 믿음의 확신으로서 구원의 약속들에 관한 하나님의 진리와 이 약속들로 주어지는 은혜의 내적 증거와 우리 영과 더불어 우리가 하나님의 자녀라고 말씀하시는 양자의 영의 증언에 근거를 두고 있다. 이 성령은 우리가 구속의 날까지 인치심을 받게 하는 우리 기업의 보증이다.

3항. 이 틀림없는 확신은 믿음의 본질에 속하지는 않으나, 참된 신자는 오래 기다리며 수많은 갈등을 겪은 후에야 그것을 소유할 수 있다. 하지만 하나님이 값없이 주신 바를 성령을 통해 알게 되면, 특별한 계시가 없어도 일반적인 수단을 적절히 사용해 그 확신에 도달할 수 있다. 그러므로 자신의 부르심과 택하심을 굳게 하는 것은 모든 신자에게 주어진 의무다. 이를 통해 그의 마음에는 성령께서 주시는 평안과 기쁨, 하나님을 향한 사랑과 감사, 순종의 의무를 다하는 힘과 즐거움이 커질 것이다. 이것은 확신에 속한 적합한 열매로서, 이 확신은 사람을 결코 해이하게 만들지 않는다.

4항. 참된 신자라도 구원의 확신이 다양한 이유로 흔들리거나 약해지거나 중단될 수 있다. 예를 들어, 확신을 보존하는 노력을 게을리한 경우, 양심을 상하게 하고 성령을 근심하게 하는 특별한 죄에 빠진 경우, 갑작스럽고 강력한 유혹이 찾아온 경우, 하나님이 자기 얼굴 빛을 거두심으로 하나님을 두려워하게 되어 어둠 속에서 빛을 보지 못하게 하시는 경우 등이다. 그러나 그렇다고 해서 그들이 하나님의 씨와 믿음의 생명과 그리스도와 형제들을 향한 사랑과 신실한 마음과 의무에 대한 양심을 완전히 잃어버리는 것은 아니다. 이 모든 것들로부터 성령의 역사를 통해 적절한 때에 이 확신이 되살아나고, 이 모든 것들에 의해 완전한 절망으로부터 건짐 받을 수 있을 것이다.

부록 2

세 종류의 확신	성경	도르트 신조 (1619)	웨스트민스터 신앙고백(1647)
주요한 근거: 복음의 약속들	하나님의 약속은 얼마든지 그리스도 안에서 예가 되니 그런즉 그로 말미암아 우리가 아멘 하여 하나님께 영광을 돌리게 되느니라(고후 1:20).	우리의 위로를 위해 말씀에 충분히 계시된 하나님의 약속에 대한 믿음 (다섯 번째 교리, 10항).	구원의 약속들에 관한 하나님의 진리(18.2).
이차적 근거#1: 구원하는 은혜의 열매라는 내적인 증거들	우리가 그의 계명을 지키면 이로써 우리가 그를 아는 줄로 알 것이요 (요일 2:3).	선한 양심을 지키고 선한 행위를 하고자 하는 진지하고 거룩한 열망 (다섯 번째 교리, 10항; 참조. 첫 번째 교리, 12항; 다섯 번째 교리, 오류 5).	이 약속으로 주어질 은혜에 대한 내적인 증거 (18.2).
이차적 근거#2: 성령의 증언	너희는 … 양자의 영을 받았으므로 우리가 아빠 아버지라고 부르짖느니라 성령이 친히 우리의 영과 더불어 우리가 하나님의 자녀인 것을 증언하시나니(롬 8:15-16).	우리가 하나님의 자녀이자 기업이라고 말씀하는 성령의 증언(다섯 번째 교리, 10항).	우리의 영과 더불어 우리가 하나님의 자녀라는 사실을 말씀하는 양자의 영의 증언 (18.2).